LE FRANÇAIS
DANS
LE VILLAGE GLOBAL

D1413628

LE FRANÇAIS DANS LE VILLAGE GLOBAL

Manuel de lecture et d'écriture

Deuxième Édition

Rosanna Furgiuele   Rosalind Gill

Canadian Scholars' Press Inc.
Toronto

Le Français dans le village global : manuel de lecture et d'écriture
Deuxième édition
Rosanna Furgiuele et Rosalind Gill

Second edition published in 2008 by
Canadian Scholars' Press Inc.
180 Bloor Street West, Suite 801
Toronto, Ontario
M5S 2V6

www.cspi.org

Copyright © 1999, 2008 Rosanna Furgiuele, Rosalind Gill, and Canadian Scholars' Press Inc. All rights reserved. No part of this publication may be photocopied, reproduced, stored in a retrieval system, or transmitted, in any form or by any means, electronic, mechanical, or otherwise, without the written permission of Canadian Scholars' Press Inc., except for brief passages quoted for review purposes. In the case of photocopying, a licence may be obtained from Access Copyright: One Yonge Street, Suite 1900, Toronto, Ontario, M5E 1E5, (416) 868-1620, fax (416) 868-1621, toll-free 1-800-893-5777, www.accesscopyright.ca.

Every reasonable effort has been made to identify copyright holders. CSPI would be pleased to have any errors or omissions brought to its attention.

Canadian Scholars' Press Inc. gratefully acknowledges financial support for our publishing activities from the Government of Canada through the Book Publishing Industry Development Program (BPIDP).

Library and Archives Canada Cataloguing in Publication

Furgiuele, Rosanna, date
    Le français dans le village global : manuel de lecture et d'écriture / Rosanna
Furgiuele, Rosalind Gill. -- 2e éd.

Includes bibliographical references.
Target audience: For students of French as a second language.
Français dans le village global :, Corrigé.
ISBN 978-1-55130-337-6

    1. College readers (French). 2. French language--Composition and exercises. 3. French language--Textbooks for second language learners. I. Gill, Rosalind II. Title.

PC2128.F87 2007   448.2'4   C2007-906320-9

Cover design: John Kicksee / KIX BY DESIGN
Interior design and layout: Brad Horning

Printed and bound in Canada

Canada

À nos parents

Concetta Bartucci Furgiuele
Ernesto Furgiuele

Mary Saunders Gill
F. Burnham Gill

Nous tenon à remercier

le Collège universitaire Glendon (Université York),
qui nous a fourni un appui financier fort apprécié ;

Paulette Collet, qui a minutieusement révisé notre manuscript.

TABLE DES MATIÈRES

PRÉFACE

Le Français dans le village global est le fruit d'une longue expérience de l'enseignement du français langue seconde au niveau universitaire. Conçu pour donner aux étudiants une compréhension humaniste de l'apprentissage de la langue, ce livre s'appuie sur les principes sociolinguistiques de Pierre Bourdieu, selon qui tout étudiant doit devenir le sociologue de la matière à l'étude et de la société dans laquelle elle est étudiée.

Public visé

Ce manuel de lecture et d'écriture est destiné aux cours avancés et intermédiaires avancés de français langue seconde et pourrait également s'utiliser dans des cours de civilisation consacrés à la Francophonie. La diversité des thèmes présentés intéressera des étudiants de différents pays et de différentes institutions (écoles secondaires, collèges, universités).

Orientation pédagogique

Le contenu communicatif
L'approche pédagogique que nous adoptons pour ce livre est essentiellement une approche communicative, à base de contenu. Par la lecture des textes, l'étudiant est amené à améliorer ses compétences en français et à réfléchir sur l'histoire de la langue française, tout en approfondissant sa compréhension de la langue comme phénomène sociolinguistique.

L'apprentissage autonome
Le deuxième principe de base de notre méthodologie est celui de l'autonomie. Les exercices du livre visent à faire acquérir à l'étudiant des techniques lui permettant de prendre en charge son propre apprentissage. L'étudiant est constamment poussé à approfondir sa compréhension du texte, à vérifier son choix de structure grammaticale, à chercher le mot juste.

L'organisation du livre

Les textes
Le livre s'articule sur six chapitres qui racontent, à travers une variété de textes (littéraires, historiques, journalistiques), l'histoire de la langue française depuis ses débuts jusqu'à nos jours, ainsi que l'évolution des différentes cultures francophones. À part la chronologie évidente de l'histoire du français, nous n'indiquons pas une progression spécifique pour l'étude des textes. Notre intention est de laisser au professeur l'entière liberté de choisir les textes et les exploitations qui conviennent à ses intérêts particuliers et aux besoins linguistiques de ses étudiants. Pour permettre au professeur une grande flexibilité d'usage pédagogique, nous avons choisi des textes de niveaux de difficulté différents et de longueur variée.

Les exercices
Douze textes clés du manuel (deux par chapitre) sont accompagnés d'exploitations élaborées qui présentent des exercices portant sur la lecture, la grammaire, le vocabulaire, l'écrit et la

compréhension. L'exploitation de la plupart des autres textes se limite à des exercices de compréhension et de vocabulaire. Dans chaque chapitre, il y a un texte qui n'est pas exploité afin de permettre au professeur de l'utiliser à sa guise (examen, travail autonome, travail de groupes, etc.).

Certains exercices obligent l'étudiant à repérer les réponses dans le texte. Pour rendre plus facile la recherche de la bonne réponse, nous avons organisé les questions de façon à respecter l'ordre dans lequel les réponses paraissent dans le texte.

Les notes en bas de page
Les textes du manuel sont accompagnés de nombreuses notes en bas de page qui fournissent soit des explications lexicales soit des renseignements culturels ou biographiques.

Le glossaire
Les expressions de sociolinguistique qui paraissent dans les textes sont en caractères gras et sont regroupées dans un glossaire à la fin du livre.

Le corrigé
Le Français dans le village global est accompagné d'un corrigé des exercices.

Les objectifs linguistiques

Inspirés par la notion d'apprentissage communicatif, les exercices qui accompagnent les textes ont le double objectif de mettre en application la technique à l'étude et de manier les idées du texte. Les exploitations sont axées sur les aspects suivants :

Techniques de lecture
Ces exercices ont pour but d'aider l'étudiant à développer des stratégies de lecture. En prenant conscience de l'acte de lire, l'étudiant réussit à faire une lecture analytique et arrive, de façon autonome, à une compréhension intelligente du récit.

Maîtrisons le vocabulaire
L'exploitation lexicale vise à enseigner les techniques d'acquisition du vocabulaire. Ces exercices renforcent systématiquement la compréhension et l'enrichissement du vocabulaire par la réutilisation des structures lexicales. Une étude approfondie du texte permet à l'étudiant de voir comment les mots véhiculent leur sens contextuel et comment ils sont utilisés pour transmettre un message précis. Un usage judicieux du dictionnaire est encouragé pour la vérification et la correction, mais l'objectif principal est d'apprendre à l'étudiant à saisir le sens des mots en recourant au contexte.

Compréhension
Les questions de compréhension sont conçues pour amener l'étudiant à repérer les éléments du texte dont la difficulté présente une entrave à sa compréhension. Ces exercices guident l'étudiant dans sa lecture autonome et le font réfléchir sur les idées plus larges qui découlent du texte à l'étude.

Rappel grammatical

Chaque « Rappel grammatical » présente, dans un premier temps, des explications détaillées d'un point de grammaire. Ensuite, une série d'exercices permet une mise en application de la structure grammaticale à l'étude. Ces exercices favorisent l'acquisition des structures spécifiques en obligeant l'étudiant à les utiliser pour communiquer les idées du texte. Le manuel fournit les éléments de base de la grammaire française. Toutefois, pour des explications plus élaborées, l'étudiant devra consulter une grammaire de référence.

Techniques de l'écrit

Nous présentons des stratégies d'auto-perfectionnement qui permettent à l'étudiant de prendre conscience de l'acte d'écrire. En utilisant les différentes techniques proposées, l'étudiant est en mesure de construire un texte clair et cohérent, de s'auto-corriger en repérant les faiblesses linguistiques et stylistiques de sa production écrite et d'enrichir la qualité de son français écrit.

Élargissons nos horizons

Afin de stimuler l'étudiant à perfectionner ses aptitudes de recherche et à travailler en autonomie, nous proposons des sujets qui explorent davantage les thèmes présentés dans les textes.

CHAPITRE 1

NAISSANCE ET ÉVOLUTION DE LA LANGUE FRANÇAISE

LE FRANÇAIS, LANGUE NATIONALE DE LA FRANCE

On parle français en France.

Tout le monde ?

Non, il y a bien quelques vieux qui ne savent que leur **patois**[1]

Et les autres Français, ils ne parlent que français ?

Non pas, beaucoup parlent plus souvent un **patois** campagnard qui
ressemble plus ou moins à du français sans en être, ou bien breton[2] ou
bien basque[3], ou bien alsacien[4], que sais-je encore ?

Et il n'y a qu'en France qu'on parle français ?

Mais non. Il y a aussi une partie de la Belgique, et de la Suisse,
du Canada, et autres territoires d'outre-mer...

Ah ! Et a-t-on toujours parlé français en France ?

Point. Les Gaulois parlaient gaulois, les Romains qui
les ont soumis et colonisés parlaient latin, les Francs
qui sont venus ensuite parlaient une langue germanique.

Et où parlait-on le français, alors ?

Le français n'existait pas.

Mais comment s'est-il fait ?

Par transformation du latin dans la société qui est devenue
la société française.

Et le latin, a-t-il toujours existé ?

Lui aussi s'est formé par transformation d'une autre langue qui
existait en un temps plus ancien.

Où cette langue s'est-elle parlée ?

Bien difficile de le dire précisément ; on ne l'écrivait pas ;
il n'est pas resté de témoignages sur l'histoire de ce temps-là.

C'est si naturel de parler ; on ne se rappelle même pas l'avoir appris,
en même temps qu'on apprenait à marcher, à manger sans aide, à
jouer toutes sortes de jeux ; et pourtant que de questions, dès qu'on
y réfléchit. Il y a tant de langages différents, comme il y a tant de
vêtures[5], de coutumes, de croyances différentes.

Peut-on trouver des explications à tout ça ?

Marcel Cohen, *Histoire d'une langue, le français :
des lointaines origines á nos jours (1987)*

---

[1] Les expressions en caractères gras sont expliquées dans le glossaire qui se trouve à la fin du manuel.
[2] langue celtique parlée en Bretagne, région de l'ouest de la France
[3] langue parlée au pays Basque, région commune à la France et à l'Espagne
[4] langue germanique parlée en Alsace, région du nord-est de la France
[5] vêtements

D'où vient le français ?

Vue d'ensemble de l'histoire de la langue française

Le français est une langue parlée actuellement par plus de cent quarante millions de personnes dans le monde : c'est la **langue nationale** de l'État français ; une **langue officielle** dans plusieurs autres pays d'Europe (Belgique et Suisse) ; une des deux langues officielles du Canada et une langue de communication et de culture dans de nombreux autres pays. Si son rayonnement dans le monde perd du terrain devant l'anglais, le français reste une grande langue internationale, comme en témoigne la **Francophonie**, mouvement qui regroupe les États francophones du monde. Remontons dans le temps pour retracer les débuts du français.

Les débuts

À partir du deuxième millénaire avant Jésus-Christ, le territoire constituant la France actuelle a été occupé par des Celtes qui parlaient des langues celtiques. Des variétés de ces langues survivent encore en France dans la région de la Bretagne (le breton) et dans plusieurs autres régions d'Europe (Irlande, Écosse, pays de Galles).

Au IIe siècle avant Jésus-Christ, les territoires celtiques ont été conquis par les Romains, qui ont appelé le pays la Gaule et ses habitants, les Gaulois. Le latin, la langue des envahisseurs romains, s'est répandu et, peu à peu, la langue latine s'est substituée aux anciens **parlers** gaulois. Les Gaulois, dirigés par leur chef Vercingétorix[6], ont capitulé devant les Romains en 51 avant Jésus-Christ.

Pendant une longue période de 300 ans environ, durant laquelle l'Empire romain se disloquait, la Gaule a été traversée et en partie envahie par des peuples venus de Germanie. Parmi ceux-ci, les Francs, menés par leur roi Clovis[7], ont réussi à conquérir la Gaule au Ve siècle et s'y sont établis.

Au cours de cette période, le latin des envahisseurs romains s'est profondément transformé et a donné naissance à diverses langues gallo-romanes. Ces langues, qui variaient d'une région à l'autre, avaient divergé du latin, et surtout du latin écrit. Pourtant, les rares personnes instruites (le clergé, par exemple) continuaient à écrire en latin.

En 842, au moment où un gouvernement et une royauté propres à[8] l'ancienne Gaule (désormais la France) s'installaient, fut rédigé un texte qui est généralement reconnu comme étant le premier texte écrit dans un de ces parlers gallo-romans.

---

[6]   Exécuté par les Romains, ce général est considéré comme le premier héros national de la France.
[7]   Ce premier roi franc, converti au christianisme, est retenu par l'histoire comme le fondateur de la France chrétienne.
[8]   qui appartenaient d'une manière exclusive à

Les Serments de Strasbourg

Le premier texte en ancien français a été rédigé dans le contexte d'un événement politique et militaire qui représente une sorte de naissance du royaume de France : la dispute pour le partage de l'Empire de Charlemagne entre ses trois petits-fils. Dans *Les Serments de Strasbourg*, les rois Charles le Chauve et Louis le Germanique concluent un traité d'alliance et d'assistance contre leur frère Lothaire :

pro deo amur et pro christian poblo et nostro commun salvement, d'ist di en avant, in quant deus savir et podir me dunat, si salvarai eo cist meon fradre Karlo...

(Pour l'amour de Dieu et pour le commun salut du peuple chrétien et le nôtre, de ce jour en avant, autant que Dieu m'en donne savoir et pouvoir, je défendrai mon frère Charles.)

À cette époque, il se parlait en France plusieurs langues issues des **dialectes romans** (langue d'oc dans le sud de la France et langue d'oïl dans le nord), mais avec l'expansion militaire des rois franciens, qui habitaient dans le nord du pays, la langue des Francs, le francien, a commencé à se répandre en dehors de l'Île de France[9]. À partir de l'an 1 000, le français de la région parisienne s'est imposé dans tout le royaume, surtout chez les membres des classes dirigeantes, pour devenir la langue de l'administration, des relations commerciales et de la culture. Après la Conquête de l'Angleterre par les Normands (1066), l'ancien français est devenu dans ce pays une langue de prestige et c'est cette langue qu'on parlait à la cour anglaise.

---

[9]   Nom donné à la province située dans le nord du pays, entre la Seine, l'Oise et la Marne, et qui forma le premier centre politique de la France.

La Renaissance : l'éloge du français

Durant la Renaissance (fin des XVe et XVIe siècles), la royauté a établi une administration de plus en plus centralisée, et la langue de cette administration était le français. En 1539, l'ordonnance de Villers-Cotterêts a restreint le rôle du latin dans les documents officiels, et grâce à ce décret et à ceux qui ont suivi, le français est devenu la langue du droit, des sciences et de la littérature. Ces décrets marquent le début de **l'aménagement linguistique** qui devait caractériser l'évolution de la langue française en France.

À la Renaissance apparaissent les premières études sur le français. On trouve de nombreux éloges du français chez les poètes de l'époque qui défendaient leur langue et en chantaient les qualités. En voici un exemple du poète Jean Bouchet (1475-1558) :

> Un doux parler que l'on nomme francique
> Près du latin, en façon très congrue
> Qui ne se laisse apprendre à une grue[10].
> Et dès ce temps Français se disposèrent
> De bien parler, et livres composèrent
> En leur langage, allant de bien en mieux ;
> Et tellement qu'en la plupart des lieux
> Les gens d'esprit (qui savent un peu lire)
> Du gros parler savent le bon élire[11].
> Voilà le bien premier qu'ont fait les livres
> Faits en français, valant cent mille livres[12].

Jean Bouchet, *Temple de bonne renommée* (1516)

En 1549, le poète et savant Joachim du Bellay (1522-1560) a écrit la *Défense et illustration de la langue française*, œuvre magistrale, dans laquelle il démontre les richesses du français et invite les écrivains à composer leurs œuvres dans cette langue.

Pendant la Renaissance, grâce à une littérature abondante qui a largement contribué à l'enrichissement de la langue française, celle-ci a commencé à rayonner et est devenu le véhicule d'une civilisation française ascendante.

Voici un des plus beaux poèmes de Pierre de Ronsard (1524-1585), un des géants de la Renaissance et un des plus grands poètes lyriques de la littérature française.

---

[10] un sot, un niais
[11] savent distinguer la bonne et la mauvaise façon de s'exprimer
[12] ancienne monnaie (cent mille livres est une grosse somme)

Ode à Cassandre

Mignonne, allons voir si la rose
Qui ce matin avait déclose
Sa robe de pourpre au soleil,
A point perdu <u>cette vesprée</u>[13]
Les plis de sa robe pourprée,
Et son teint au vôtre pareil.

Las ! voyez comme en peu d'espace,
Mignonne, elle a dessus la place,
Las, las ses beautés <u>laissé choir</u>[14] !
Ô vraiment marâtre[15] Nature,
Puisqu'une telle fleur ne dure
Que du matin jusques au soir !

Donc, si vous me croyez, mignonne,
Tandis que votre âge fleuronne[16]
En sa plus verte nouveauté,
Cueillez, cueillez votre jeunesse :
Comme à cette fleur, la vieillesse
Fera ternir votre beauté.

Pierre de Ronsard, *Odes*, I, 17 (1550)

Le Grand Siècle : le bon usage

Au XVIIe siècle, dans le cadre de la monarchie absolue, la langue française — qui était déjà ce qu'on appelle maintenant le français moderne — s'est stabilisée et a donné naissance à des chefs-d'œuvre. C'est l'âge d'or de la littérature française, l'époque des grands dramaturges classiques : Corneille, Racine et Molière.

Voici un extrait du *Bourgeois Gentilhomme*, une des comédies les mieux connues de Molière (1622-1673). Peintre de mœurs, Molière a entrepris dans son œuvre de brosser le tableau de la nature humaine, « d'entrer comme il faut dans le ridicule des hommes ». Les personnages que Molière a campés dans ses chefs-d'œuvre sont devenus des types éternels. Dans cette pièce, le personnage principal, M. Jourdain, nouveau riche qui se veut gentilhomme, essaie de se cultiver en prenant des leçons particulières de « philosophie ». Dans la scène suivante, il apprend à rédiger une déclaration d'amour.

---

[13] ce soir
[14] laissé tomber, perdu
[15] terme péjoratif : mauvaise mère
[16] resplendit

Tout ce qui n'est point prose est vers...

ACTE II, SCÈNE IV

M. JOURDAIN

Je vous en prie. Au reste, il faut que je vous fasse une confidence. Je suis amoureux d'une personne de grande qualité, et je souhaiterais que vous m'aidassiez[17] à lui écrire quelque chose dans un petit billet que je veux laisser tomber à ses pieds.

LE MAÎTRE DE PHILOSOPHIE

Fort bien !

M. JOURDAIN

Cela sera galant, oui.

LE MAÎTRE DE PHILOSOPHIE

Sans doute. Sont-ce des vers que vous lui voulez écrire ?

M. JOURDAIN

Non, non ; point de vers.

LE MAÎTRE DE PHILOSOPHIE

Vous ne voulez que de la prose ?

M. JOURDAIN

Non, je ne veux ni prose ni vers.

LE MAÎTRE DE PHILOSOPHIE

Il faut bien que ce soit l'un ou l'autre.

M. JOURDAIN

Pourquoi ?

LE MAÎTRE DE PHILOSOPHIE

Par la raison, monsieur, qu'il n'y a, pour s'exprimer, que la prose ou les vers.

M. JOURDAIN

Il n'y a que la prose ou les vers ?

LE MAÎTRE DE PHILOSOPHIE

Non, monsieur. Tout ce qui n'est point prose est vers, et tout ce qui n'est point vers est prose.

M. JOURDAIN

Et comme l'on parle, qu'est-ce que c'est donc que cela ?

LE MAÎTRE DE PHILOSOPHIE

De la prose.

M. JOURDAIN

Quoi ! quand je dis : « Nicole, apportez-moi mes pantoufles et me donnez[18] mon bonnet de nuit », c'est de la prose ?

---

[17] l'imparfait du subjonctif du verbe *aider*, temps qui n'est plus guère utilisé

[18] français moderne : donnez-moi

LE MAÎTRE DE PHILOSOPHIE

Oui, monsieur.

M. JOURDAIN

Par ma foi, il y a plus de quarante ans que je dis de la prose, sans que j'en susse[19] rien, et je vous suis le plus obligé du monde de m'avoir appris cela. Je voudrais donc lui mettre dans un billet : *Belle marquise, vos beaux yeux me font mourir d'amour* ; mais je voudrais que cela fût[20] mis d'une manière galante, que cela fût tourné gentiment.

LE MAÎTRE DE PHILOSOPHIE

Mettre que les feux de ses yeux réduisent votre cœur en cendres ; que vous souffrez nuit et jour pour elle les violences d'un...

M. JOURDAIN

Non, non, non ; je ne veux point tout cela. Je ne veux que ce que je vous ai dit : *Belle marquise, vos beaux yeux me font mourir d'amour.*

LE MAÎTRE DE PHILOSOPHIE

Il faut bien étendre un peu la chose.

M. JOURDAIN

Non vous dis-je. Je ne veux que ces seules paroles-là dans le billet, mais tournées à la mode, bien arrangées comme il faut. Je vous prie de me dire un peu, pour voir, les diverses manières dont on les peut[21] mettre.

LE MAÎTRE DE PHILOSOPHIE

On les peut mettre premièrement comme vous avez dit : *Belle marquise, vos beaux yeux me font mourir d'amour. Ou bien : D'amour mourir me font, belle marquise, vos beaux yeux. Ou bien : Vos beaux yeux d'amour me font, belle marquise, mourir. Ou bien : Mourir vos beaux yeux, belle marquise, d'amour me font. Ou bien : Me font vos yeux beaux mourir, belle marquise, d'amour.*

M. JOURDAIN

Mais de toutes ces façons-là, laquelle est la meilleure ?

LE MAÎTRE DE PHILOSOPHIE

Celle que vous avez dite : *Belle marquise, vos beaux yeux me font mourir d'amour.*

M. JOURDAIN

Cependant je n'ai point étudié et j'ai fait cela tout du premier coup. Je vous remercie de tout mon cœur et je vous prie de venir demain de bonne heure.

Molière, *Le Bourgeois Gentilhomme* (1670)

---

[19]   l'imparfait du subjonctif du verbe *savoir*
[20]   l'imparfait du subjonctif du verbe *être*
[21]   français moderne : peut les mettre

Au cours du XVIIᵉ siècle s'est développée la notion de bon usage, la notion d'une codification de la langue basée sur la langue écrite des auteurs. Le français s'est fixé, poli ; il a commencé à s'uniformiser et à se **normaliser** dans les premiers dictionnaires et grammaires. En 1634, Richelieu²² (1585-1642), ministre du roi Louis XIII, fondait d'ailleurs l'Académie Royale (l'Académie française²³ après la Révolution de 1789), qui avait comme objectif d'assurer le maintien de l'ordre linguistique. C'est ainsi qu'en 1694, l'Académie a publié un dictionnaire pour codifier la langue comme instrument des arts et des sciences ainsi que du gouvernement. Les grammairiens de l'époque prônaient la notion du français comme une langue universelle, dont la supériorité dérivait de sa clarté, notion qui devait se développer au cours des siècles suivants.

> Ce qui n'est pas clair n'est pas français.
> La syntaxe française est incorruptible.
> Sûre, sociale et raisonnable, ce n'est plus la langue française,
> c'est la langue humaine.
>
> Antoine de Rivarol²⁴,
> *Discours sur l'universalité de la langue française* (1784)

Le Siècle des lumières : le français langue de prestige

Le XVIIIᵉ siècle, qu'on appelle le « Siècle des lumières », est l'époque des grands philosophes français — Voltaire, Denis Diderot, Jean-Jacques Rousseau — et d'une fermentation intellectuelle qui prépare la Révolution française. Au XVIIIᵉ siècle, le prestige du français s'est accru à tel point qu'il est devenu la langue de prédilection de l'aristocratie européenne : en Angleterre, en Russie, dans l'Europe entière, la société cultivée lisait les auteurs français et se servait même du français dans la conversation. À la fin du XVIIIᵉ siècle, le français régnait à la cour du roi de Prusse, Frédéric II, qui y a fait venir Voltaire, philosophe qui jouissait d'une réputation mondiale.

Dans *Candide*, un des contes philosophiques de Voltaire (1694-1778), le jeune héros, parti dans la vie avec des illusions et des idées fausses tirées de l'enseignement de son maître Pangloss, se trouve confronté aux manifestations du mal dans le monde : naufrage, tremblement de terre, guerre, fanatisme, esclavage. Dans sa conclusion, Voltaire propose une double solution au mal : d'une part, la retraite loin du monde, d'autre part, la recherche du bonheur dans le travail. Selon Voltaire, le remède pratique au mal est de « cultiver notre jardin ».

---

²²   un des plus grands hommes d'état de l'histoire française, considéré comme le créateur de l'absolutisme royal
²³   prestigieuse société de gens de lettres et de savants composée de 40 membres
²⁴   écrivain et journaliste français (1753-1801)

Dans l'extrait suivant, Candide, Pangloss et le valet Cacambo rencontrent près de Surinam, ville de la Guyane hollandaise, l'esclave d'un négociant hollandais.

Candide renonce à l'optimisme

En approchant de la ville, ils rencontrèrent un nègre étendu par terre, n'ayant plus que la moitié de son habit, c'est-à-dire d'un caleçon[25] de toile bleue ; il manquait à ce pauvre homme la jambe gauche et la main droite. « Eh, mon Dieu ! dit Candide en hollandais, que fais-tu là, mon ami, dans l'état horrible où je te vois ?

— J'attends mon maître, monsieur Vanderdendur, le fameux négociant[26], répondit le nègre.

— Est-ce M. Vanderdendur, dit Candide, qui t'a traité ainsi ?

— Oui, Monsieur, dit le nègre, c'est l'usage. On nous donne un caleçon de toile pour tout vêtement deux fois l'année. Quand nous travaillons aux sucreries, et que la meule[27] nous attrape le doigt, on nous coupe la main ; quand nous voulons nous enfuir, on nous coupe la jambe : je me suis trouvé dans les deux cas. C'est à ce prix que vous mangez du sucre en Europe. [...]

— O Pangloss ! s'écria Candide, tu n'avais pas deviné cette abomination ; [...] il faudra qu'à la fin je renonce à ton optimisme.

— Qu'est-ce qu'optimisme ? disait Cacambo.

— Hélas ! dit Candide, c'est la rage de soutenir que tout est bien quand on est mal. » Et il versait des larmes en regardant son nègre, et, en pleurant, il entra dans Surinam.

Voltaire, *Candide,* chapitre XIX (1759)

Au cours des XVIIe et XVIIIe siècles, qui marquent les débuts de l'impérialisme colonial, l'aire d'emploi du français a commencé à s'élargir sensiblement. Pendant la longue période du colonialisme, le français s'est installé dans les pays d'outre-mer : d'abord en Amérique du Nord et aux Antilles, plus tard, en Afrique occidentale, en Afrique du Nord, au Levant et en Indochine.

En France, cependant, le français était surtout répandu dans les classes cultivées ; les gens de peu d'instruction, les paysans dans les campagnes continuaient à parler uniquement leur langue locale ou leur **patois** campagnard.

Le XIXe siècle : le français langue unificatrice

La Révolution française de 1789 a marqué une nouvelle étape dans l'histoire de la langue. Tout au long du XIXe siècle, en effet, le gouvernement pratiquera une politique d'expansion du français : non seulement la langue est-elle conçue comme

[25]   pantalon
[26]   personne qui se livre au commerce
[27]   grosse pierre qui sert à moudre, à écraser

une force unificatrice pour le pays, mais, pour les révolutionnaires, elle est une façon de libérer le peuple de ses langues régionales qui le « restreignaient à [une] ignorance locale ». « Chez un peuple libre, la langue doit être une et la même pour tous[28] ». La diffusion de la langue française, au XIXe siècle, a été facilitée par la forte centralisation administrative du pays et par le développement des chemins de fer. Ces changements sociaux profonds et surtout l'introduction de l'éducation généralisée au milieu du siècle, ont permis au français, du moins sous sa forme parlée, de se répandre dans les campagnes, aux dépens des[29] langues régionales. Tous les Français ont eu accès à l'école et ont pu se familiariser avec la **langue normalisée**. Si certaines langues régionales ont réussi à survivre, si certaines sont même enseignées, le français est aujourd'hui la seule langue du système d'éducation et la **langue nationale** du pays.

Le XIXe siècle est aussi le siècle des grands romanciers : Honoré de Balzac, Gustave Flaubert, Émile Zola, et de poètes illustres comme Alphonse de Lamartine, Victor Hugo et Charles Baudelaire, tous auteurs dont l'œuvre fait partie du patrimoine littéraire mondial.

Voici une scène de *Madame Bovary*, célèbre roman de Gustave Flaubert (1821-1880). L'héroïne, Emma Bovary, jeune femme romantique, est invitée à une réception chez le marquis de Vaubyessard et pénètre pour la première fois dans le grand monde[30]. Émerveillée de ce qu'elle voit, elle ne pourra supporter le retour à l'existence terne qu'elle mène avec son mari, le docteur Charles Bovary.

Madame Bovary

Emma se prépare pour le bal

Emma fit sa toilette avec la conscience méticuleuse d'une actrice à son début. Elle disposa ses cheveux d'après les recommandations du coiffeur, et elle entra dans sa robe [...] étalée sur le lit. Le pantalon de Charles le serrait au ventre.

— Les sous-pieds[31] vont me gêner pour danser, dit-il.
— Danser ? reprit Emma.
— Oui !
— Mais tu as perdu la tête ! on se moquerait de toi, reste à ta place. D'ailleurs, c'est plus convenable pour un médecin, ajouta-t-elle.

Charles se tut. Il marchait de long en large, attendant qu'Emma fût habillée. Il la voyait par derrière, dans la glace, entre deux flambeaux. Ses yeux noirs semblaient plus noirs. [...] Charles vint l'embrasser sur l'épaule.

— Laisse-moi ! dit-elle, tu me chiffonnes[32].

---

28   J.-P. Caput, *La Langue française. Histoire d'une institution*, t. I, Paris, Larousse, 1972.
29   faisant perdre de l'importance aux
30   la classe sociale supérieure
31   bandes qui passent sous les pieds et s'attachent au bas du pantalon
32   tu froisses ma robe

Elle se laisse transporter

On entendit une ritournelle[33] de violon et les sons d'un cor[34]. Elle descendit l'escalier, se retenant de courir. [...]

Le cœur d'Emma lui battit un peu lorsque, son cavalier la tenant par le bout des doigts, elle vint se mettre en ligne et attendit le coup d'archet[35] pour partir. Mais bientôt l'émotion disparut ; et, se balançant au rythme de l'orchestre, elle glissait en avant, avec des mouvements légers du cou. Un sourire lui montait aux lèvres à certaines délicatesses du violon, qui jouait seul, quelquefois, quand les autres instruments se taisaient [...].

Un souvenir pénible de son passé modeste

L'air du bal était lourd ; les lampes pâlissaient. On refluait[36] dans la salle de billard. Un domestique monta sur une chaise et cassa deux vitres ; au bruit des éclats de verre, Mme Bovary tourna la tête et aperçut dans le jardin, contre les barreaux, des faces de paysans qui regardaient. Alors le souvenir des Bertaux[37] lui arriva. Elle revit la ferme, la mare bourbeuse[38], son père en blouse sous les pommiers, et elle se revit elle-même, comme autrefois, écrémant avec son doigt les terrines de lait dans la laiterie. Mais, aux fulgurations[39] de l'heure présente, sa vie passée, si nette jusqu'alors, s'évanouissait[40] tout entière, et elle doutait presque de l'avoir vécue. Elle était là ; puis autour du bal, il n'y avait plus que de l'ombre, étalée sur tout le reste. [...]

Le lendemain du bal

La journée fut longue, le lendemain. [...] Comme le bal déjà lui semblait loin ! [...] Elle se résigna pourtant : elle serra pieusement dans la commode sa belle toilette et jusqu'à ses souliers de satin, dont la semelle s'était jaunie à la cire glissante du parquet. Son cœur était comme eux : au frottement de la richesse, il s'était placé dessus quelque chose qui ne s'effacerait pas. [...]

Au fond de son âme, cependant, elle attendait un événement. Comme les matelots[41] en détresse, elle promenait sur la solitude de sa vie des yeux désespérés, cherchant au loin quelque voile blanche dans les brumes de l'horizon. [...] Mais, chaque matin, à son réveil, elle l'espérait pour la journée[42], et elle écoutait tous

---

33 un refrain
34 instrument à vent
35 baguette qui fait vibrer les cordes du violon
36 passait
37 lieu où elle a passé son enfance
38 étendue d'eau pleine de boue
39 devant la beauté extraordinaire
40 disparaissait
41 marins
42 espérait que l'événement arriverait ce jour-là

les bruits, se levait en sursaut, s'étonnait qu'il ne vînt pas ; puis, au coucher du soleil, toujours plus triste, désirait être au lendemain.

Gustave Flaubert, *Madame Bovary* (1856)

Les XXᵉ et XXIᵉ siècles, le français langue internationale

Après mille ans d'histoire, la langue française demeure une langue de prestige international, et sur le plan démographique, et sur le plan politique et culturel. Le français est la principale langue étrangère du monde anglophone ; plus de 70 millions d'élèves hors de France apprennent le français. La langue française se trouve partout dans le monde. Quarante-huit pays et régions accordent au français un statut particulier, c'est-à-dire qu'ils reconnaissent à cette langue un rôle spécifique dans la gestion des affaires de l'État. Avec le regroupement officiel en **Francophonie** des pays où le français est pratiqué, le français s'affirme comme langue d'échange international. Au XXIᵉ siècle, la langue française se veut donc, de nouveau, une force unificatrice, non seulement dans son pays d'origine, mais dans le village global.

« Forte d'une tradition pluriséculaire, d'une vitalité mesurable, de nombreuses institutions d'encadrement, la langue française peut relever le défi de la modernité. »

Conférence du 15 février 2000 par Bernard Cerquiglini.

http://www.canal-education.fr/canalu/chainev2/utls/programme/19-renouveau_et_perspectives_sur_la_langue_francaise/

EXPLOITATION DU TEXTE : *D'OÙ VIENT LE FRANÇAIS ?*

TECHNIQUES DE LECTURE

• **Se mettre en contexte**

Quand on aborde un texte, la première chose à faire est toujours de le « situer » en en faisant une lecture très rapide pour identifier :

> l'**auteur** : de quelle époque est-il, connaissez-vous son œuvre ?
> le **genre** du texte : est-ce biographie, article de presse, extrait littéraire, vulgarisation ?
> le **domaine et le thème** du texte : s'agit-il de la politique, de l'histoire, de l'économie, du chômage, de l'environnement, d'un souvenir d'enfance ?
> les **buts** de l'auteur : veut-il critiquer, exposer des faits, analyser, persuader ?
> le **ton** du texte : Est-il humoristique, neutre, polémique ?

I. Faites une lecture rapide (un balayage) du texte *D'où vient le français ?* **et répondez aux questions ci-dessus.**

• **Identifier les grandes lignes du texte**

On peut ensuite procéder à une deuxième lecture plus détaillée, afin d'identifier les thèmes principaux. Pour saisir les grandes lignes du texte, il est utile de repérer les mots clés et les phrases clés de chaque paragraphe. Par exemple, ayant établi dans le balayage que le texte présente un résumé de l'histoire de la langue française, on peut identifier comme phrases clés, au début du texte, celles qui renvoient aux différentes étapes de l'histoire du français :

> *... la langue latine s'est substituée aux anciens parlers gaulois...*
> *... le latin des envahisseurs romains s'est profondément transformé...*
> *Le premier texte [écrit] en ancien français...*

Observez également l'usage de certains mots clés qui permettent d'examiner l'histoire du français : *une langue internationale, les langues celtiques, le latin, les langues gallo-romanes, l'ancien français.*

II. Identifiez les phrases clés et les mots clés dans le reste du texte, en examinant un paragraphe à la fois.

• **Analyser la structure du texte et le cheminement des idées**

À ce stade, on est prêt pour une lecture analytique, ce qui demande à la fois de reconstituer la structure du texte et d'examiner de plus près le cheminement des idées. Un texte explicatif comme celui à l'étude suivra le schéma habituel : introduction, développement, conclusion. Le sujet ayant une nature intrinsèquement chronologique (l'histoire d'une langue), on ne s'étonnera pas que le plan même soit chronologique :

Introduction : les débuts de la langue. Les auteures expliquent l'influence linguistique des différents groupes qui ont vécu sur le territoire actuel de la France et elles en donnent des illustrations (les Celtes, les Gaulois, les Francs).

Développement : l'évolution de la langue. Les auteures présentent l'établissement de l'ancien français comme langue nationale de la France, et elles donnent des exemples des mesures prises pour renforcer le statut de la langue (l'ordonnance de Villers-Cotterêts, etc.). Ensuite, elles tracent l'évolution de la langue au cours des siècles en présentant quelques textes littéraires de différentes époques.

Conclusion : l'état actuel de la langue. Les auteures parlent de la situation contemporaine du français et de son rôle international dans le monde.

III. Maintenant, trouvez dans le texte toutes les allusions aux événements qui marquent l'évolution du français et son rayonnement au cours des siècles.

MAÎTRISONS LE VOCABULAIRE

L'analyse lexicale : « les mots pour le dire »

Le vocabulaire d'un texte est fonction du thème développé ainsi que du type de texte dont il s'agit. L'identification des différents types de mots utilisés est une stratégie qui facilite la lecture d'un texte chargé de mots inconnus. En parcourant *D'où vient le français ?*, qui traite de l'histoire d'une langue, on découvre :

— des **mots spécialisés de la linguistique**, domaine scientifique qui traite de la langue (dialecte, patois)
— des **marqueurs de chronologie** qui suivent le cheminement de la langue dans l'histoire (en, pendant, à cette époque)
— des **noms de personnages historiques et littéraires** (les Celtes, Candide)
— des **noms géographiques** (le Liban, le pays de Galles)
— des **mots qui décrivent les relations de force** qui caractérisent l'histoire de la langue (les territoires celtes **ont été conquis**, le latin des **envahisseurs** s'est transformé)

IV. Repérez dans le texte d'autres exemples de chaque catégorie de mots énumérée ci-dessus.

Les mots en contexte

Quand on lit un texte qui comprend beaucoup de nouveau vocabulaire, on peut éviter de recourir trop souvent au dictionnaire en inférant le sens des mots d'après leur contexte.

V. En vous appuyant sur le contexte, choisissez l'expression équivalente à l'expression en caractères gras.

1. *L'ancien français **rayonnait** dans sa littérature.*
a) était clair
b) brillait
c) était chaleureux

2. *Le français **s'est fixé.***
a) s'est corrigé
b) a perdu de l'importance
c) s'est établi

3. *Les langues gallo-romanes **avaient divergé** du latin.*
a) se rapprochaient
b) étaient diverses
c) s'étaient écartées

4. *Le gouvernement a adopté **une politique d'expansion** du français.*
a) un conflit quant à l'expansion
b) une stratégie de diffusion
c) la décision de limiter la connaissance

5. *J'ai fait cela tout **du premier coup** (M. Jourdain).*
a) sans me faire mal
b) soudainement
c) dès ma première tentative

VI. Les phrases suivantes sont fautives parce que chacune contient une expression qui ne respecte pas le sens du texte. Identifiez cette expression et remplacez-la par l'expression appropriée qui se trouve dans le texte.

1. Avec l'arrivée des envahisseurs romains sur le territoire, le latin a disparu.
2. Le latin n'a pas changé pendant la période de l'Empire romain.
3. L'ordonnance de Villers-Cotterêts a fait croître l'usage du latin.
4. L'Académie française a été créée pour libérer les écrivains des règles du bon usage.
5. Au XVIIIe siècle, la langue française était méprisée par l'aristocratie européenne.

Le dictionnaire personnel : maîtrisez l'acquisition du vocabulaire

Nous vous suggérons de créer un journal personnel dans lequel vous inscrirez vos réflexions sur les lectures, les nouvelles idées et les nouvelles perceptions que les textes du manuel vous inspirent. Ce n'est qu'en comprenant bien le contenu de ces lectures que vous pourrez apprendre à manipuler le vocabulaire que l'on vous présente. Pour mieux retenir ces mots et surtout pour pouvoir les réutiliser de façon appropriée dans vos discussions et dans vos rédactions, nous suggérons également que vous créiez, dans votre journal, un dictionnaire personnel des mots qui vous semblent essentiels. Votre capacité d'expression en français croîtra en proportion de l'attention que vous apporterez à l'acquisition du vocabulaire.

Le glossaire : un corpus lexical pour parler de la langue

Vous remarquerez qu'à travers le manuel, les mots clés ou expressions qui sont employés pour décrire la langue et la culture sont en caractères gras (**aménagement linguistique**, **langue autochtone**, etc.). Pour vous aider à retenir ces mots, nous les avons mis dans un glossaire à la fin du livre. Vous pourrez donc consulter le glossaire pour réutiliser ces mots de base dans vos rédactions sur les différents aspects du français dans le village global.

COMPRÉHENSION DU TEXTE

VII. Pourquoi, à votre avis, le linguiste Marcel Cohen a-t-il résumé ainsi l'histoire de la langue française : « *La conquête de la France par le français et la prise de possession du français par les Français* » ?

VIII. Répondez aux questions suivantes.

1. Quel est le rôle du français dans le monde aujourd'hui ?
2. Nommez trois peuples qui ont envahi et occupé la France. Quel a été l'apport (la contribution) linguistique de chaque groupe ?
3. De quoi s'agit-il dans le premier texte écrit en ancien français ?
4. Expliquez l'importance de l'ordonnance de Villers-Cotterêts.
5. Qu'est-ce que « la notion de bon usage » ?
6. Résumez la fonction de l'Académie française.
7. Dans l'extrait de *Candide* à l'étude, pourquoi Candide renonce-t-il à l'optimisme ?
8. « Au cours des siècles, le français est devenu une langue de prestige et a acquis une valeur politique. » Commentez cette déclaration.
9. Au XIXᵉ siècle, qu'est-ce qui a facilité la diffusion de la langue française en France ?
10. Faites le portrait d'Emma Bovary d'après l'extrait à l'étude.

RAPPEL GRAMMATICAL

L'interrogation

La phrase interrogative : *Et a-t-on toujours parlé français en France ?*

Il y a essentiellement quatre manières de poser une question dans une phrase en français :

• **La phrase déclarative : sujet + verbe + suite de la phrase** (On ne change pas l'ordre des mots, mais on utilise un ton de voix interrogatif.)
   Le français vient du latin ?

Cette structure, utilisée surtout dans la langue parlée, est suivie de **n'est-ce pas** quand la réponse prévue est *oui*.
   Tous les citoyens français parlent français, n'est-ce pas ?

• **Est-ce que + phrase déclarative** (sans changement dans l'ordre des mots)
   Est-ce que cet article vous intéresse ?

• **L'inversion simple : verbe + pronom (sujet) + suite de la phrase**
   Saviez-vous qu'un quart de la population du Canada est francophone ?

• **L'inversion complexe : nom (sujet) + verbe + reprise du sujet par un pronom + suite de la phrase**

> *La langue française se trouve-t-elle partout dans le monde ?*

IX. Lisez la série de questions posées par M. Cohen sur la langue française (p. 3) et identifiez les différents types de phrase interrogative utilisés.

Les pronoms et les adjectifs interrogatifs

Les pronoms et les adjectifs interrogatifs permettent de poser des questions spécifiques sur les personnes et les choses (idées, événements).

> De *quel* siècle date le premier texte écrit en français ? (adjectif interrogatif)
> *Une des pièces de Molière a été traduite en plus de vingt langues. — **Laquelle ?***
> (pronom interrogatif variable)
> *Qui* était Vercingétorix ? (pronom interrogatif invariable)

Les adjectifs interrogatifs

Adjectifs interrogatifs		
	singulier	**pluriel**
masculin	quel	quels
féminin	quelle	quelles

Ces adjectifs s'accordent en genre et en nombre avec les noms qu'ils qualifient.

> ***Quel*** *est le rôle de l'État dans la préservation des langues ?*
> ***Quelles*** *langues régionales ont survécu après la Révolution française ?*

Les pronoms interrogatifs variables

Pronoms interrogatifs variables		
	singulier	**pluriel**
masculin	lequel	lesquels
féminin	laquelle	lesquelles

Les pronoms interrogatifs variables indiquent un choix.

> *Voici deux poèmes de Ronsard.* **Lequel** *préférez-vous ?*

Ces pronoms sont composés de l'article **le/la/les + quel**. Les articles **le** et **les** se contractent avec les prépositions **à** et **de**.

> *Il a envoyé des documents sur la Francophonie à un député de l'île Maurice.* — **Auquel** *?*
> *Le conférencier a parlé des langues en voie de disparition.* — **Desquelles** *?*

Les pronoms interrogatifs invariables

Pronoms interrogatifs invariables

| | formes courtes | | formes longues | |
fonction	personne	chose	personne	chose
sujet	qui		qui est-ce qui	qu'est-ce qui
objet direct	qui (+ inversion)	que (qu') (+ inversion)	qui est-ce que	qu'est-ce que
objet d'une préposition	qui (+ inversion)	quoi (+ inversion)	qui est-ce que	(prép) + quoi + est-ce que

Le choix de ces pronoms est déterminé par leur fonction (sujet, objet direct, objet d'une préposition). Il y a des formes courtes et des formes longues. Les formes courtes sont suivies d'une inversion sauf après **qui** sujet.

> **Qui admirait-on** *le plus parmi les poètes de la Renaissance ?* (Qui — objet direct avec inversion)
> **Qui a écrit** *ce livre sur l'universalité du français ?* (Qui — sujet sans inversion)

Il n'y a pas d'inversion avec les formes longues.

> **Qu'est-ce que vous avez appris** *en lisant ce texte ?*
> **Qui est-ce qu'on admirait** *le plus parmi les poètes de la Renaissance ?*

Attention ! Il ne faut pas confondre **quel**, adjectif interrogatif, **que (qu'est-ce que)**, pronom interrogatif invariable, et **qu'est-ce que c'est que**, expression utilisée pour demander une définition. Ces trois expressions traduisent l'anglais « *what* ».

> De **quelle** région vient-il ?
> *Qu'est-ce qu'il fait ?*
> *Je ne comprends pas bien le sens du mot patois. —* ***Qu'est-ce que c'est qu'un*** *patois ?*
> **ou**
> *Qu'est-ce qu'un patois ?*

X. Consultez les tableaux des pronoms et adjectifs interrogatifs et remplissez les blancs dans les questions suivantes par l'expression convenable. Ensuite, répondez aux questions.

1. ... est le plus grand poète français de la Renaissance ?
2. ... s'est passé quand on a introduit l'éducation généralisée en France ?
3. ... langue parlait-on à la cour d'Angleterre au XIIᵉ siècle ?
4. Selon les révolutionnaires, ... était le rôle principal de la langue française ?
5. ... font les francophones pour protéger leur langue ?
6. De toutes les langues minoritaires parlées en France, ... pouvez-vous nommer ?
7. ... a créé les premières grammaires de la langue française ?
8. De ... M. Jourdain a-t-il parlé dans son billet ?
9. ... la rencontre de Candide avec l'esclave lui a appris ?
10. Dans ... pays d'outre-mer le français s'est-il installé au moment de la colonisation ?

XI. Traduisez les phrases suivantes.

1. I am interested in one of the francophone countries we studied. — Which one?
2. What are the dominant languages in the world today?
3. To whom did you send the invitation? — What makes (*rendre*) you so curious?
4. What do you need in order to cross the border?
5. What was the poet thinking about when he wrote that poem?
6. Whom did Voltaire visit when he went to Russia?
7. Whom did they talk about in the class on the heroes of French history?
8. Who captured Vercingétorix?
9. What is the easiest way to learn Basque? — What is Basque?
10. What did Mr. Jourdain say in his note?

Les adverbes interrogatifs

Les adverbes interrogatifs permettent de poser des questions de temps (**quand**), de lieu (**où**), de manière (**comment**), de quantité (**combien**) et de cause (**pourquoi**).

Après les adverbes interrogatifs, on peut employer **est-ce que** sans changer l'ordre des mots :

> ***Pourquoi*** *est-ce qu'il est utile de connaître l'histoire de la langue* ?

Quand le sujet est un pronom, on peut employer l'inversion simple : verbe + pronom (sujet) + suite de la phrase.

> ***Comment*** *avez-vous appris à si bien écrire en français* ?

Quand le sujet est un nom, on peut employer l'inversion complexe : nom (sujet) + verbe + reprise du sujet par un pronom + suite de la phrase

> ***Quand les Francs*** *se sont-**ils** installés en Gaule* ?

Dans une phrase courte avec un verbe à temps simple, on peut faire l'inversion verbe + nom (sujet) sauf avec **pourquoi**.

> ***Combien coûte*** *le billet d'avion* ?
> ***Pourquoi*** *les billets d'avion* ***coûtent-ils*** *si cher* ?

XII. Formulez des questions à l'aide des éléments suivants en utilisant chaque fois un adverbe interrogatif différent.

> **Exemple : Clovis \ devenir \ le roi du pays**
> **Quand est-ce que Clovis est devenu le roi du pays ?**
> **Pourquoi Clovis est-il devenu le roi du pays ?**

1. les armées romaines \ envahir \ les territoires celtiques
2. le latin \ se substituer à \ les parlers gaulois
3. l'éducation généralisée \ influer sur la diffusion \ le français
4. le français \ se répandre
5. gens \ parler français aujourd'hui

XIII. Relisez l'extrait de *Madame Bovary* et composez les questions qui donneraient les réponses ci-dessous. Vous utiliserez les éléments suivants dans vos réponses : *comment, où, qu'est-ce que, pourquoi, à quoi.*

1. Parce qu'Emma croit qu'on se moquerait de lui [Charles].
2. Le bal a eu lieu chez le marquis de Vaubyessard.
3. Quand Emma a vu les paysans, elle a pensé à sa vie passée.
4. La journée fut longue le lendemain.
5. Ensuite, elle a passé ses journées à attendre un événement.

TECHNIQUES D'ÉCRITURE

La phrase

Quand on rédige, en variant les types de phrases, on peut éviter que le texte soit trop uniforme. Il y a essentiellement deux types de phrases :

• **La phrase simple** ne comprend qu'une proposition (un seul verbe) :

> *On **parle** français en France.*
> *On **utilise** le français comme langue officielle en France et dans un certain nombre*
> *d'autres pays.*

• **La phrase complexe** comprend plusieurs propositions (donc plusieurs verbes), une **proposition principale** et au moins une **proposition subordonnée** qui dépend de la proposition principale et la complète. La phrase complexe permet de varier le style et d'éviter la répétition de l'ordre habituel : sujet-verbe-complément d'objet. On peut combiner deux phrases simples en les reliant par un mot de lien. Selon la façon dont on lie les phrases, on obtiendra des sens différents.

> *J'aime le breton. C'est une langue ancienne.*
> *J'aime le breton, **qui** est une langue ancienne.*
> *J'aime le breton **parce que** c'est une langue ancienne.*

Dans les phrases complexes suivantes, les moyens utilisés pour lier les propositions sont indiqués en caractères gras et leur nature et leur fonction sont indiquées entre parenthèses :

> *L'histoire de la langue française est fascinante : elle nous permet d'étudier l'histoire de*
> *beaucoup de peuples.* (deux-points pour indiquer la cause)
> *Le français est une langue **qui** s'est répandue partout en France et dans beaucoup*
> *d'autres pays.* (pronom relatif qui introduit la proposition relative)
> *Molière a écrit de nombreuses pièces de théâtre **et** il a aussi joué dans ses pièces.*
> (conjonction qui relie deux propositions)
> *On parle français en France **mais** on a préservé certaines langues régionales du pays.*
> (conjonction qui oppose)
> *Tout le monde sait **qu'**on parle français en France et **que** cette langue est parlée dans*
> *de nombreux pays.* (conjonctions de subordination qui lient la proposition principale aux
> propositions subordonnées)
> *Je veux apprendre le français **parce que** c'est une belle langue.*
> (conjonction qui signale la cause)

ÉCRIVONS

XIV. Transformez les phrases simples en phrases complexes en ajoutant une proposition.

1. Autrefois, la langue celtique fleurissait mais
2. Les Romains ont envahi la Gaule et
3. *Les Serments de Strasbourg* est un document important car
4. M. Jourdain est ridicule parce que
5. Au XVIIe siècle, l'Académie française a publié une grammaire qui

XV. Écrivez une phrase sur chacun des éléments suivants.

1. le francien
2. l'Île de France
3. l'aménagement linguistique
4. les langues régionales en France
5. Ronsard

XVI. Posez 10 questions à un(e) ami(e) sur sa langue et sa culture. Ensuite, rédigez l'entrevue en incluant les questions et les réponses.

ÉLARGISSONS NOS HORIZONS

1. Que savez-vous sur l'histoire de la langue anglaise ? À votre avis, y a-t-il des ressemblances entre l'histoire de l'anglais et celle du français ? Résumez vos commentaires dans une courte rédaction.

2. Faites des recherches sur Jean-Jacques Rousseau, philosophe du XVIIIe siècle, et écrivez une courte rédaction sur sa vie et ses idées.

3. Faites des recherches sur Frédéric Mistral (1830-1914), poète provençal (qui a écrit en langue d'oc), et rédigez une courte composition sur cet écrivain.

LES LANGUES RÉGIONALES DE LA FRANCE

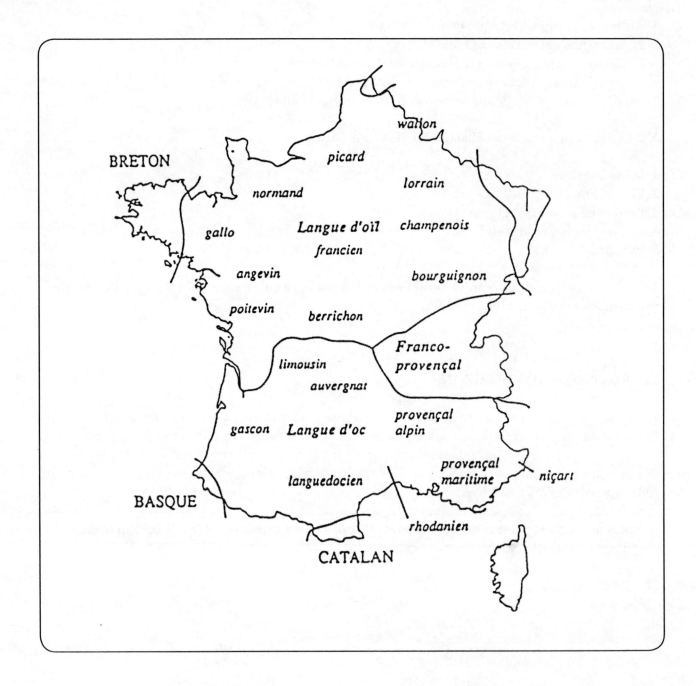

La survie des langues régionales : le breton et l'occitan

Le breton : « une complicité intime »

Depuis l'époque féodale[43], la langue française a constamment gagné sur les **patois** et les langues régionales de France. Le breton, langue celte de la région de la Bretagne dans l'ouest de la France, survit encore, en dépit du fait que les Bretons ont subi une forte **assimilation linguistique** au français. Pendant longtemps, le breton a été interdit dans les écoles en Bretagne. Un élève qui osait parler sa langue maternelle était obligé de porter « le Symbole », une pierre ou un objet quelconque, jusqu'à ce qu'il puisse le passer à un autre qui avait aussi parlé breton. Aujourd'hui, il existe un mouvement qui lutte pour la survie de la langue bretonne ; une des réussites de ce mouvement a été la création des écoles *Diwan*, où le breton est la langue d'instruction.

Dans le passage suivant de son autobiographie, le Breton Pierre-Jakez Hélias raconte, en français, ses débuts à l'école française. Il exprime sa passion et son respect pour sa langue et sa culture bretonnes, mais il souligne aussi l'importance de s'ouvrir aux autres communautés. L'extrait met en lumière le rôle de la langue dans la survie d'une culture minoritaire face à **l'hégémonie** de la culture dominante, culture attirante à laquelle on veut participer tout en s'en distinguant. Au début du passage, les petits élèves bretons regardent pour la première fois la carte de la France et se rendent compte de la position de la Bretagne vis-à-vis du reste du pays.

L'aventurier

La Bretagne : à la frontière de deux énormes inconnus

1.   [...] Les petits allaient regarder [...] à travers les vitres[44] de la porte, une grande carte murale de la France qui pendait sur deux clous, à droite du tableau noir.
2.   « Nous sommes dessus, tout au bout », nous disaient les grands sans autre explication. Et nous regardions, éberlués[45], cette tête de dragon qui <u>dardait une langue tricuspide</u>[46] et devait devenir pour nous la Bretagne quand nous serions admis dans la classe haute. C'est là que le maître d'école, du bout de sa longue baguette, devait nous désigner notre emplacement[47], presque à la pointe du menton dragonesque.
3.   [...] J'étais saisi d'appréhension en constatant [...] que nous étions nés à la frontière de deux énormes inconnus. D'un côté, ce monstre mâle que nous appelons *ar mor braz* (le grand océan, il n'y a pas de mot féminin pour le désigner en breton), redoutable[48] pour des paysans de notre sorte, dangereux, nous le savions déjà, donc attirant [...].

---

[43]   au moyen âge, système social de seigneurs et de vassaux
[44]   le verre
[45]   stupéfaits
[46]   sortait une langue à trois pointes
[47]   place
[48]   effrayant

Et nous, si petits, si humbles devant, avec nos petites maisons, nos petites vaches, nos petits cochons, nos repas maigres et nos hardes rapiécées ! De l'autre côté, plus loin que les bois de pins et les garennes familières[49], les landes et les guérets[50], au-delà de Quimper que les grandes personnes pouvaient atteindre après cinq lieues de marche à pied, il y avait les terres profondes (*an douarou don*) sans limites, qu'il nous faudrait bien affronter un jour si nous n'étions pas admis comme mousses[51] dans la Royale, les navires de guerre de la République. Monter à Brest ou descendre à Paris, tel était notre lot[52]. Car de rester au village il n'était pas question, sauf pour les plus fortunés d'entre nous, les fils aînés[53] des fermes ou des commerces qui avaient leur pain assuré. [...]

Le breton, langue maternelle, cède la place au français

4.   La première frontière à franchir était celle de notre langue maternelle dont nous avons appris très tôt que son territoire ne s'étendait pas bien loin. Elle ne dépassait pas les faubourgs des villes prochaines, elle n'avait pas cours sur les bâtiments de guerre ni surtout dans ces endroits voués[54] aux écritures que l'on appelait des « bureaux » et qui faisaient peur, disait-on, même aux titulaires du certificat d'études[55]. Mais avec le certificat on pouvait se hasarder sur terre et sur mer au-delà du Pays bigouden[56]. Le sénateur-maire de Plozévet, monsieur Le Bail, [...] ne cessait de répéter qu'il fallait l'emporter de haute lutte avant d'entreprendre quoi que ce soit. Et les instituteurs, à l'école, nous punissaient pour avoir lâché[57] un mot breton dans la cour, non point par mépris pour cette langue qu'ils parlaient eux-mêmes hors de leur classe, mais parce que leur devoir officiel était de nous conduire au fameux certificat qui se passait en français, voyez donc ! Va pour le français[58] puisque notre aventure à venir ne pouvait pas se dérouler en breton.

5.   C'est ainsi que nous avons été sortis de nous-mêmes, séparés des nôtres qui [nous traitaient parfois] « d'intellectuels », un mot français qui sonnait à la fois comme une réprobation pour la moitié et comme une révérence pour le quart du reste. Du même coup[59], il nous a fallu abandonner notre royaume, les champs nourriciers, les chemins creux, les bois de pins, [...] les dialogues avec les oiseaux et les nuits noires balayées par le feu tournant[60] du phare d'Eckmühl [...].

---

49   bois familiers
50   terres qu'on a laissé reposer
51   jeunes garçons qui font l'apprentissage du métier de marin
52   destin
53   les plus âgés
54   réservés
55   à ceux qui possédaient le certificat d'études obtenu à la fin des études primaires
56   région de la Bretagne
57   dit
58   on acceptait le français
59   en même temps
60   la lumière tournante

6.   Nous avons appris le français comme on apprend un métier. Consciencieusement. Nous avons appris l'Histoire de France, c'est-à-dire celle des rois, des ministres, des généraux, des batailles et des traités, tout en sachant fort bien que la dernière guerre avait été gagnée par nos pères, soldats de deuxième classe et de première ligne. Nous avons étudié les grandes œuvres de la littérature, au nombre desquelles et pour cause, ne figuraient pas les contes de mes grands-pères ni même la *Légende de la mort* d'Anatole Le Braz[61] qui était pourtant professeur de Faculté. Nous avons ingurgité, bon gré mal gré, bien d'autres notions dont notre civilisation maternelle n'avait pas la moindre idée, cette civilisation à l'égard de laquelle, d'année en année et sans bien nous en rendre compte, nous prenions nos distances.

La Bretagne se laisse conquérir par les étrangers

7.   Dans le même mouvement, nous perdions aussi notre pays natal parce qu'il n'était plus notre gloire ni notre souci, parce qu'un pays n'est le vôtre que lorsqu'il se fréquente quotidiennement, se regarde, s'écoute, se sent et se tâte, lorsqu'une complicité intime vous relie à ses habitants par son intermédiaire. Mais que faire alors que ce pays vous abandonne lui-même [...] du seul fait qu'il se laisse pénétrer lentement par des étrangers en même temps que vous-même, l'indigène, vous vous laissez conquérir par cet étranger en croyant partir à sa conquête avec <u>vos arrières assurés</u>[62]. Il n'y a aucune assurance qui vaille[63] quand tout bouge autour de vous. [...]

8.   Sur tout cela règnent encore les accents du breton *armoricain*[64], cette langue populaire[65] qui est le domaine essentiellement privé de mes gens à moi. Le pays et ses paysans ne sauraient jamais se reconnaître à fond dans une autre langue [...]. Quant au domaine public, qu'on le regrette ou non, c'est aujourd'hui le français. Mais le français, pour les bretonnants[66], sert surtout à se prêter aux autres, ce qu'ils font cordialement.

9.   Ce n'est pas en se fermant qu'une communauté d'hommes conserve son caractère, pas plus qu'elle ne protège le visage de son pays. Si ce caractère est vraiment fort, il résiste à toutes les ouvertures. Si ce pays a des traits irréductibles[67], aucune contrainte du moment, pas même le remembrement[68], ne saurait les altérer en profondeur. C'est pourquoi nous nous réjouissons de voir le monde venir à nous, même si nos problèmes actuels n'en sont pas résolus pour autant.

Pierre-Jakez Hélias, *Le Cheval d'orgueil* (1975)

---

[61]   auteur breton
[62]   ici, votre culture traditionnelle assurée
[63]   soit valable
[64]   d'une région dans le nord de la Bretagne
[65]   du peuple
[66]   ceux qui gardent les traditions et la langue bretonnes
[67]   que rien ne peut changer
[68]   l'union avec la France

EXPLOITATION DU TEXTE : *L'AVENTURIER*

TECHNIQUES DE LECTURE

Pour aborder un texte littéraire

Pour saisir le sens d'un texte littéraire comme « L'aventurier », il est utile d'identifier les éléments suivants :

Le contexte culturel : « Nous sommes dessus, tout au bout »

Pour comprendre les références géographiques dans « L'aventurier », vous consulterez la carte de la France pour y situer la Bretagne. Ensuite, pour comprendre les idées exprimées par l'auteur, vous tiendrez compte du fait que les Bretons sont, depuis longtemps, une population minoritaire. Ainsi s'expliquent les sentiments nationalistes qu'ils éprouvent en ce qui concerne leur langue et leur culture.

Les temps des verbes : « et nous regardions, éberlués »

L'identification des temps utilisés dans un texte peut vous aider à en approfondir la compréhension. Si vous analysez les temps des verbes dans « L'aventurier », vous noterez que dans cette narration au passé, les événements qui font avancer l'action sont au **passé composé** (*nous **avons appris** le français*) et la description des circonstances est à **l'imparfait** (*Il y **avait** les terres profondes*).

Les expressions descriptives : « nos petites vaches, nos petits cochons, nos repas maigres »

L'auteur évoque le décor, les conditions et le mode de vie des petits Bretons en utilisant un grand nombre d'expressions et de mots descriptifs — adjectifs, adverbes et propositions relatives.

Le style : « cette tête de dragon qui dardait une langue tricuspide »

« L'aventurier » est un texte littéraire qui évoque les souvenirs d'enfance de l'auteur dans une langue souvent très imagée. La Bretagne, dans son emplacement sur la carte de France, apparaît ainsi aux yeux des petits garçons comme une tête de dragon dardant une langue à trois pointes. La langue littéraire est riche en expressions, en allusions pour lesquelles on ne trouve pas nécessairement d'explications dans le dictionnaire. Ce n'est qu'en comprenant le sens contextuel des mots que vous comprendrez ces images littéraires.

I. Lisez les phrases suivantes, extraites du texte, et sans consulter le dictionnaire, en vous basant sur le seul sens contextuel, cochez la plus juste des explications proposées.

1. *Les fils aînés [...] avaient leur pain assuré.*
a) Ils mangeaient du pain tous les jours.
b) Ils étaient sûrs d'avoir un emploi.
c) On les encourageait à réussir.

2. *Nous avons appris le français comme on apprend un métier. Consciencieusement.*
a) Les élèves apprenaient un métier à l'école.
b) Pour les élèves, le français était un sujet difficile.
c) Les élèves savaient qu'il fallait apprendre le français pour réussir dans la vie.

3. *... on pouvait se hasarder sur terre et sur mer au-delà du pays bigouden.*
a) Les voyages sur mer étaient dangereux.
b) Le certificat en français rendait possible la réussite en dehors de la Bretagne.
c) Le pays bigouden était plein de risques.

4. *... un pays n'est le vôtre que lorsqu'il se fréquente quotidiennement.*
a) On peut perdre sa langue et sa culture si elles ne font pas partie de la vie de tous les jours.
b) Il faut voyager dans son pays fréquemment.
c) Les quotidiens sont nombreux dans ce pays.

5. *Il n'y a aucune assurance qui vaille quand tout bouge autour de vous.*
a) Il est inutile d'acheter des assurances.
b) Dans les moments d'incertitude, il faut se mettre en sûreté.
c) Il est difficile de se sentir en sécurité aux moments de grand changement.

COMPRÉHENSION DU TEXTE

II. Avez-vous compris les sentiments de l'auteur ? Répondez aux questions qui portent sur les citations proposées.

1. *... vous-même, l'indigène, vous vous laissez conquérir par cet étranger en croyant partir à sa conquête...* (par. 7)
Quel est le danger de s'ouvrir aux étrangers ?

2. *Le pays et ses paysans ne sauraient jamais se reconnaître à fond dans une autre langue...* (par. 8)
Pourquoi la langue maternelle est-elle si importante ?

3. *... le français, pour les bretonnants, sert surtout à se prêter aux autres...* (par. 8)
À quoi sert le français pour les Bretons ?

4. *Si ce pays a des traits irréductibles, aucune contrainte [...] ne saurait les altérer en profondeur.* (par. 9)
Quelle est la condition indispensable à la préservation de l'identité bretonne ?

RAPPEL GRAMMATICAL

Décrire au passé : l'imparfait

Pour décrire les actions inachevées, le cadre ou les circonstances d'une scène au passé, on emploie l'imparfait. Dans « L'aventurier », nous pouvons repérer les emplois les plus fréquents de l'imparfait.

Emplois de l'imparfait

• **Peindre le décor**

> ... *une grande carte murale de la France qui* ***pendait*** *sur deux clous*

• **Décrire l'aspect physique des personnages et leur état d'esprit**

> *J'****étais*** *saisi d'appréhension*

• **Indiquer l'habitude et les actions répétées dans un espace de temps indéterminé**

> *... M. le Bail ne* ***cessait*** *de répéter*

• **Exprimer une action en cours (non accomplie)**

> *... cette civilisation à l'égard de laquelle [...] nous* ***prenions*** *nos distances*

• **Indiquer la condition dans des phrases hypothétiques (après *si* dans les phrases où le verbe de la proposition principale est au conditionnel présent.) (Voir le chapitre 6.)**

> ***Si l'auteur le pouvait, il retournerait*** *à l'époque de son enfance.*

III. En vous référant au texte, répondez aux questions suivantes.

1. Que faisaient les Bretons qui ne trouvaient pas de travail chez eux ?
2. Qu'est-ce qui arrivait aux élèves qui parlaient breton à l'école ?
3. Selon l'État français, quelle était la tâche des instituteurs ?
4. Pourquoi le certificat d'études en français était-il si important pour les élèves bretons ?
5. Comment les Bretons aidaient-ils la France lorsque ce pays était en guerre ?

IV. Qu'est-ce qui a changé, qu'est-ce qui n'a pas changé ? Complétez les paires de phrases suivantes en vous basant sur le texte.

1. De nos jours, les écoliers bretons apprennent leur langue dans les écoles *Diwan*.
Avant,
2. L'auteur sait bien s'exprimer en français maintenant.
Dans son enfance,

3. Aujourd'hui l'emploi du breton se limite à la Bretagne.
Au XIXe siècle aussi,

4. De nos jours, les touristes visitent les villages bretons.
Avant,

5. Aujourd'hui, seule une minorité veut observer les coutumes traditionnelles.
Il y a cent ans,

L'imparfait et le passé composé

Pour indiquer les actions ou états passés, on doit constamment faire un choix entre l'imparfait et le passé composé. Lorsqu'on veut indiquer l'aspect inachevé ou indéterminé d'une action on met le verbe à l'imparfait. Si on veut parler de l'aspect déterminé ou achevé de l'action, on emploie le passé composé. Comparez les deux exemples suivants :

> Lorsqu'il **étudiait** le breton, il **refusait** de parler français.
> Il **a étudié** le breton pendant trois ans.

L'imparfait et le passé composé sont souvent employés dans une même phrase qui décrit deux actions : une action qui a eu lieu (au passé composé) interrompt une autre action (à l'imparfait) qui était en cours :

> Elle **a découvert** un manuscrit en ancien français pendant qu'elle **faisait** des recherches à la Sorbonne.

V. Complétez les phrases suivantes à l'aide d'un verbe à l'imparfait ou au passé composé. Tâchez de varier les verbes pour rendre vos phrases plus expressives.

1. Je me souviens de la maison de ma grand-mère
2. L'année dernière, j'ai eu des expériences intéressantes
3. Cet étudiant n'allait jamais à sa classe de français le lundi sous prétexte que
4. Cette vedette avait beaucoup de succès à cause de sa beauté
5. Nous avons eu peur quand

VI. Mettez les verbes entre parenthèses à l'imparfait ou au passé composé.

L'auteur nous explique qu'il (ne pas vouloir) quitter la Bretagne quand il (être) jeune. Pourtant, il (falloir) sortir de la région pour trouver du travail. À l'âge de dix-huit ans, il (s'engager) dans l'armée, comme beaucoup de jeunes Bretons. Il (se sentir) triste de s'en aller mais à cette époque-là tous les jeunes (être) obligés de partir à la guerre. Sur le champ de bataille, il (faire) la connaissance de jeunes venant d'autres régions qui, eux aussi, (se battre) pour la France. Un jour, pendant qu'il (se cacher) dans les tranchées, il (entendre) quelqu'un parler breton. Quelle surprise ! Ce (être) un cousin qui (venir) de son village. Les deux (paraître) tellement heureux qu'on leur (demander) si la guerre était finie.

VII. « Quand tu étais à l'école... » Posez 10 questions à un(e) camarade sur ses expériences à l'école et comparez ses réponses à vos expériences personnelles. Tâchez de varier le contenu des questions (description du lieu, sentiments des élèves, description physique, habitudes, etc.).

Décrire à l'aide de l'adjectif, de l'adverbe et de la proposition relative

Trois constructions sont particulièrement utiles pour faire une description :

- **Adjectifs ou expressions adjectivales**, qui qualifient le nom :
  *Deux **énormes** inconnus ; soldats **de deuxième classe***

- **Propositions relatives**, qui qualifient un nom, un pronom ou une autre proposition :
  *un mot français **qui sonnait comme une réprobation***

- **Adverbes ou expressions adverbiales**

  qui modifient le verbe :
  *Nous avons appris le français [...] **Consciencieusement** ; aucune contrainte [...]
  ne saurait les altérer **en profondeur***

  ou qui modifient l'adjectif :
  *Si ce caractère est **vraiment** fort il résiste à toutes les ouvertures.*

VIII. Déterminez si les expressions en caractères gras sont des adjectifs, des expressions adjectivales, des adverbes ou des propositions relatives.

1. leur devoir était de nous conduire au **fameux** certificat **qui se passait en français**
2. **cette** langue **qu'ils parlaient eux-mêmes** hors de **leur** classe
3. nous avons ingurgité, **bon gré mal gré**, bien d'**autres** notions
4. ce monstre **mâle que nous appelons** *ar mor braz* (le **grand** océan)
5. il se laisse pénétrer **lentement** par des étrangers
6. le domaine **essentiellement privé** de **mes** gens **à moi**
7. notre aventure **à venir**

8. les paysans ne sauraient jamais se reconnaître **à fond**
9. des notions **dont notre civilisation maternelle n'avait pas la moindre idée**
10. **ces** endroits **voués aux écritures qu'on appelait des « bureaux »**

IX. Relevez dans le texte les mots et les expressions descriptifs qui se rattachent aux thèmes suivants.

1. l'océan
2. la pauvreté et la simplicité de la vie des Bretons
3. le paysage breton
4. la nuit en Bretagne
5. le breton armoricain

X. En vous basant sur le texte, regroupez les propositions de la série A avec celles de la série B pour en faire des phrases complexes.

A
1. Selon l'auteur, le breton est une langue
2. Les maîtres n'osaient pas parler à l'école cette langue
3. La disparition des langues régionales est un problème
4. La plupart des touristes qui visitent la Bretagne s'intéressent plus à ses paysages qu'à sa culture
5. Tout lecteur peut s'identifier aux souvenirs d'enfance

B
a) qu'ils parlaient chez eux
b) auquel on ne pense pas beaucoup
c) qui est pourtant si riche
d) dont il faut être fier
e) qui ont inspiré ce récit

XI. Utilisez des mots descriptifs et l'imparfait pour décrire les circonstances suivantes. Essayez de varier les verbes et les structures.

> **Exemple** : *Mon premier jour à l'école élémentaire*
> ***Il pleuvait, et j'avais peur** de l'institutrice, **qui était très stricte**.*

1. Votre premier jour à l'université
2. Le dernier examen de français que vous avez passé
3. La première sortie avec votre ami(e)
4. Vos vacances d'été quand vous étiez plus jeune
5. Vos habitudes de travail à l'école secondaire

ÉCRIVONS

XII. Rédigez un texte descriptif sur l'un des thèmes suivants :

1. Un souvenir d'enfance
2. Un endroit que vous avez visité et qui vous a impressionné(e)
3. Vos premières expériences d'apprentissage d'une langue seconde

ÉLARGISSONS NOS HORIZONS

Faites des recherches sur une **langue minoritaire** au Canada (autre que le français) et présentez les résultats de vos recherches à la classe.

L'occitan : ... *on avait une langue, une culture, une terre*

Péire Pessamessa écrit dans la langue régionale du Midi de la France, l'occitan, l'ancienne *langue d'oc*, autrefois parlée par un tiers de la population de la France. Pessamessa, qui déplore le déclin de sa langue, est interviewé ici par Sylvie Halpern de la revue canadienne *L'actualité*.

L'occitan, une langue morte ?

> **Je suis peut-être pessimiste, mais je n'y crois pas trop à la renaissance occitane. On ne sauve pas une langue <u>à coup d'idéologie</u>[69], on ne peut pas porter longtemps un musée à bout de bras !**

1.   Monarchique, révolutionnaire ou républicaine, la France s'est toujours acharnée contre ses minorités ethniques. Son arme ? Une langue. Et quel but ? L'amalgame[70] politique et culturel. Aujourd'hui encore, au cœur de beaucoup d'Occitans, de Bretons, de Basques, le français reste la langue de domination, d'assimilation.

2.   Dans le Midi[71] pourtant, tout a longtemps semblé possible. <u>Les militants occitanistes</u>[72] y croient toujours : *Ome d'oc, as dreit a la paraula, parla !* (Homme d'oc, tu as le droit de parler, parle !). Mais qui les entend encore ?

3.   Amélie, deux ans, triture[73] la boîte de Kleenex. Pierre se fâche : « *Bahla me lei mocadours, Melia !* » [...] Pierre, Péire Pessamessa, l'intellectuel paysan, le seigneur de

---

[69]   en ayant recours à l'idéologie
[70]   la fusion
[71]   Sud de la France
[72]   ceux qui veulent maintenir la langue occitane vivante
[73]   manie brutalement

Buoux, ce hameau perdu (il dirait « sauvé ») au fond du Lubéron[74] [...] a tout laissé pour rentrer ici, reprendre l'auberge familiale, suer derrière les fourneaux de la cuisine, et écrire. Une dizaine de livres, des romans historiques [...] et de nombreux articles : la somme de ses *Escrichs*. À la cinquantaine, le succès, mais jamais à plus de 2 000 exemplaires : en occitan, c'est impossible. [...]

4.   « Il y a beaucoup de choses mais pas grand monde pour les lire, sûrement pas le peuple, en tout cas ! D'ailleurs, ces livres ne sont pas écrits pour lui ; ceux qui les écrivent, ils le font pour leurs pairs : des intellectuels, des professeurs, des militants. Beaucoup de gens s'en réclament, de l'Occitanie, souvent des gens qui n'ont rien à voir avec elle, mais qui se sont trouvé une nouvelle cause à défendre. Mais le mouvement est en perte de vitesse sur le plan politique. Ce qui compte maintenant, c'est la culture, les spectacles, les foires de livres : tout ça mobilise du monde, peut-être deux à trois mille personnes ! Mais de là à parler d'un réveil culturel... J'ai peu d'espoir, on ne recrée pas une culture populaire comme ça. [...]

5.   « C'est vrai qu'on fait pas mal de choses, mais il ne faut pas se faire d'illusion : un quart d'heure par semaine à la télévision, coincé[75] entre du sport et des variétés, qui va regarder ça ? On verra... C'est comme pour l'enseignement, il y a beaucoup de cours au lycée, dans les facultés, même à la télévision, et puis des universités d'été, des séminaires internationaux. [...] Ce n'est pas mal, c'est vrai, et ça rassure les gens, mais ça ne changera rien. L'occitan, il n'y a plus beaucoup de monde qui le parle, même dans nos campagnes, qui le parle de cœur. Une langue qu'on n'apprend plus que dans les livres, c'est une langue morte ! »

6.   Des fois, si on écoute bien, on l'entend encore dans les villages, la langue de Pierre. Dire que le tiers de la France l'a parlée sans interruption pendant dix siècles ! Au sud de la Loire, pratiquement de l'Italie à l'Espagne (où elle rejoint le catalan), elle s'est affirmée comme l'expression d'une communauté de millions de personnes — Gascons, Limousins, Provençaux[76] — une autre façon de vivre, une autre vision du monde que celle du Nord. Une autre façon de dire oui : oc !

7.   C'est dans ce **patois** que pendant tout le Moyen Âge s'est exprimée une culture originale qui a longtemps donné au Midi plusieurs siècles d'avance sur le Nord. C'est en langue d'oc que, soutenus par des cours prestigieuses et politiquement autonomes, des centaines de troubadours[77] ont élaboré, dans une étonnante unité linguistique, une poésie lyrique si riche que l'Europe tout entière allait s'en inspirer. Plus que cela : une nouvelle philosophie, une conception révolutionnaire de la société qui consacrait, par exemple, avec la notion de *paratge* (égalité), l'émancipation féminine dès le XIe siècle ; qui, dans un esprit de *convivencia* (tolérance) unique pour l'époque, a favorisé une fermentation intellectuelle et artistique inégalée ailleurs. [...]

8.   Il y a un siècle, Frédéric Mistral — l'écrivain provençal, le tout premier penseur de la renaissance occitane moderne — apprenait [à son chien] à aboyer lorsqu'on parlait français à côté de lui ! Mistral, on l'a célébré longtemps : mais à quel prix et pour quelle

---

74   région dans les Alpes françaises
75   qui n'a qu'une petite place
76   habitants de la Gascogne, de la région de Limoges ou de la Provence
77   poètes lyriques de langue d'oc (XIIe et XIIIe siècles)

culture ? En 1904, au moment où il reçoit le prix Nobel, on punit les enfants dans les écoles lorsqu'ils parlent provençal ! Nourris d'universalisme et de rationalisme, les nouveaux missionnaires de l'école publique — les « hussards[78] noirs », comme on appelle alors les instituteurs dans les campagnes : règle à la main, costumes sombres — sévissent durement : comment, avec leur langue patoisante[79], ces fils de paysans <u>mal dégrossis</u>[80] osent-ils encore faire affront à la langue de Molière ? [...]

9.   « On avait une langue, une culture, une terre et on n'a pas su les défendre. Maintenant, on vit à l'heure du monde et notre pendule à nous, elle n'est plus à l'heure. Les gens d'ici, ils vont au restaurant vietnamien le dimanche, peut-être qu'ils mangent <u>de la soupe au pistou</u>[81] à Tokyo ! À Marseille, il y a même des compagnies qui donnent des cours à leurs employés pour qu'ils perdent leur accent : ça ne fait pas sérieux l'accent du Midi dans les affaires, il faudrait peut-être qu'on prenne l'accent japonais maintenant ! Quand on commence à avoir honte de ce qu'on est, tout est fini, tout peut arriver. [...]

10.   « Notre langue, elle est en train de mourir parce qu'elle ne correspond plus à la réalité, tout simplement parce que la réalité n'est plus occitane. À quoi ça sert les mots quand il n'y a plus rien à mettre dedans ? Quand je lui parle provençal à Amélie, je sais très bien qu'il va y avoir l'école, la télévision, le monde, le progrès quoi ! Bientôt, elle parlera français avec l'accent pointu : finis, envolés les *mocadours* ; il lui restera la musique ! Mais quand même, je suis peut-être en train de lui transmettre ce que nous avons de plus précieux... »

Sylvie Halpern, *L'actualité* (décembre 1984)

VOCABULAIRE ET COMPRÉHENSION : *L'OCCITAN, UNE LANGUE MORTE ?*

MAÎTRISONS LE VOCABULAIRE

I. Remplissez les blancs par un mot de la même famille que le mot en caractères gras.

1. La France s'est toujours **acharnée** contre ses minorités ethniques, mais certaines minorités qui ont résisté avec ... survivent encore aujourd'hui.
2. Beaucoup de gens s'en **réclament**, de l'Occitanie. Mais, les perpétuelles ... des Occitans ont été ignorées par les autorités.
3. C'est en langue d'oc que, **soutenus** par des cours prestigieuses [...], les troubadours ont élaboré une poésie lyrique. À cette époque, pour faire connaître son œuvre, un poète avait besoin du ... de l'aristocratie.

---

[78]   soldats
[79]   qui emploie des mots de dialecte local
[80]   vulgaires
[81]   plat typique du Midi

4. Les instituteurs [...], **règle** à la main [...], sévissent durement, mais en réalité, ils ne peuvent pas ... complètement la vie de ces enfants provinciaux.

5. Quand on commence à avoir **honte** de ce qu'on est, tout est fini. C'est le cas des jeunes qui, à un certain moment, ont commencé à croire que parler en langue d'oc était une action ... .

COMPRÉHENSION DU TEXTE

II. Répondez aux questions suivantes.

1. Que pense Péire Pessamessa de l'impact de la renaissance occitane ?

2. Donnez des exemples de la richesse de la culture occitane.

3. Qu'est-ce que cet article vous apprend sur les difficultés linguistiques auxquelles les Occitans ont dû faire face par le passé ?

4. Qu'est-ce que Pessamessa déplore dans l'attitude du monde moderne envers les cultures minoritaires ?

5. Que pensez-vous de la déclaration finale de Pessamessa ?

La préservation des langues nationales

L'article suivant, tiré de la revue française *Écrits de Paris*, traite des avantages et des inconvénients de préserver les langues régionales en France à la fin du XXᵉ siècle. La question de la préservation des langues minoritaires est débattue dans beaucoup de pays. Devrait-on promouvoir ces langues minoritaires aux dépens de l'enseignement de la **langue nationale** ?

À propos des langues régionales

1.   Parmi les diverses revendications des régionalo-séparatistes actuels, la moins déraisonnable de toutes est assurément la préservation des langues régionales, mais tout dépend évidemment de la perspective dans laquelle cette dernière est faite.

Les abus du centralisme

2.   Le peuple français étant animé de fortes pulsions anarchisantes et centralisatrices, il n'est pas étonnant qu'au cours des siècles la préoccupation constante de nos gouvernants ait été de les contrebalancer par un pouvoir politique fortement centralisé [...].

3.   Bien entendu, l'institution d'une **langue** officielle **véhiculaire** unique faisait partie de la panoplie[82] des moyens propres à parvenir à un tel but. La mesure décisive

---

[82] l'ensemble, l'arsenal

prise en ce sens fut l'ordonnance de Villers-Cotterêts de 1539 par laquelle le Roi François Ier imposait l'utilisation de la langue française dans tous les actes officiels.

4.   Les langues régionales n'en continuèrent pas moins à être pratiquées au moins oralement et sans que cela gênât[83] grand monde. Napoléon Ier lui-même, qui pourtant n'était pas un modèle de libéralisme, disait à propos de ses soldats alsaciens : « Laissez-les donc parler allemand pourvu qu'ils sabrent[84] français. » Tout changea en revanche[85] avec la Troisième République[86] et la mise en place d'un enseignement primaire public gratuit, laïque et obligatoire. Dès lors, les instituteurs, les fameux « hussards de la République », se crurent investis de la mission, non seulement d'enseigner le français, mais aussi d'éradiquer les langues régionales en lesquelles il convenait à leurs yeux de ne voir que des **dialectes** ou des **patois**.

5.   L'histoire des petits paysans qui étaient punis dès l'instant qu'ils étaient surpris à parler le breton ou l'auvergnat[87] dans la cour de récréation n'est malheureusement pas une légende. [...]

6.   Si personne ne conteste — ou ne devrait contester — la nécessité d'une **langue véhiculaire** commune, à savoir le français, grande est à mon avis l'erreur de vouloir pour autant faire disparaître les langues régionales. […]

7.   Dans d'autres cas, il peut y avoir, outre cette préoccupation, intérêt à maintenir un bilinguisme qui ne peut être que favorable à nos relations avec les nations voisines. Je pense aux Flamands[88] qui parlent une langue très proche du néerlandais, aux Alsaciens-Lorrains[89] qui parlent allemand et aux Catalans[90] de France qui parlent la même langue que les Catalans d'Espagne. Dans d'autres cas enfin, il s'agit d'un véritable trésor à préserver. Je pense au breton qui est chez nous la dernière survivance des langues celtiques jadis[91] parlées par nos « ancêtres les Gaulois » ; je pense aussi au basque qui, fait plus remarquable encore, est la dernière survivance des langues pré-indo-européennes parlées dans l'Europe de l'Ouest. [...]

8.   Il serait assurément dommage et même criminel de faire disparaître tous ces témoins de notre passé : les langues régionales font partie de notre patrimoine[92] et, à ce titre, doivent être préservées.

Les abus du régionalisme

9.   Que les régionalistes aient réagi aux excès du centralisme, voilà qui, en soi, fut sain et nécessaire. Le malheur est que, bien souvent, cette réaction soit allée jusqu'à l'extravagance. S'il était stupide de vouloir détruire les langues régionales histoire de[93]

---

83   dérange
84   se battent en
85   par contre
86   régime politique de la France (1870-1940)
87   parler de l'Auvergne, région du centre de la France
88   habitants de Flandre, région du nord de la Belgique et de la France
89   habitants d'Alsace-Lorraine, région du nord-est de la France
90   habitants de la Catalogne, région du nord de l'Espagne et comté de la France
91   autrefois
92   héritage
93   dans le but de

promouvoir le français, il l'est encore plus de vouloir détruire le français histoire de promouvoir les langues régionales.

10.   L'exemple de l'Espagne est là pour nous rappeler à la raison. La très large autonomie accordée aux provinces qui constituent ce pays a abouti en de nombreux cas à des résultats désastreux. Quel est l'avantage, par exemple, pour un jeune Catalan d'apprendre le catalan à l'école plutôt que l'espagnol ? Ce faisant, il apprendra une langue fort respectable certes, mais qui n'est parlée que par six ou sept millions de personnes de par le monde alors que l'espagnol l'est par trois cents millions.

11.   Or, certains régionalistes de France réclament l'apprentissage de la langue régionale à l'école comme langue principale, le français ne devant être enseigné au mieux que comme seconde langue, c'est-à-dire en fait comme une langue étrangère. Non seulement une telle extravagance aurait les mêmes inconvénients qu'en Espagne, mais, de plus, elle ne pourrait à terme que menacer l'unité nationale.

12.   En outre, les langues auxquelles se réfèrent les régionalistes sont bien souvent des créations d'intellectuels et à ce titre sont parfaitement artificielles. Pour ne parler que de ce que je connais quelque peu — dans mon enfance, j'ai entendu parler le limousin[94] au moins autant que le français — disons que s'il existe des langues occitanes — ou, si l'on préfère, une famille des langues occitanes, il n'existe pas une langue occitane. Mes grands-parents connaissaient le limousin, l'auvergnat, le béarnais, le provençal, etc., mais l'occitan, ils n'en avaient jamais entendu parler. Vouloir imposer ce que l'on appelle l'occitan à tous ceux qui parlent une langue occitane se ramènerait à leur imposer un **parler** qui pour être proche du leur, n'en serait pas moins encore pour eux une langue différente de celle qu'ils parlent vraiment.

Prééminence du français

13.   [...] La prééminence du français comme langue nationale, donc comme langue première, ne doit en aucun cas être remise en cause. En revanche, des cours de langues régionales non obligatoires peuvent être organisés dans les enseignements de tous niveaux [...]. Par ailleurs, les collectivités locales auraient bien évidemment toute latitude, dans le cadre d'activités post et péri-scolaires, pour organiser des cours de la même nature. Enfin, les radios et télévisions locales pourraient réserver chaque jour un temps d'antenne à des émissions en langue régionale.

14.   Prééminence du français, préservation des langues et cultures régionales et bien entendu strict maintien de l'union politique de la nation française, telles devraient être trois pierres angulaires[95] d'une politique raisonnable en matière.

Jean Denipierre, *Écrits de Paris, revue de questions actuelles* (juillet-août 1996)

---

[94]   parler de la région de Limoges (le Limousin)
[95]   tels devraient être trois éléments fondamentaux

CHAPITRE 2

L'EXPANSION DU FRANÇAIS OUTRE-MER

LA COLONISATION

L'entreprise coloniale de la France se déroula en deux phases : le premier empire français était centré en Amérique du Nord et aux Antilles et comportait quelques comptoirs d'intérêt commercial en Inde. Cet Empire des XVIIe et XVIIIe siècles se caractérisa par l'émigration de **colons** français vers le Nouveau Monde et le transport d'esclaves de l'Afrique aux Antilles. Le deuxième empire français fut bâti au XIXe siècle et comporta des possessions couvrant près de 12 000 000 km² — en Afrique, en Indochine, en Océanie et au Moyen Orient.

LE PREMIER EMPIRE COLONIAL DE LA FRANCE

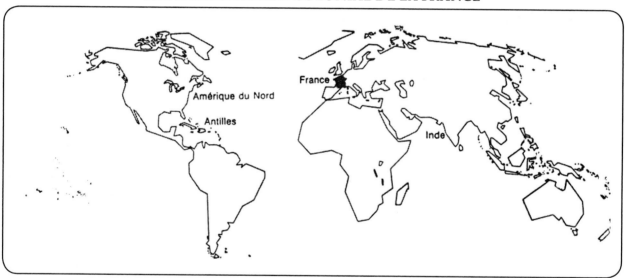

LE DEUXIÈME EMPIRE COLONIAL DE LA FRANCE

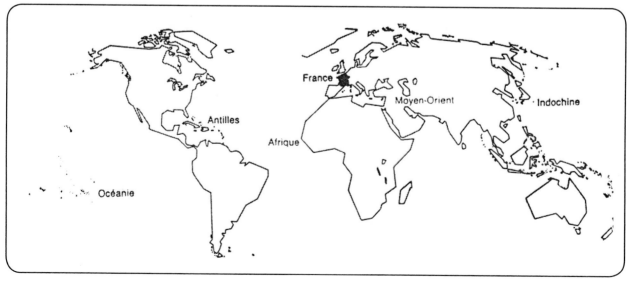

L'Empire français d'Amérique

Pendant les deux siècles de leur premier empire, les Français colonisèrent une partie des Antilles, du Canada et de la Louisiane. Toutefois, défaite par l'Angleterre en 1763, au cours de la guerre de Sept Ans, la France dut signer le Traité de Paris et céder à l'Angleterre la majeure partie de son empire. Elle conservait cependant la Guadeloupe et la Martinique. Les **colons** français, abandonnés par la France, vécurent isolés dans d'immenses territoires désormais anglais. Bien que coupés de **la métropole**, ils continuèrent à parler français, surtout au Canada, où une importante population de francophones existe encore. De 65 000 à la Conquête anglaise, le nombre de Canadiens français est passé à plus de six millions, soit un quart de la population du Canada.

L'article suivant retrace l'histoire de l'implantation et de la survie des différents groupes de francophones en Amérique du Nord.

Les Français d'Amérique

1.	L'Amérique française a existé pendant un siècle et demi. Pour les Canadiens, Samuel de Champlain, Frontenac et Cavalier de la Salle sont les pères fondateurs et toujours vénérés qui établirent les bases d'un véritable Empire français en Amérique. Au début du XVIIIe siècle, cet Empire occupe un vaste croissant, du golfe du Saint-Laurent à La Nouvelle-Orléans, en passant par le Mississippi. Les colons britanniques redoutent ces « papistes[1] », intrépides concurrents qui, comme eux, trappent les fourrures et leur interdisent toute expansion au-delà des Appalaches.
2.	Le groupe principal de ces Français est celui des Canadiens : 10 000 environ sont venus de France ; ils sont plus de 65 000 au milieu du XVIIIe siècle. Originaires pour la plupart des provinces de l'Ouest, ils se sont installés dans les « rangs », domaines taillés perpendiculairement au fleuve Saint- Laurent. Certes, ils dépendent des seigneurs qui ont amené le système féodal[2], [...] mais celui-ci s'est bien étiolé sur le sol américain. [...]
3.	Un autre noyau est formé par les Acadiens. Ils sont quelques milliers accrochés à la côte, vivant de pêche et de traite ; leur territoire est l'avant-poste des possessions françaises, autour de la formidable forteresse de Louisbourg qui contrôle l'estuaire du Saint-Laurent. Enfin, après des débuts laborieux, la Louisiane sort des limbes. Fondée en 1718, La Nouvelle-Orléans compte en 1745 moins de 900 habitants qui, très à contrecœur, partagent leurs rues avec les alligators effrontés[3] des bayous. Marécages et fièvre jaune ne sont pas des atouts favorables à la colonisation. [...]
4.	Au fil du XVIIIe siècle, l'affrontement avec les Anglais des treize colonies se durcit. La Nouvelle-France s'organise toujours plus en colonie militaire et des miliciens, sortis des rangs du Saint-Laurent, renforcent les contingents venus de France. Déjà

---

[1]	nom que les protestants donnent aux catholiques
[2]	Dans le régime féodal, le seigneur confiait un domaine (fief) à son vassal en échange de certains services.
[3]	audacieux

Louisbourg a plusieurs fois changé de main, mais elle reste à la France, tandis que l'Acadie est devenue anglaise dès 1713. Les Acadiens ne s'y résignent pas et résistent face à l'arrivée des colons britanniques. [...] En 1755, c'est le « Grand Dérangement » : 6 000 Acadiens sont brutalement déportés par les Anglais et embarqués sur des navires ; leurs maisons brûlent. Ils se dispersent entre le Canada, la France, les Antilles et s'infiltrent en Louisiane ; puis cherchent à regagner leur pays perdu. Un poète américain, Longfellow, pleurera dans *Évangéline* leur sort[4] tragique.

5.   La Nouvelle-France résiste mieux. Prise dans une lutte plus large où s'affrontent les superpuissances du temps — la guerre de Sept Ans ou *French and Indian War*, comme on dit en Amérique — elle enlève quelques victoires, à Fort-Carillon notamment, en 1758. Mais, malgré les efforts héroïques de Montcalm et des Canadiens, les troupes anglaises, bien supérieures en nombre, <u>ont le dessus</u>[5] à Louisbourg, devant les forts de l'Ouest et surtout à Québec, en 1761. Le Traité de Paris de 1763 scelle le sort de l'Empire français d'Amérique [...].

6.   Quel va être le sort de ces 100 000 Français éparpillés[6] de Québec à La Nouvelle-Orléans, coupés de leur patrie, environnés de trois millions et demi d'Anglais qui seront bientôt des Américains ? Ils ne peuvent compter que sur leurs propres forces. Les quelques milliers de Français qui émigrent chaque année aux États-Unis ne cherchent pas spécialement la proximité de leurs prédécesseurs. Attirés par le rythme de New York ou l'or de la Californie, c'est là qu'ils s'installent. Une large partie des élites administratives a quitté le Canada après la Conquête ; depuis 1755, les Acadiens sont démunis de toute forme d'organisation, à l'exception de la paroisse. Seule la société louisianaise est relativement intacte et les riches habitants de La Nouvelle-Orléans ne voient pas d'un mauvais œil l'arrivée des entreprenants Américains. Les liens avec la France sont désormais très ténus[7]. Malgré la légende d'une grammaire qui aurait été religieusement transmise de génération en génération comme un texte sacré, resté unique, les livres français parviennent toujours au Canada. Dans les grandes familles de Louisiane, les fils sont toujours envoyés à Paris pour y faire leurs études, du moins au début du XIXᵉ siècle. Mais c'est à peu près tout. Autant dire que toutes ces populations sont vraiment livrées à elles-mêmes. [...]

7.   Les Créoles de La Nouvelle-Orléans restent majoritaires dans la ville jusque dans les années 1830 ; ils conservent la langue française et perpétuent les manières de la haute société française : mode, cuisine, distinction, beauté des femmes et passions romantiques. Ces qualités auraient pu tourner au folklore et finalement disparaître si un apport nouveau n'était venu renforcer l'élément français. Après bien des tribulations, les Acadiens chassés par le Grand Dérangement se sont fixés le long des bayous de l'intérieur. Ils cherchent avant tout la paix sur leurs fermes, loin du tumulte de la ville, à l'écart de l'agitation des Américains ; ils s'accrochent à leur langue et à leurs traditions simples. À la veille de la guerre de Sécession, alors que La Nouvelle-Orléans est déjà très américanisée, les Acadiens des bayous s'affirment farouchement[8] français. [...]

---

[4]   destin
[5]   remportent la victoire
[6]   dispersés
[7]   minces
[8]   avec force

8.   Quant aux Canadiens français, groupés dans le Bas-Canada qui devient en 1867 la province de Québec, ils ont pour eux le nombre et leur fidélité acharnée[9] à la langue française. Dès 1763, leur nombre rend impossible une solution « à l'acadienne ». Leur taux de natalité moyen dans la première moitié du XIXe siècle est d'environ 50 pour 1 000, ce qui assure un doublement de population tous les quarts de siècle. [...]

9.   Mais une natalité formidable ne saurait résoudre tous les problèmes si ne s'y associait une volonté collective peu commune. Celle-ci suppose le refus de s'adapter aux valeurs du monde anglo-saxon et le choix toujours plus affirmé des valeurs traditionnelles. Vers le milieu du XIXe siècle et pour les cent ans à venir, l'Église catholique devient le pôle principal de cette société. Elle assure l'enseignement, à tous les niveaux, et l'encadrement[10] de la population par un réseau serré de paroisses[11] qui assurent aussi bien l'état civil que les fonctions de service social. Cette organisation quasi théocratique[12] rebute les esprits indépendants, qui tentent de se faire entendre d'abord par le biais de l'Institut canadien, qui regroupe des intellectuels, puis par celui du Parti libéral : « les Rouges », mais elle assure la cohésion sociale autour du slogan « *Une foi, une langue* ».

10.   Constamment évoquées et louées, les valeurs de la terre et de la famille contribuent puissamment à maintenir un taux de natalité élevé, sans, hélas ! accroître la surface des terres cultivables, ni fournir des emplois en nombre suffisant. Aussi, cette société qui professe des valeurs de repli sur soi-même[13] et vit heureuse, à la manière d'« *un rat dans un fromage* », d'après la remarque d'un visiteur français très malveillant[14], est-elle la source d'une véritable diaspora[15], qui multiplie les groupes francophones à travers le Canada et jusqu'aux États-Unis. Entre 1860 et 1930, près d'un million et demi de Canadiens français traversent la frontière du Sud, à la recherche d'emplois dans l'industrie de la Nouvelle-Angleterre. La plupart se décident vite à demeurer dans leurs « *petits Canadas* », constitués autour des églises, dans de petites villes comme Lewiston et Lowell où les usines de textile se multiplient. Ainsi naît la communauté des Franco-Américains, pas toujours bien considérés : « *les Chinois de l'Est* », disent les boss yankees. Beaucoup de dénommés Boisvert se convertissent en Greenwood et la langue des ancêtres n'est plus guère parlée à la maison que par les plus âgés. Mais un réseau d'écoles paroissiales entretient les valeurs françaises malgré la pression croissante de l'*American way of life*.

11.   Du côté de la rivière Outaouais, à l'ouest du Québec, un flux régulier de Canadiens français s'écoule vers l'Ontario, terriblement anglais mais qui offre des emplois dans la capitale fédérale et dans la banlieue de Toronto. Vers la fin du XIXe siècle apparaissent ainsi les Franco-Ontariens, encore bien proches de leurs terres d'origine mais déjà influencés par les habitudes anglaises : le *fish and chips* gagne du terrain aux dépens de la soupe aux pois. Plus loin vers l'ouest, les Franco-Manitobains sont

---

[9]   ardente, passionnée
[10] l'organisation, la direction
[11] groupe de paroisses proches l'une de l'autre
[12] ce régime où l'Église joue un rôle primordial
[13] qui rejettent les influences extérieures
[14] méchant
[15] dispersion (d'un peuple)

regroupés autour de Saint-Boniface ; leur langue n'est pas reconnue par les autorités provinciales mais ils parviennent à survivre après <u>l'effondrement du rêve métis</u>[16] en 1885. [...]

12.   Pourtant, de toutes ces communautés, des voix s'élèvent, toujours plus nombreuses, et reprennent en écho la revendication des Noirs aux États-Unis et les appels à la décolonisation. Le français ne doit pas disparaître, il fait l'originalité des « Francos » environnés de tant d'anglophones ; d'ailleurs, ils peuvent représenter une force qu'il serait absurde de ne pas utiliser. Les Québécois l'ont compris les premiers. Une étonnante floraison de chanteurs et d'écrivains exprime cette volonté de vivre en français, sans tourner le dos au monde moderne. [...] L'élection du 15 novembre 1976, qui permet au Parti québécois de René Lévesque d'accéder au pouvoir, semble l'apothéose[17] de cette évolution [...]. Mais cette victoire inquiète les autres « Francos » du Canada car le Québec n'a plus de raison particulière de s'intéresser à ces populations lointaines et dispersées. Le gouvernement fédéral le comprend vite. À défaut de pouvoir interdire le nationalisme québécois, il tente, en promulguant le bilinguisme à l'échelle de tout le pays à partir de 1969, de s'appuyer sur les autres francophones. Franco-Ontariens, Manitobains et Albertains bénéficient d'un accès plus facile à la fonction publique et à la télévision. Grâce à cette <u>cure de jouvence</u>[18], ils pourront peut-être assurer leur permanence en français. [...]

Jacques Portes, *L'Histoire* (avril 1987)

---

[16]   Les Métis, peuple d'origine européenne et amérindienne, menés par Louis Riel, se sont soulevés, sans succès, contre le gouvernement du Canada pour réclamer leurs droits en tant que peuple. Riel fut pendu en 1885.

[17]   le point culminant

[18]   reprise de vigueur

EXPLOITATION DU TEXTE : *LES FRANÇAIS D'AMÉRIQUE*

TECHNIQUES DE LECTURE

Le repérage des mots essentiels

Nous avons déjà indiqué qu'avant de faire une lecture détaillée du texte, il est utile d'en faire une lecture d'ensemble pour en déduire les thèmes principaux. Ce processus est facilité par l'identification des mots clés qui se rattachent à l'argument central du texte. Tout en parcourant le texte, soulignez les mots essentiels, c'est-à-dire ceux qui désignent les notions autour desquelles s'articule l'information. Laissez de côté les mots qui véhiculent des informations moins fondamentales. Si vous rencontrez des mots inconnus, ne les cherchez pas dans le dictionnaire. Tâchez d'en déduire le sens d'après leur contexte.

I. Remplissez les blancs par des mots clés tirés des trois premiers paragraphes de l'article.

1. Les Anglais ... les Français à cause de leur courage extraordinaire.
2. Les Anglais, qui eux aussi s'enrichissaient en trappant les fourrures, étaient les ... des Français.
3. Les différents groupes de colons formaient des ... , ce qui leur permettait de survivre dans ce vaste territoire.
4. Les Anglais ... aux Français de dépasser les montagnes de la côte.
5. Les colons vivaient de ... de fourrures avec les autochtones.

MAÎTRISONS LE VOCABULAIRE

Déduire le sens des mots

II. Essayez de déduire le sens des expressions en caractères gras en vous laissant guider par leur contexte. Après avoir consulté le dictionnaire, remplacez-les par des expressions équivalentes. Respectez la grammaire.

1. Le système féodal **s'est bien étiolé** sur le sol américain. (par. 2)
2. Les habitants [de la Nouvelle Orléans] partagent **à contrecœur** leurs rues avec les alligators effrontés des bayous. (par. 3)
3. Le Traité de Paris **scelle le sort** de l'Empire français d'Amérique. (par. 5)
4. Depuis 1755, les Acadiens **sont démunis de toute** forme d'organisation, à l'exception de la paroisse. (par. 6)
5. Les riches habitants de La Nouvelle Orléans **ne voient pas d'un mauvais œil** l'arrivée des entreprenants Américains. (par. 6)
6. Autant dire que ces populations sont vraiment **livrées à elles-mêmes**. (par. 6)
7. Les Acadiens **s'accrochent** à leur langue et à leurs traditions simples. (par. 7)

8. **Leur taux de natalité** moyen est d'environ 50 pour 1 000. (par. 8)

9. Les esprits indépendants tentent de se faire entendre **par le biais de** l'Institut canadien. (par. 9)

10. Le gouvernement fédéral tente, en promulguant le bilinguisme **à l'échelle de tout le pays**, de s'appuyer sur les francophones. (par. 12)

COMPRÉHENSION DU TEXTE

III. Dressez la liste des obstacles auxquels les différentes communautés francophones d'Amérique ont dû faire face pour survivre.

RAPPEL GRAMMATICAL

Les articles

L'article défini : le, la, l', les

> **Les** liens avec **la** France sont désormais très ténus.

Les deux emplois principaux de l'article défini sont la **désignation spécifique** et la **généralisation** :

> **Les** Québécois que j'ai rencontrés à Montréal parlent bien l'anglais.
> (désignation spécifique)
> **Les** Canadiens aiment le hockey. (généralisation)

En français, l'article défini est utilisé avec les **noms de pays, de régions géographiques** et **de langues (sauf après** *parler* **non modifié)** :

> **Le** Nouveau-Brunswick est une province canadienne où **le** français jouit d'un statut officiel.
> **Les** États-Unis n'accordent pas de statut officiel à **l'**espagnol, malgré le nombre croissant d'hispanophones dans ce pays.

L'article défini est utilisé en français là où l'anglais ne l'utilise pas :

- avec les noms abstraits
  > Au Québec, **le nationalisme** a fait naître toute une culture.

- avec les titres
  > **Le président** Lincoln ne parlait pas français.

- avec les saisons
  > **L'hiver** est un thème courant dans la poésie canadienne.

- avec les jours de la semaine pour indiquer l'habitude, la répétition

  *Les bureaux gouvernementaux sont fermés **le samedi** et **le dimanche**.*

- pour remplacer l'adjectif possessif en parlant des parties du corps quand le possesseur est indiqué ou évident

  *Les nouveaux citoyens ont prêté serment en levant **la main**.*

Attention ! **le** et **les** se contractent avec les prépositions **à** et **de** :

*Les Français ont dû céder leurs territoires **aux** Anglais.*
*Évangéline, œuvre **du** poète américain Longfellow, déplore le sort **des** Acadiens exilés.*

L'article indéfini : un, une, des

*... les cousins de la Louisiane se sont demandé pourquoi il y aurait **des** droits civiques pour d'autres minorités et pas pour eux.*

Contrairement à l'article défini, l'article indéfini (**un, une, des**) indique **une désignation indéterminée**. Notons que cet article peut se traduire en anglais par *some* ou *any*, ou être omis, ce qui est souvent le cas.

*Il y a **un** noyau de francophones dans l'ouest de Terre-Neuve.*
*Y a-t-il **des** hispanophones au Texas ?*

Devant un nom pluriel précédé d'un adjectif, **des** devient **de** :

*Il y a **de** jolis villages en Acadie, mais j'ai vu **des** villages charmants au Vermont aussi.*

Attention ! Quand l'adjectif fait partie du nom, on garde **des** :

*À la campagne, on mange **des** petits pois frais.*

Après la négation, l'article indéfini (**un, une, des**) devient **de, d'** sauf après le verbe *être*.

*Lord Durham, venu pour trouver **un** remède aux troubles du Bas-Canada, n'a pas proposé **de** solutions efficaces. Selon lui, ce n'étaient pas **des** luttes de classes, c'étaient **des** luttes entre deux races qui divisaient le pays.*

L'article partitif

> *Les premiers colons avaient **de la** difficulté à survivre.*

L'article partitif (**du, de la, de l'**), qui désigne une quantité indéterminée d'une chose ou une partie d'un tout, est utilisé particulièrement avec certains verbes (*avoir, vouloir, manger, boire,* etc.).

> *Dans le jambalaya, plat classique de la cuisine créole, il y a **du** poulet, **de la** sauce tomate, **de l'**huile et **du** piment.*

Après la négation, l'article partitif (**du, de la, de l'**) devient **de, d'**.

> *Il y a **du** poivre dans la soupe aux pois, mais il n'y a pas **de** piment.*

Omission de l'article

> *À en juger par les statistiques, aujourd'hui il y a **moins d'**enfants dans les familles québécoises qu'au XIXe siècle.*

L'article n'est pas employé après les expressions de quantité : **beaucoup de, trop de, un peu de, assez de, une tasse de, un verre de**, etc.

> *Aux États-Unis, il y **beaucoup de** gens d'origine française qui ne parlent pas français.*

Attention ! Il faut garder l'article dans les expressions : **la plupart de, bien de, encore de**, etc.

> ***La plupart des** citoyens votent aux élections.*

L'article est généralement omis dans les appositions.

> *La Nouvelle-Orléans, **capitale** de la Louisiane, est une ville historique.*

L'article est omis devant un nom qui détermine un autre nom.

> *Le professeur **de** français nous a conseillé de nous documenter dans un livre **d'**histoire.*

IV. Remplissez les blancs à l'aide de l'article approprié s'il est nécessaire.

1. ... Franco-Ontariens jouissent d'... loi linguistique depuis quelque temps. Cependant, il y a encore ... francophones dans cette province qui n'ont pas ... services en français.

2. Il y a ... Acadiens qui ont quitté ... Acadie pour trouver ... travail. ... gens de cette région sont pourtant très attachés à ... histoire et à ... culture de leurs ancêtres.

3. Voulant s'approprier ... terres cultivables le long ... fleuve, ... Anglais ont décidé d'expulser ... Acadiens.

4. Après la Conquête, ... rapports avec ... France ont diminué, mais aujourd'hui ... Québec a ... liens forts avec ce pays.

5. À ... XVIIIe siècle, ... fourrures qui étaient à la mode se vendaient cher. On aimait bien ... castor mais il y avait ... fourrures dont on ne voulait pas.

6. Bien ... Manitobains apprennent ... français, ... langue de leurs ancêtres. Pourtant, il y a ... habitants ... Manitoba qui n'utilisent que ... anglais.

7. Ce manuel ... français comprend ... exercices ... grammaire et ... excellents articles sur la Francophonie.

8. À Montréal, avant la Révolution tranquille, il y avait ... grands magasins qui offraient ... services à leur clientèle uniquement en anglais.

9. ... habitants ... Québec ne sont pas tous ... francophones ; dans certaines communautés on voit très peu ... écoles françaises et la plupart ... gens parlent ... anglais.

10. Dans ma classe, il y a ... enfants d'immigrants qui prennent ... initiatives pour connaître ... culture de leurs parents, mais ... autres sont d'avis que ... origine ethnique n'a pas ... importance.

Les prépositions géographiques

> *En Suisse il y a une partie de la population qui parle allemand, mais à Genève le français domine.*

En français, les noms de pays et de villes sont précédés des prépositions **à** ou **en** lorsqu'on veut exprimer l'idée d'emplacement (*in*) ou de destination (*to*) :

les pays masculins : à (au\aux)
Je suis au Canada. Je m'en vais aux Pays-Bas.

les pays féminins et les pays masculins qui commencent par une voyelle : en
J'habite en France. Je vais en Israël.

villes : à
J'habite à Montréal. Je fais un voyage à Québec.

V. Remplissez les blancs à l'aide de l'article et, s'il y a lieu, de la préposition appropriés.

... XVIIIe siècle, ... Louisianais ont failli perdre leur langue à cause de leur isolement ... sud ... États-Unis. Mais ... apport nouveau est venu renforcer ... communauté française quand ... Acadiens, expulsés de leurs terres, sont arrivés dans ... région. Il y a encore ... francophones d'origine acadienne ... Louisiane. ... La Nouvelle-Orléans, il y a ... écoles où ... français est obligatoire. ... États-Unis, où on prône ... idée ... *melting pot*, il est difficile pour ... Cajuns de préserver leur culture. Ils essaient de garder leur ancien folklore et leur langue, mais il y a ... gens qui croient que ... survie ... français ... Louisiane n'est pas assurée. ... Cajuns sont pourtant optimistes. On trouve ... livres français dans ... bibliothèques régionales et on entend non seulement ... anglais mais aussi ... français dans les fêtes populaires.

VI. Traduisez les phrases suivantes en français.

1. Those are not students from Mexico City. They come from the north of Mexico.
2. When she opened her eyes, she saw beautiful mountains and she knew she was in Swizerland.
3. In Los Angeles, Spanish is an important language. Many children speak Spanish at home and learn English in school.
4. There are regions of Belgium where French is the official language, but not all Belgians are francophones.
5. In this article, there is no information on the languages of the native peoples of Canada and the United States.

TECHNIQUES D'ÉCRITURE

Le paragraphe

• La structure du paragraphe

Dans « Les Français d'Amérique », chaque paragraphe présente une étape dans l'histoire des communautés françaises d'Amérique et chacune des étapes est reliée à celle qui précède, à celle qui suit et à l'ensemble de l'article. Ces liens logiques existent également à l'intérieur de chaque paragraphe, où l'on trouve une cohérence autour d'un argument principal.

• La cohérence entre paragraphes

Examinons la cohérence entre les idées des trois premiers paragraphes de l'article. Le premier paragraphe parle de façon générale des pères fondateurs de l'Empire français d'Amérique. Au deuxième paragraphe, on traite plus spécifiquement des Français qui se sont installés le long du fleuve Saint-Laurent. Au troisième paragraphe, il est question des petites colonies françaises fondées en Acadie et en Louisiane. Les idées des trois paragraphes pourraient donc se résumer ainsi :

1. Les pères fondateurs de l'Empire français d'Amérique
2. Les colonies le long du fleuve Saint-Laurent
3. Les colonies d'Acadie et de Louisiane

Le contenu de ces trois paragraphes d'introduction pourrait se résumer sous le titre :

Les débuts de l'Empire français d'Amérique

VII. Relevez les idées principales de l'article en donnant un titre à chaque paragraphe individuel, à des paires de paragraphes ou encore à des groupes de paragraphes. Tâchez de réutiliser le vocabulaire du texte dans vos titres.

• La cohérence à l'intérieur du paragraphe

Généralement, l'idée principale d'un paragraphe est énoncée dans la phrase d'introduction ; des élaborations, des illustrations ou des arguments suivent dans les phrases de développement. On peut terminer le paragraphe par une phrase de conclusion qui sert d'enchaînement au paragraphe suivant.

Prenons comme exemple le paragraphe 6 de l'article. Le thème du paragraphe, la survie des francophones en Amérique de Nord après la défaite de la France dans la guerre de Sept Ans, est annoncé dans la première phrase : *Quel va être le sort de ces 100 000 Français éparpillés de Québec à La Nouvelle-Orléans ?* Ensuite, l'auteur nous cite des exemples de l'isolement des différents groupes de francophones à travers le continent : ... *une large partie des élites a quitté le Canada ; seule la société louisianaise est restée relativement intacte.* Finalement, le paragraphe se termine par une phrase de conclusion, qui résume le développement : *Autant dire que toutes ces populations sont livrées à elles-mêmes.*

VIII. Le paragraphe suivant traite du rôle de l'Église dans la société canadienne-française au XIXe siècle. Ordonnez les phrases de façon à construire un paragraphe cohérent.

Ainsi, tout l'enseignement était assuré par des prêtres catholiques. Il y avait, cependant, des organisations qui rejetaient l'autorité de l'Église. C'était une société qui s'adaptait peu aux valeurs anglo-saxonnes. Pourtant, une chose n'a pas changé : le Québec accepte difficilement l'influence anglo-saxonne. Au XIXe siècle, la société canadienne-française formait une communauté repliée sur elle-même. Aujourd'hui, l'Église n'est plus le pôle principal de la société québécoise. Ce mouvement moderniste, organisé en regroupements d'intellectuels qui voulaient protéger la langue par des moyens politiques, a fait naître l'Institut canadien. La population était organisée en paroisses dominées par l'Église catholique. Mais l'Église a pu garder son contrôle pendant très longtemps, assurant la cohésion sociale autour du slogan « *Une foi, une langue* ».

• **Renforcer la cohérence grâce aux mots de transition**

... la France enlève quelques victoires... **mais** *les troupes anglaises ont le dessus.*

Les mots de transition contribuent à la cohérence à l'intérieur de la phrase, dans le paragraphe et au niveau de l'enchaînement des idées entre les paragraphes. Ces mots rendent le texte cohésif en indiquant au lecteur la nature des liens entre les idées. Ils peuvent avoir différentes fonctions :

illustration :	**ainsi, par exemple, notamment...**
opposition :	**mais, cependant, pourtant...**
contraste :	**alors que, par contre, tandis que...**
continuation :	**or, de plus, en outre...**
conséquence, conclusion :	**donc, en conséquence, c'est pourquoi**

Les mots de transition contribuent à la cohérence à l'intérieur de la phrase, dans le paragraphe et au niveau de l'enchaînement des idées entre les paragraphes.

IX. Complétez les phrases suivantes.

1. Aujourd'hui, le français est protégé par des lois au Québec, par exemple
2. Les Franco-Ontariens se battent pour un Ontario bilingue, mais
3. Au Canada, le français est la deuxième langue alors qu'aux États-Unis,
4. Lors du Grand Dérangement, les Anglais ont pris les terres des Acadiens et ont brûlé leurs maisons ; de plus,
5. Les médias anglophones influencent beaucoup les francophones d'Amérique ; en conséquence

X. Complétez les phrases du paragraphe suivant par des propositions qui suivent logiquement les mots de transition proposés. Attention à la cohérence du paragraphe !

Par le Traité de Paris, la France a perdu son Empire en Amérique. L'Angleterre, par contre ... où se trouvaient des groupes isolés de francophones. Ces groupes se sont retrouvés abandonnés par la France ; en conséquence, ... Au XIXe siècle, la société canadienne-française a connu une véritable diaspora ; ainsi ... . Dans les « petits Canadas » aux États-Unis, on a essayé de préserver le français, mais ... . Au XXe siècle, pendant les années soixante, la culture québécoise a connu une floraison. Ce renouvellement de la culture francophone s'est exprimé dans le mouvement culturel et politique qui s'appelle la Révolution tranquille. Craignant ce mouvement nationaliste au Québec, le gouvernement du Canada a décidé de s'appuyer sur les autres francophones du pays ; c'est pourquoi ... .

ÉCRIVONS

XI. Écrivez un paragraphe qui donne suite à la phrase d'introduction suivante.

Plusieurs facteurs ont permis aux Canadiens français du Bas-Canada de préserver leur langue et leur culture.

XII. Écrivez un paragraphe qui aurait comme conclusion la phrase suivante.

On peut donc dire que la France a plus ou moins abandonné ses « cousins » francophones en Amérique.

ÉLARGISSONS NOS HORIZONS

Faites des recherches sur un des sujets suivants et écrivez une rédaction de trois paragraphes sur le sujet retenu.

1. La musique cajun
2. La Révolution tranquille
3. Saint-Pierre et Miquelon
4. Vivre en français dans une ville anglophone que vous connaissez
5. Le « Grand Dérangement »

La colonisation de la Nouvelle-France

Après l'arrivée des Français en Amérique, les autorités françaises se sont rendu compte que la colonie de la Nouvelle-France avait besoin d'un plus grand nombre de colons pour survivre. La Nouvelle-France avait aussi besoin de filles à marier car, en 1663, on y comptait une femme pour six hommes. Entre 1663 et 1673, près de 800 jeunes filles, la plupart orphelines et âgées de moins de 25 ans, ont été recrutées pour répondre au besoin de peuplement de la colonie.

Filles du roi ou filles à marier

L'expression « les filles du roi » s'appliquait exclusivement aux femmes et aux filles, en âge de se marier et de procréer, ayant émigré en Nouvelle-France entre 1663 et 1673. On les appelait ainsi parce que les dépenses liées à leur transport et à leur établissement, de même que la dot de certaines d'entre elles, avaient été assumées par le roi de France.

Envoyées par Louis XIV à la demande de l'Intendant Jean Talon, ces filles venaient pour la plupart de la Salpêtrière, l'Hôpital général de Paris, un hospice où étaient gardés les pauvres et les enfants abandonnés. Elles débarquaient avec une dot du roi de 50 à 100 livres. On les présentait aux colons au cours de soirées organisées et, généralement peu après, elles étaient mariées.

Les filles cherchaient des hommes qui possédaient une maison ou une terre. Les colons, de leur côté, essayaient de choisir les femmes les plus âgées et à même de faire le travail car la gestion de la maison et de la ferme était confiée surtout aux femmes.

Les filles du roi ont été de véritables pionnières, des femmes courageuses, qui ont émigré vers des colonies lointaines, peu sûres et au climat difficile, qui ont fondé des familles et ont peuplé le pays. Grâce à ces immigrantes, en vingt ans, la population de la Nouvelle-France avait triplé.

Les filles du roi arrivent en Nouvelle-France

Dans son sixième roman, *Le Premier Jardin* (1988), Anne Hébert (1916-2000), écrivaine québécoise couronnée de succès, rend hommage à toutes les femmes qui ont fondé la Nouvelle-France, « ces femmes dont on n'a même pas gardé le nom et que l'histoire a fait disparaître ». Dans l'extrait suivant, elle décrit l'arrivée des filles du roi dans la colonie au XVIIe siècle.

1.   Ils sont tous là sur le rivage, en attente des bateaux venant de France. Gouverneur, Intendant[19] et gentilshommes endimanchés, empanachés, emplumés et pleins de fanfreluches, malgré la chaleur et les maringouins. Quelques religieuses résistent au vent du mieux qu'elles le peuvent dans un grand remuement de voiles, de guimpes, de scapulaires, de cornettes et de barbettes. Des soldats fraîchement licenciés, rasés de frais, selon les ordres reçus, vêtus de chemises propres, écarquillent les yeux jusqu'à voir rouge dans le soleil, en attente de la promesse, en marche vers eux sur le fleuve immense qui miroite au soleil. [...]

2.   Cette fois-ci, il ne s'agit pas seulement de farine et de sucre, de lapins, de coqs et de poules, de vaches et de chevaux, de pichets d'étain et de couteaux à manche de corne, de pièces de drap et d'étamine[20], d'outils et de coton à fromage, c'est d'une cargaison de filles à marier, aptes à la génération dont il est bel et bien question.

3.   La Nouvelle France a mauvaise réputation en métropole. On parle d'un *lieu d'horreur* et des *faubourgs de l'enfer*. Les paysannes se font <u>tirer l'oreille</u>[21]. Il a bien fallu avoir recours à La Salpêtrière pour peupler la colonie.

4.   Les voici qui se pressent sur le pont, les unes contre les autres, comme un bouquet qu'on a ficelé trop serré. Les ailes de leurs coiffes battent dans le vent, et elles agitent des mouchoirs au-dessus de leurs têtes. Les hommes, en rang sur le rivage, les dévisagent en silence. La décence de leurs costumes a tout de suite été remarquée avec satisfaction par le Gouverneur et l'Intendant. Il s'agit de savoir, avant même d'avoir pu distinguer leurs visages, si elles sont modestes et bien soignées de leur personne. Le reste de l'examen minutieux et précis se fera, en temps et lieu, petit à petit, à mesure qu'elles viendront vers nous avec leurs jeunes corps voués sans réserve à l'homme, au travail et à la maternité.

---

[19]   Il s'agit de l'Intendant Jean Talon, considéré comme un des plus grands intendants de la Nouvelle-France. Il a rempli deux mandats : de 1665 à 1668 et de 1670 à 1672.

[20]   étoffe mince et légère

[21]   prier

5.   À défaut de paysannes, il faut bien se contenter pour aujourd'hui de ce <u>menu fretin</u>[22], venu de Paris, et doté par le Roi de cinquante livres par tête. Si elles savent déjà coudre, tricoter et faire de la dentelle (on le leur a appris dans leur refuge de <u>la Salpêtrière, aussi infamant que la Bastille</u>[23]), on verra bien leur figure lorsqu'il faudra faire vêler la vache et changer sa litière.

6.   On distingue très bien maintenant leurs traits dans la lumière, encadrés de toile blanche et de quelques petits cheveux fous dans le vent. Il y en a de rouges et de tannées par le soleil et l'air marin, d'autres exsangues et squelettiques minées par le mal de mer et la peur.

7.   Ils sont là sur le rivage, dans le grand beau temps qu'il fait, comme devant une aurore boréale[24]. Des cris s'échappent par moments de leurs poitrines haletantes.

8.   — Ah ! <u>La belle rousse</u>[25] ! <u>La belle bleue</u>[26] ! La petite frisée !

9.   Quand on a été privés de femmes pendant si longtemps, sauf quelques sauvagesses, c'est quand même plaisant de voir venir vers nous tout ce bel assemblage de jupons et de toile froissée. Il a été entendu, entre M. le Gouverneur, M. l'Intendant et nous, garçons à marier, qu'on les prendrait comme elles sont, ces filles du Roi, fraîches et jeunes, sans passé, purifiées par la mer, au cours d'une longue et rude traversée sur un voilier. Trente passagers sont morts en cours de route, et il a fallu les jeter à la mer comme des pierres. Les survivantes encore longtemps seront hantées par <u>le roulis et le tangage</u>[27], tant il est vrai que ce grand brassement de l'océan habite toujours leurs corps, de la racine des cheveux à la pointe des orteils. C'est comme une procession de filles ivres qui commence de venir vers nous sur la passerelle. […]

10.   M. l'Intendant est formel. *Tous les soldats licenciés, quelques-uns faisant métier de bandit, seront privés de la traite et de la chasse et des honneurs de l'Église et des communautés si, quinze jours après l'arrivée des filles du Roi, ils ne se marient.*

11.   Les plus grasses ont été choisies les premières, au cours de brèves fréquentations dans la maison prêtée à cet effet par Mme de la Pelterie. C'est mieux qu'elles soient <u>bien en chair</u>[28] pour résister aux rigueurs du climat, disent-ils, et puis, quand on a déjà mangé de la misère par tous les pores de sa peau, durant des années, aux armées du Roi, c'est plus réconfortant d'avoir un bon gros morceau à se mettre sous la dent, pour le temps que Dieu voudra bien nous laisser sur cette terre en friche depuis le commencement du monde. En réalité, il n'y a que la chasse et la pêche qui soient possibles ici. L'état de coureur de bois nous conviendrait assez bien, quoique le bon vouloir du Roi soit de nous enchaîner sur une terre <u>en bois debout</u>[29] avec une femme qui n'en finit pas de nous ouvrir le cœur, sous prétexte que c'est là, entre nos côtes, qu'elle est déjà sortie pour prendre son souffle au Paradis terrestre.

Anne Hébert, *Le Premier Jardin* (1988)

---

[22]   groupe de femmes insignifiantes
[23]   La Salpêtrière a une aussi mauvaise réputation que la prison d'État.
[24]   phénomène lumineux qui apparaît dans les régions polaires
[25]   la belle fille dont les cheveux sont roux
[26]   Il s'agit d'une fille qui porte une robe bleue.
[27]   mouvements d'un bateau sur une mer agitée
[28]   un peu grosses
[29]   couverte d'arbres, pas défrichée

VOCABULAIRE ET COMPRÉHENSION : *LES FILLES DU ROI ARRIVENT EN NOUVELLE FRANCE*

MAÎTRISONS LE VOCABULAIRE

I. Trouvez dans le texte
a) cinq expressions associées aux vêtements
b) deux expressions associées aux travaux dans une ferme
c) deux comparaisons

II. Commentez la métaphore : une cargaison de filles à marier.

III. Donnez une expression équivalente aux mots en caractères gras.

1. Des soldats fraîchement **licenciés**, qui attendent sur le rivage, **écarquillent** les yeux.
2. Les paysannes **se font tirer l'oreille.**
3. Les hommes les **dévisagent** en silence.
4. Le reste de l'examen **minutieux** se fera petit à petit.
5. **À défaut de** paysannes, il faut se contenter des filles du roi.
6. Il y a des filles **exsangues** et squelettiques **minées** par le mal de mer.
7. Certaines ont été malades au cours d'**une longue et rude traversée** sur un voilier.
8. Les filles devaient être **bien en chair** pour résister aux rigueurs du climat.
9. On a déjà **mangé de la misère** par tous les pores.
10. Pour le temps que Dieu voudra bien nous laisser sur cette terre **en friche**.

COMPRÉHENSION DU TEXTE

IV. Répondez aux questions suivantes.

1. Qui attend les bateaux ? Qu'est-ce que la présence de ces gens nous apprend de la société en Nouvelle-France ?
2. En vous référant aux expressions et aux images utilisées dans le texte, faites le portrait
    a) des filles du roi
    b) des soldats, des garçons à marier
3. Quelle est l'attitude de certains colons envers le mariage obligatoire ?
4. Qu'est-ce qu'on veut découvrir lorsqu'on observe les filles pour la première fois ?
5. a) Qu'est-ce que les filles du roi ont à offrir à leurs futurs maris ?
    b) Quelles seront leurs tâches primaires ?
6. Repérez dans le texte trois détails qui indiquent que la traversée a été « longue et rude ».
7. D'après vous, quels mots conviennent le mieux pour décrire l'ordre de M. l'Intendant ?
8. En quoi la volonté du roi diffère-t-elle de la volonté de certains colons ?
9. Expliquez, en vos propres mots, l'idée exprimée dans la phrase : « C'est là, entre nos côtes, qu'elle est déjà sortie pour prendre son souffle au Paradis terrestre ».
10. Trouvez les détails qui illustrent bien les difficultés de la vie en Nouvelle-France.

L'Empire français d'Afrique

Au cours du XIXᵉ siècle, après la perte de son Empire en Amérique du Nord, la France a rebâti son Empire colonial en Polynésie, en Indochine et en Afrique (Tunisie, Algérie, Maroc, Mauritanie, Sénégal, Mali, Guinée, Côte d'Ivoire, Burkina Faso, Togo, Bénin, Niger, Centrafrique et Tchad).

Au moyen d'institutions administratives, religieuses, militaires et éducatives directement calquées sur celles de **la métropole**, les Français ont installé toute une civilisation européenne dans les pays colonisés. Le choc provoqué par la rencontre de la culture européenne avec celle des antiques cultures des indigènes est un thème qui revient constamment dans la littérature des anciennes colonies françaises, littérature qui s'écrit essentiellement en langue française. Avec la pénétration du français dans les pays d'outre-mer, la langue française est donc devenue le moyen d'expression de cultures autres que françaises. Ce **pluriculturalisme** devait désormais caractériser le français, langue de diffusion mondiale, **langue véhiculaire** d'une pluralité de cultures.

L'arrivée des Blancs dans un village africain

Dans son roman *L'Odyssée de Mongou*, Pierre Sammy[30] raconte l'arrivée des Blancs dans le pays bandia. Le passage suivant décrit le choc culturel qui résulte de cette première prise de contact de villageois africains avec ces étrangers.

Pré-lecture

Pour suivre les événements d'un récit littéraire et pour en découvrir le thème, il est utile d'abord de situer les personnages dans l'intrigue. Pierre Sammy nous peint la situation classique de colonisation dans laquelle trois groupes sont représentés : les colonisateurs, les indigènes et les indigènes qui collaborent avec les colonisateurs. Le tableau suivant indique la catégorie à laquelle appartient chaque personnage ou groupe mentionnés dans le passage.

Indigènes	Indigènes qui collaborent avec les colonisateurs	Colonisateurs
les Bandia	les Bambara	les Bawé (les Blancs)
Mongou (chef)	Doumta (chef)	Bobichon (chef)
Bahpaï	les Dendi	Danjou (Toroh)
Bamanguingba	Nzakara	
	les miliciens	

---

[30] Pierre Sammy Macfoy est né à Bangassou, Centrafrique en 1935. Il a occupé différents postes administratifs et politiques dans son pays, y compris celui d'Inspecteur Général de l'Éducation Nationale.

L'Odyssée de Mongou

1.   Un groupe étrange arriva un jour à Limanguiagna. Mongou ne fut nullement surpris car il semblait attendre cet événement. Il y avait sept hommes à la couleur pâle de Danjou, une vingtaine d'autres semblables aux Bandia mais affichant[31] une condescendance qui choqua les autochtones. Avec eux un grand nombre de Dendi et de Nzakara lourdement chargés de ballots et de caisses en bois blanc [...].

2.   Nullement impressionné, Mongou avait cependant accueilli comme il se devait ses nouveaux hôtes. Tout le monde fut assez correctement logé. La grande case[32] de Danjou fut attribuée à celui des Bawé qui paraissait être le chef. Les porteurs se mêlèrent à la population, tandis que les miliciens occupèrent des cases qui faisaient cordon autour de celles des Bawé.

3.   Des provisions, viande fumée, poisson séché, farine de mil, manioc, bananes, furent rapidement réunies et stockées dans une case proche de celle du chef des Bambara.

4.   Le soir venu, Mongou et les notables vinrent, selon la tradition bandia, souhaiter la bienvenue au grand Bawé[33] et l'assurer de leur amitié. Mais ce dernier, ne comprenant pas le sens de cette visite tardive, pensa que les Bandia venaient quémander des cadeaux et déjà importuner les Blancs par leur cupidité. Aussi les fit-il chasser par Doumta, le chef des Bambara. « Dis à ces sauvages que ce n'est pas aujourd'hui la remise des cadeaux. Qu'ils me laissent d'abord me reposer ; demain je les couvrirai de perles et de bijoux, mais en attendant qu'ils me foutent la paix[34]. »

5.   Doumta ne s'embarrassa pas de longs discours, à quoi bon ! Est-il d'ailleurs besoin de discourir quand il s'agit de chasser un indésirable ? Lui, il connaissait un langage plus direct, plus expressif en pareille circonstance.

6.   D'un geste de bras impératif il signifia à la délégation de rebrousser immédiatement chemin[35]. Devant leur perplexité, il empoigna Mongou qui était en tête, le fit pivoter derechef[36] et le propulsa sur le groupe tout en vociférant. Maintenant c'était clair, les Bandia comprirent enfin ; mais sans se démonter[37], sans se départir de leur dignité, ils s'en retournèrent vers la demeure de Mongou.

7.   Bahpaï rompit le premier le silence :

8.   — Que signifie cette attitude du Bawé ? Serait-il venu en ennemi chez nous ?

9.   — Non, non, il ne faut rien dramatiser, dit Mongou d'une voix étrangement calme. Il y a sans doute un malentendu. Le Bawé est peut-être malade, ou très fatigué, alors il n'a pas voulu recevoir nos salutations.

---

[31]   montrant avec ostentation
[32]   maison
[33]   chef
[34]   me laissent tranquille (expression vulgaire)
[35]   s'en retourner d'où elle venait
[36]   le fit tourner une seconde fois
[37]   sans être bouleversés, sans être déconcertés

10.   — N'empêche qu'il pourrait se montrer plus poli, explosa Bamanguingba qui avait toujours le sang chaud. Après tout, il est chez nous, non ? Et puis de quoi se mêle cet avorton[38] de Bambara avec sa face d'hyène ?

11.   — Calmez-vous, mes amis, je vous dis qu'il y a malentendu. Nos hôtes n'ont certainement pas compris le sens de notre visite. Demain nous y verrons plus clair. Nous attendrons qu'ils se manifestent les premiers, ainsi nous serons fixés sur leur intention.

12.   Le lendemain, la suite des événements donna raison à Mongou. Le grand chef des Bawé vint lui rendre visite à domicile. Il était entouré de ses compagnons blancs et de quelques miliciens dont[39] Doumta. Des monceaux de colis hétéroclites jonchaient le sol[40] devant la case de Mongou. La pacotille[41] fut déballée et étalée pêle-mêle dans la petite cour. D'un geste large et ostentatoire le chef des Bawé présenta les cadeaux à Mongou entouré de ses notables.

13.   « Tout ça est à vous ! dit-il. Vous y trouverez des vêtements pour vous couvrir, des perles pour vos femmes, du tabac, des miroirs, une foule de menus objets du pays des Blancs. Nous sommes vos amis. Nous venons continuer l'œuvre de monsieur Danjou qui nous a dit beaucoup de bien de votre peuple. »

14.   Au nom de Danjou les Bandia frémirent, un mouvement d'excitation anima leurs rangs. Le souvenir du Toroh remonta peu à peu en surface et vint juguler l'appréhension qui leur nouait la gorge. Des frères de Danjou, voilà qui était de bon augure. Les traits se détendirent, on se sentit plus à l'aise. Mongou retrouva son assurance. Il se leva de son siège et vint serrer la main de son **interlocuteur** assis de l'autre côté de l'amoncellement[42] des cadeaux.

15.   — Que soit loué le grand Esprit qui vous envoie jusqu'à nous. Danjou m'avait prévenu de votre arrivée. Il était notre frère, tout le village le pleure encore aujourd'hui. Dis-moi, Bawé, qu'est-il devenu ?

16.   — Le pauvre était complètement miné[43] quand il est parti d'ici. Nos sorciers n'ont pas pu le sauver. Mais il nous a laissé d'importants documents sur votre pays. Il nous a vivement recommandé ta collaboration et a insisté pour qu'une mission vienne prendre possession des terres qu'il avait découvertes. Voilà pourquoi nous sommes ici. Dans les prochains jours tu apposeras ta main sur le traité de protectorat[44] que mon grand chef m'a remis à cet effet.

17.   — Danjou était un grand homme, un esprit supérieur. Jamais le mensonge n'a souillé ses lèvres[45]. Tout ce qu'il vous a dit est la stricte vérité. Puisque vous venez prendre sa place, vous aussi vous serez nos frères. J'avais déjà donné ma parole à Danjou. Je ne la retire pas. Vous êtes ici chez vous.

---

[38]   être petit, chétif, mal conformé
[39]   y compris
[40]   des tas de paquets de tout genre étaient répandus çà et là
[41]   paquets d'objets de peu de valeur
[42]   accumulation
[43]   affaibli, diminué
[44]   traité plaçant les Bandia sous le contrôle des Blancs
[45]   Il n'a jamais menti.

18.   — Tant mieux, s'exclama le chef des Bawé, tant mieux, mon ami. Vous ne regretterez pas de vous être remis à nous. Votre bonheur sera fait, ainsi que celui de votre postérité. Mon pays est grand, puissant et généreux. Il vous accorde sa protection et s'engage à vous sortir de votre dénuement[46].

19.   — Que le grand Esprit vous entende.

20.   Cette première journée de prise de contact fut marquée par un grand festin et des réjouissances populaires. Sans réserve, les Bandia exprimèrent par des chants, des danses et divers jeux leur allégresse d'entrer dans une ère d'existence nouvelle. Le lendemain, Mongou et le chef des Bawé, qui s'appelait Bobichon, entreprirent un long palabre, retirés sous l'abri où se réunissaient habituellement les Anciens. Ils examinèrent les divers aspects de l'administration future du pays, le plan d'organisation et de mise en valeur[47] de la région, les projets d'extension du territoire. Mongou ne comprenait pas toujours les flots de paroles de son **interlocuteur**, mais approuvait avec empressement tout ce qu'il disait, convaincu que c'était sûrement à l'avantage de son peuple. Ce fut ainsi qu'on lui fit apposer l'empreinte de son pouce droit sur plusieurs feuilles dactylographiées, qu'on lui dit être l'accord passé entre lui et le grand chef des Bawé. On lui expliqua que désormais Limanguiagna était placé sous la protection et la souveraineté du pays des Bawé, dont il devait respecter la législation, notamment en ce qui concernait les affaires domaniales[48] et les actes de concession. D'après ce document, Mongou s'engageait à veiller au maintien de l'ordre public et à réprimer immédiatement tout abus de force imputable à son personnel[49]. Il s'interdisait toute expédition à main armée non autorisée par le chef des Bawé en résidence sur ses terres, et prenait l'engagement de soumettre à l'arbitrage de ce dernier tout litige avec les groupements indigènes voisins[50]. Mongou se fit traduire plusieurs fois ce passage qui l'intrigua.

Pierre Sammy, *L'Odyssée de Mongou* (1977)

---

[46]   pauvreté
[47]   d'exploitation
[48]   concernant les terres
[49]   interdire à son entourage d'utiliser la force sans autorisation
[50]   laisser le chef des Blancs résoudre toute dispute avec les villages voisins

EXPLOITATION DU TEXTE : *L'ODYSSÉE DE MONGOU*

TECHNIQUES DE LECTURE

Quelques techniques pour identifier le point de vue

Tout récit littéraire est raconté selon une certaine perspective, et c'est au lecteur de déceler le point de vue implicite dans le texte. Voici quelques techniques qui permettent de repérer la perspective dans laquelle l'auteur présente les événements et les personnages de son roman.

Identifier la voix narrative

Cet épisode est raconté à la troisième personne par un narrateur. En parcourant le texte, vous noterez que le narrateur ne parle jamais de lui-même à la première personne (*je, nous*). Tout se raconte à la troisième personne du singulier ou du pluriel (*il semblait attendre cet événement; ils examinèrent les divers aspects de l'administration future*), sauf dans les dialogues où l'auteur fait parler directement les personnages (*je vous dis qu'il y a malentendu*). Cependant, nous pouvons présumer que le narrateur fait partie du groupe des Bandia, puisque tout au long du récit, il se distancie des autres groupes en utilisant le terme bandia *les Bawé* pour parler des Blancs.

Repérer la perspective véhiculée par les mots

Dans ce récit, qui relate une rencontre entre deux peuples de cultures différentes, le narrateur nous révèle la mentalité des deux groupes en question. Observons par exemple, les réactions de ceux-ci dans la scène suivante :

> *Le soir venu, Mongou et les notables vinrent, selon la tradition bandia, souhaiter la bienvenue au grand Bawé et l'assurer de leur amitié. Mais ce dernier, ne comprenant pas le sens de cette visite tardive, pensa que les Bandia venaient quémander des cadeaux et déjà importuner les Blancs par leur cupidité. Aussi les fit-il chasser par Doumta, le chef des Bambara. « Dis à ces sauvages que ce n'est pas aujourd'hui la remise des cadeaux. Qu'ils me laissent d'abord me reposer ; demain je les couvrirai de perles et de bijoux, mais en attendant qu'ils me foutent la paix. »*

Bien que le narrateur ne donne pas directement son opinion sur l'un ou l'autre des groupes, sa parole véhicule un point de vue net, les mots étant de puissants porteurs d'attitude et de perspective. Ainsi, dans cette scène, les mots que l'auteur met dans la bouche du narrateur ou des personnages présentent une certaine image : alors que les Bandia sont peints comme étant accueillants et innocents (*souhaiter la bienvenue, assurer leur amitié*), les Blancs ont l'air d'être condescendants et insensibles (*importuner les Blancs, qu'ils me foutent la paix*).

I. Repérez dans le texte les phrases qui véhiculent les idées suivantes.

Exemple : Les Bandia sont un peuple accueillant.
Mongou avait cependant accueilli comme il se devait ses nouveaux hôtes. Tout le monde fut
assez correctement logé.
(par. 2)

1. Les Bawé ne font pas confiance aux Bandia ; ils craignent d'être attaqués dans la nuit.
2. Doumta, chef des Bambara, profite de la situation pour se montrer supérieur aux Bandia.
3. Les Bandia ne se mettent pas en colère, même devant les gestes les plus insultants des étrangers.
4. Bamanguingba méprise les Bambara qui collaborent avec les Bawé.
5. Mongou est un homme sage et calme qui garde l'esprit ouvert.

MAÎTRISONS LE VOCABULAIRE

Les faux amis

Les mots français qui ressemblent aux mots anglais n'ont pas nécessairement le même sens. L'identification de ces « faux amis » permet d'éviter de graves erreurs de compréhension et contribue à une expression correcte et précise.

II. Les paires de phrases suivantes présentent des exemples classiques de faux amis. Utilisez le dictionnaire pour vérifier le sens exact des mots en caractères gras et pour trouver leur équivalent en anglais. Ensuite, traduisez en français les « faux amis » anglais mis ici entre parenthèses.

1. Mongou semblait **attendre** cet événement.
Il ne voulait pas (*attend*) à la réunion.
2. Avec eux un grand nombre de Dendi et de Nzakara lourdement **chargés** de ballots et de caisses en bois blanc.
Il (*charged me*) trop pour si peu de travail.
3. D'un geste **large** et ostentatoire le chef des Bawé présenta les cadeaux.
Ils habitent dans une (*large*) maison.
4. Mongou ne comprenait pas toujours les flots de **paroles** de son interlocuteur.
Le prisonnier a été mis (*on parole*) après deux ans de prison.
5. Il prenait l'**engagement** de soumettre à l'arbitrage [...] tout litige avec les groupements indigènes voisins.
Nous allons fêter (*their engagement*) ce soir.

La richesse du vocabulaire : le style soutenu

Ce récit littéraire est caractérisé par un vocabulaire riche, qui relève d'un niveau de langue assez élevé. Cette langue, qui se distingue du français familier, a pour effet de souligner la formalité et la dignité avec lesquelles les Bandia reçoivent les Blancs. Notons, par exemple, la façon dont Mongou explique le fait que le grand chef des Bawé n'a pas voulu lui dire bonjour : *il n'a pas voulu **recevoir nos salutations**.*

III. Trouvez dans le texte les mots ou les expressions équivalents à :

1. dans sa maison (par. 12)
2. mettre fin à leur peur (par. 14)
3. était bon signe pour l'avenir (par. 14)
4. m'avait dit que vous deviez venir (par. 15)
5. la personne avec qui il parle (par. 20)

COMPRÉHENSION DU TEXTE

IV. Commentez l'importance de cette phrase extraite du texte.

Il [Danjou] nous a vivement recommandé ta collaboration et a insisté pour qu'une mission vienne prendre possession des terres qu'il avait découvertes. (par. 16)

V. À partir des différents points de vue que vous avez repérés dans le texte, tâchez de déceler le thème que l'auteur a voulu illustrer par le récit.

RAPPEL GRAMMATICAL

La narration au passé : le passé composé

Le passé composé sert à indiquer l'aspect accompli, achevé d'une action. Il est employé dans la langue parlée et dans la langue écrite. Dans les récits littéraires, c'est généralement le passé simple qui est utilisé. Notons l'emploi de ces deux temps dans *L'Odyssée de Mongou*. La plupart des verbes du récit sont au passé simple :

*Un groupe étrange **arriva** un jour à Limanguiagna. Mongou ne **fut** nullement surpris...*

Mais dans la langue courante utilisée dans les dialogues, les verbes sont au passé composé :

*Il nous **a laissé** d'importants documents...*

Emplois du passé composé

• **exprimer une action achevée à un moment indéterminé**
> *J'ai visité des pays africains et j'ai étudié une des langues africaines.*

• **exprimer une action achevée à un moment déterminé**
> *Ce jour-là, Mongou a signé une entente et les terres des Bandia sont passées aux mains des Bawé.*

• **exprimer une action terminée dont la durée est indiquée**
> *Bobichon a passé deux mois dans le village.*

• **exprimer une série d'actions qui se suivent et sont achevées**
> *Les Bawé sont arrivés, ils ont offert des cadeaux aux Bandia et ensuite, ils se sont emparés de leurs terres.*

Le passé composé et l'imparfait

• Alors que **le passé composé** exprime une action **complétée**, **l'imparfait** indique une action **en cours** qui est **en train de se dérouler dans le passé.**

> *Quand les Blancs sont arrivés dans le village africain, quelques autochtones étaient à la chasse, d'autres pêchaient. Plus tard, pendant que les Blancs distribuaient les cadeaux, les enfants se sont approchés.*

• Alors que **le passé composé** exprime souvent l'aspect **unique** de l'action, **l'imparfait** indique l'aspect **habituel** de l'action.

> *Au XIXᵉ siècle les colonisateurs européens sont allés en Afrique et se sont emparés des terres des Africains.*

> *Selon certains historiens, quand les colonisateurs arrivaient dans les villages africains, ils offraient des cadeaux et ils s'emparaient des terres des indigènes.*

• **Le passé composé** est employé pour **les actions qui font avancer le récit.**

> *Quand il a vu les Bawé, Mongou est allé les accueillir.*

Pour décrire le décor, les personnes, les circonstances, les habitudes **qui ne font pas avancer l'intrigue**, il faut utiliser l'**imparfait**.

> *... des monceaux de colis hétéroclites jonchaient le sol*
> *... le chef des Bawé qui s'appelait Bobichon...*

Pour décrire une **action interrompue** par une autre action, on emploie l'imparfait.

*Pendant que le chef des Bawé **se reposait**, Mongou et ses amis **sont venus** lui rendre visite.*

VI. Dans le passage suivant, transcrivez les verbes du passé simple au passé composé.

Cette première journée de prise de contact fut marquée par un grand festin et des réjouissances populaires. Sans réserve, les Bandia exprimèrent par des chants, des danses et divers jeux leur allégresse d'entrer dans une ère d'existence nouvelle. Le lendemain, Mongou et le chef des Bawé, qui s'appelait Bobichon, entreprirent un long palabre, retirés sous l'abri où se réunissaient habituellement les Anciens. Ils examinèrent les divers aspects de l'administration future du pays, le plan d'organisation et de mise en valeur de la région, les projets d'extension du territoire. Mongou ne comprenait pas toujours les flots de paroles de son interlocuteur, mais approuvait avec empressement tout ce qu'il disait, convaincu que c'était sûrement à l'avantage de son peuple. C'est ainsi qu'on lui fit apposer l'empreinte de son pouce droit sur plusieurs feuilles dactylographiées, qu'on lui dit être l'accord passé entre lui et le grand chef des Bawé. On lui expliqua que désormais Limanguiagna était placé sous la protection et la souveraineté du pays des Bawé, dont il devait respecter la législation, notamment en ce qui concernait les affaires domaniales et les actes de concession. D'après ce document, Mongou s'engageait à veiller au maintien de l'ordre public et à réprimer immédiatement tout abus de force imputable à son personnel. Il s'interdisait toute expédition à main armée non autorisée par le chef des Bawé en résidence sur ses terres, et prenait l'engagement de soumettre à l'arbitrage de ce dernier tout litige avec les groupements indigènes voisins. Mongou se fit traduire plusieurs fois ce passage qui l'intrigua.

VII. À partir des phrases descriptives suivantes, repérez dans le texte des actions qui justifient logiquement une telle description. Puisqu'il s'agit d'actions qui font avancer l'histoire, les verbes de vos réponses devront être au passé composé.

Exemple :

Description : *Les Bandia **étaient** accueillants.*
Action : *Ils **ont** bien **logé** les étrangers.*

1. Doumta était un homme violent.
2. Le grand chef des Bawé voulait faire preuve de générosité envers les Bandia.
3. Les Bandia considéraient Danjou comme un grand ami.
4. Mongou faisait confiance aux Bawé.
5. Les Bandia étaient contents de la rencontre avec les Bawé.

VIII. Les phrases et paires de phrases suivantes résument les événements du récit. Mettez les verbes entre parenthèses au passé composé ou à l'imparfait selon le cas. Justifiez votre choix.

Exemple :   *Le soir venu, Mongou (frapper) à la porte du chef des Bawé.*
             Le chef (être) fatigué et (ne pas vouloir) lui parler.

Réponse :   Le verbe de la première phrase est au passé composé **(a frappé)** pour exprimer
             une action accomplie qui fait avancer l'intrigue.
             Les deux verbes de la deuxième phrase sont à l'imparfait **(était, voulait)** puisqu'ils
             décrivent une situation, un état des choses.

1. Mongou (vouloir) l'assurer de son amitié.
Mais le grand chef (penser) qu'il (quémander).

2. Mongou (retourner) à sa demeure.
Il (faire) noir et, à cette heure tardive, il (falloir) dormir.

3. Le lendemain, le grand chef des Bawé (placer) des cadeaux par terre devant la case de Mongou.
Mongou (sembler) mal à l'aise.

4. Le grand chef (commencer) à lui parler.
Mongou (ne rien dire) pendant qu'il (expliquer) sa mission.

5. Ensuite, le grand chef (mentionner) le nom de Danjou.
Au nom de Danjou, Mongou (sourire).

6. Mongou (déclarer) que Danjou (être) un grand homme.
Ensuite, il (inviter) les Bawé à un grand festin.

7. Pendant qu'il (regarder) les Bandia danser, le grand chef (promettre) à Mongou de protéger son peuple.

8. Le lendemain les deux chefs (entamer) leur discussion.
Les négociations (ne pas durer) longtemps parce que Mongou (vouloir) faire plaisir à ses hôtes.

9. Le document (contenir) des idées que Mongou (ne pas comprendre).

10. Finalement, sous l'abri où les vieux (se mettre) habituellement pour raconter leurs histoires, Mongou (signer), de son empreinte, les documents des Bawé.

IX. Mettez les verbes entre parenthèses au passé composé ou à l'imparfait.

La colonisation de l'Afrique par les Européens (commencer) à la fin du XVIIᵉ siècle. Généralement, les colonisateurs (s'établir) dans les ports de la côte parce qu'ils (vouloir) promouvoir les échanges avec les colonies de l'Inde et de l'Asie. Au XVIIIᵉ siècle, on (réduire) à l'esclavage des millions d'Africains au cours de deux cents ans ; on (transporter) trente millions d'esclaves au Nouveau Monde. Vers la fin du XIXᵉ siècle, l'Angleterre et la France (construire) le Canal de Suez en Égypte. Cette région de l'Afrique (acquérir) de l'importance à partir de ce moment-là parce que sa situation géographique (faciliter) le contact entre l'Europe et l'Asie. Ce (être) une époque de grande activité commerciale ; les compagnies européennes (envoyer) habituellement leurs représentants dans les colonies et très souvent, ceux-ci (décider) de s'y installer. Aujourd'hui, la plupart de ces territoires (devenir) indépendants.

TECHNIQUES D'ÉCRITURE

LES ÉTAPES DE LA RÉDACTION

Lorsque vous entreprenez la rédaction d'une composition, il est nécessaire d'avoir un plan de travail méthodique et de procéder par étapes.

Première étape : les idées et le plan

Avant de commencer à écrire, il est important de trouver des idées et d'en faire un plan détaillé.

La compréhension du sujet

1. Assurez-vous de bien comprendre le sens général du sujet à traiter.
2. Dégagez le sens précis de chaque mot en cherchant dans le dictionnaire les expressions que vous ne comprenez pas.
3. Déterminez de quelle sorte de devoir il s'agit : d'un récit ? d'une description ? de l'examen de différents points de vue ?
4. Identifiez les mots clés du sujet.

La recherche et l'organisation des idées

1. Notez toutes les idées qui vous viennent à l'esprit concernant le sujet.
2. Classez les idées par catégories et groupez les éléments qui sont liés.
3. Sélectionnez ce qui mérite d'être retenu. Identifiez les idées principales (les plus importantes) et les idées secondaires (les moins importantes).
4. Déterminez l'ordre de présentation des idées principales et des idées secondaires.
5. Établissez le lien logique entre les idées (chronologie, cause, conséquence, opposition, illustration, etc.).

6. Une composition comprend obligatoirement trois parties : **l'introduction, le développement et la conclusion**. En élaborant votre plan, déterminez les éléments qui feront partie de l'introduction, du développement et de la conclusion.

DEUXIÈME ÉTAPE : LA RÉDACTION

LE BROUILLON

Après avoir organisé vos idées, vous êtes en mesure d'entreprendre la rédaction de votre texte.
1. Suivez votre plan.
2. Rédigez les trois parties du devoir.

L'INTRODUCTION
- Présentez clairement le sujet.
- Définissez, si besoin est, les termes importants du sujet.

LE DÉVELOPPEMENT
- Rédigez votre développement, paragraphe par paragraphe.
- Liez les différents paragraphes par les termes d'articulation appropriés qui mettent en évidence les relations logiques entre les idées.

LA CONCLUSION
- Résumez le résultat de votre réflexion en vous appuyant sur les points principaux traités dans le développement.

LA RÉÉCRITURE

Relisez votre texte d'un œil critique. À chaque relecture, examinez-en un aspect différent. Vérifiez :

LA COHÉRENCE
- Assurez-vous qu'il existe une progression logique des idées.
- Établissez clairement la transition entre les phrases et les paragraphes. L'utilisation de **mots de transition (connecteurs)** est un procédé indispensable pour enchaîner les idées et permettre au lecteur de dégager les différentes étapes de votre raisonnement.

LA LANGUE
- Prêtez une attention particulière aux fautes de grammaire les plus courantes :
  - la conjugaison des verbes (temps, auxiliaires, terminaisons)
  - les accords (sujet/verbe ; participes ; adjectif et déterminant/nom)
  - le genre des noms
  - les articles
  - les prépositions
- Vérifiez l'orthographe (les accents, les homonymes : *a/à, s'est/c'est, son/sont*, etc.).

LE VOCABULAIRE

Employez un vocabulaire précis et expressif.

• N'abusez pas des mots « passe-partout » : *être, avoir, faire, il y a, chose, gens,* etc.
• Évitez la répétition abusive du même mot :

> i) en cherchant des synonymes dans le dictionnaire ;
> ii) en utilisant des pronoms personnels, des relatifs et des possessifs.

• Évitez les anglicismes.

LE STYLE

• Variez la structure de vos phrases. Combinez des phrases simples pour les transformer en phrases complexes.
• Variez l'ordre des mots. Ne vous limitez pas toujours à l'ordre habituel :
sujet + verbe + complément.
• Surveillez la ponctuation qui sert à rendre le texte intelligible.
• Cherchez la concision et la clarté dans la composition de vos phrases.
(Afin d'assurer la clarté, il est parfois nécessaire d'ajouter des éléments pour nuancer, préciser ou enrichir une idée. Ailleurs, il faut supprimer des termes qui ne sont pas essentiels ou qui sont redondants.)

LA RELECTURE ET LA CORRECTION

• **Laissez mûrir votre texte**

Il est rare d'obtenir les résultats voulus dès la première production. Aussi est-il recommandé de laisser s'écouler un certain temps après une première ébauche. Avec un peu de recul, vous serez à même de repérer les idées faiblement développées, les erreurs et les maladresses stylistiques.

• **Remaniez à plusieurs reprises votre texte**

L'écriture exige de la patience et plusieurs relectures attentives sont indispensables. Pour arriver à de bons résultats, il est préférable de consacrer chaque lecture à un aspect différent du texte. En faisant des retouches à votre devoir, procédez par étapes, à l'aide d'une liste de contrôle. Par exemple, examinez d'abord l'organisation et la cohérence de votre texte (la progression des idées, les mots de transition) ; vérifiez ensuite la qualité du français (la langue, le vocabulaire, le style).

• **Notez les fautes de grammaire dans un cahier personnel**

Dans un cahier, enregistrez le genre d'erreurs grammaticales que vous avez tendance à faire le plus fréquemment. Quand vous relisez votre devoir, apportez une attention particulière aux fautes que vous avez identifiées afin de les éliminer. Consultez votre manuel de grammaire pour vérifier les règles que vous avez du mal à maîtriser.

• **Consultez votre dictionnaire personnel**

Référez-vous à votre dictionnaire personnel pour pouvoir réutiliser des expressions que vous y avez inscrites au cours de vos lectures. Ajoutez-y les nouveaux termes dont vous vous êtes servi pour cette rédaction.

• **Lisez votre texte à haute voix**

La relecture de votre rédaction à haute voix vous permet de mieux saisir certains défauts (de structure, de rythme, d'articulation et de vocabulaire) et d'éliminer la répétition.

ÉCRIVONS

X. Écrivez une composition au passé sur l'un des sujets suivants.

1. Décrivez un malentendu entre deux personnes de cultures différentes.

2. Écrivez, à la première personne, un récit qui raconte l'arrivée d'un immigrant dans son nouveau pays.

3. Racontez un événement où, selon vous, un groupe a été exploité par un autre.

ÉLARGISSONS NOS HORIZONS

1. Qu'est-ce que vous savez de l'annexion des terres des indigènes en Amérique du Nord ? Partagez le fruit de vos recherches avec la classe.

2. Informez-vous sur la formation culturelle requise pour assumer un poste de diplomate.

DEUX LANGUES, DEUX CULTURES : LA LANGUE EN CONTEXTE COLONIAL

> **Parler une langue, c'est assumer un monde, une culture.**
>
> **Frantz Fanon**

La littérature des ex-colonies s'attaque souvent au système éducatif occidental qui avait remplacé l'enseignement des valeurs traditionnelles des cultures indigènes. L'école, c'était **l'assimilation linguistique** et culturelle, l'écrasement de la langue maternelle et l'apprentissage d'une langue étrangère et difficile : le français.

Le français, langue d'instruction

L'école française représentait, néanmoins, un certain rite de passage pour les peuples colonisés dont les **langues maternelles** perdaient de leur valeur comme « capital », car elles n'offraient aucune possibilité d'avancement dans la société. Au contraire, une formation française permettait à l'autochtone d'améliorer sa situation sociale et financière. Ainsi, le colonisé était tiraillé entre deux cultures. Le passage suivant, extrait du *Coiffeur de Kouta* de Massa M. Diabaté (Mali, 1938-1988), décrit la fascination des jeunes écoliers africains pour le français et la difficulté qu'ils éprouvent à apprendre cette langue étrangère. Il s'agit des premières leçons de français de Kompè, un jeune Malinké[51].

« Je porte un grand boubou »

1.   Un matin, le jeune Kompè prenait son petit déjeuner avec son père, quand deux gardes-cercles[52] entrèrent dans la concession[53], suivis d'un commis[54] qui expliqua que le garçon avait l'âge de fréquenter l'école.

     — C'est la volonté du commandant, dit le commis pour couper court à toute discussion.

2.   — Seul un fou, un qui boit l'eau <u>par les narines</u>[55], peut s'opposer à la loi prescrite par le commandant, répondit le père.

     Kompè fit tout ce qu'il fallait pour être remercié[56]. Maintes fois, au beau milieu d'une séance de lecture, il s'écriait : « Je me lève, et je vous salue. » Il sautait par la fenêtre et s'en allait à Dougouba, parmi les chèvres et les brebis, chez son oncle maternel. Souvent, <u>à la hauteur</u>[57] du pont Dotori, il détachait son cache-sexe, entrait tout nu dans la Maison Carrée, et regagnait l'école en chantant une liturgie inspirée d'un verset du

---

[51]   indigène du haut Sénégal et de Guinée
[52]   responsables des districts (cercles) dans lesquels vivaient les indigènes
[53]   terres laissées aux indigènes
[54]   employé de l'administration
[55]   par le nez
[56]   renvoyé
[57]   à côté

Coran et de ce que les chrétiens fredonnaient le dimanche sous la direction du père Kadri. Au maître d'école qui s'inquiétait de sa conduite, il répondait qu'un génie[58], mi-blanc mi-noir, lui avait ordonné <u>d'agir ainsi</u>[59] pour une bonne entente entre chrétiens et musulmans. Et comme on avait dit qu'aucun élève ne devait être renvoyé...

3. Ceux de sa génération racontent encore que les leçons de récitation étaient un délice lorsqu'il scandait[60] le verbe « porter un grand boubou[61] », au présent de l'indicatif, en frappant dans ses mains. Toute la classe dansait autour du maître qui, pris par le rythme, <u>esquissait quelques pas</u>[62]. Aussi, il ne l'interrogeait que lorsque l'attention des autres élèves faiblissait. Alors la classe devenait une séance de tam-tam, une fête populaire :

4. Kompè lançait la première phrase de sa chanson :

5. — Je porte un grand boubou.

6. Après avoir formé un cercle autour de lui, les autres élèves reprenaient :

7. — Porte ! Porte !
    — Tu portes un grand boubou.
    — Porte ! Porte !
    — Il porte un grand boubou.
    — Porte ! Porte !
    — Vous portez un grand boubou.
    — Portez ! Portez !

8. Les garçons et les filles des autres classes accouraient. Le planton[63] du commandant, en route pour une course, adossait sa bicyclette à un arbre et participait à la fête. Les gardes-cercles et les marchandes de beignets venaient à leur tour. La classe devenue trop petite, on sortait dans la cour, et chacun dansait le verbe « porter un grand boubou » au présent de l'indicatif. Quelquefois, un batteur de tam-tam, en route pour une cérémonie, exécutait quelques notes sur cette chanson sans rien y comprendre. Les roulements du tambour attiraient les ménagères d'alentour, qui venaient se trémousser[64] et déformaient la conjugaison : « ye pote gand boubou ! »...

9. Elle finit par devenir une chanson pour les baptêmes, les mariages et les circoncisions.

10. Un matin, le commandant Bertin vint à l'école, furieux : le vacarme[65] l'avait importuné[66] pendant qu'il écrivait une lettre à sa femme qui, pour l'avoir surpris dans les bras d'une indigène, était retournée en France. Il contempla le spectacle et se mit à rire, en se promettant d'en tirer profit pour son avancement. Le commandant Bertin fit un rapport au gouverneur dans lequel il concluait :

11. Les gens de Kouta aiment tant l'école qu'ils ont remplacé leurs chants traditionnels par le verbe « porter un grand boubou » au présent de l'indicatif.

---

[58] esprit doué d'un pouvoir magique
[59] de faire cela
[60] chantait en marquant les temps forts
[61] mot malinké désignant une longue tunique
[62] dansait un peu
[63] soldat de service auprès d'un officier supérieur
[64] s'agiter avec de petits mouvements vifs
[65] grand bruit
[66] dérangé

12.   Lors d'une des visites de son chef, il organisa une grande fête. Et tout le village, sous la conduite de Kompè assisté de Birama l'Applaudisseur, dansa le verbe « porter un grand boubou » au son des tam-tams, des balafons[67] et des flûtes. Kompè eut droit à la poignée de main du gouverneur. Il lui offrit un séjour d'un mois à Barbezieux, sa ville natale, pour montrer aux Français de France une nouvelle forme de la pédagogie. Les plus grandes familles se disputèrent l'honneur de le recevoir. On jumela Kouta et Barbezieux[68]. Une circulaire, adressée à tous les inspecteurs de l'Académie de la France d'Outre-Mer, signée par le ministre de l'Éducation nationale en personne, statua que « le Noir étant un être dansant et chantant, il convenait de lui donner une instruction en accord avec son authenticité ».

13.   Le jour du retour de Kompè à Kouta par l'autorail de cinq heures du soir où il avait pris place dans le wagon réservé aux hauts fonctionnaires, tout le village était accouru. On l'escorta en grande pompe[69] à la concession de son père, qui reçut sur-le-champ « l'Étoile du Bénin », et fut dispensé du travail forcé. On décerna à son instituteur les Palmes académiques[70]. Et comme sa mère avait un âge certain, la femme du commandant, qui était revenue de France, l'accepta comme bonne à tout faire.

14.   Un mois plus tard, le gouverneur offrit à Kompè une mission officielle : animer toutes les écoles du pays avec sa chanson, tous frais payés. Il s'acquitta de sa mission à la satisfaction générale. On lui donna le surnom de « Kompè porte grand boubou ». Il le porte encore. Mais seuls ceux de sa société d'âge ont le droit de lui servir cette plaisanterie.

15.   Il échoua au certificat d'études primaires. Et pour cause ! En cinq ans, il n'avait appris qu'une seule conjugaison. Mais le commandant Bertin ordonna qu'on écrivît son nom sur la liste des lauréats, et à une place d'honneur, pour service rendu à la France.

Massa M. Diabaté, Le Coiffeur de Kouta (1980)

---

[67]   instruments de musique à percussion
[68]   On déclara jumelles les deux villes afin de susciter entre elles des échanges.
[69]   avec cérémonie
[70]   décoration décernée à des enseignants distingués

Les Antilles françaises et la Créolité

Le français, langue d'assimilation

La colonisation des Antilles par diverses puissances (Angleterre, Espagne, France, Portugal) qui y firent venir des esclaves d'origine africaine, a amené le mélange, le métissage de toutes les cultures présentes dans les îles et le développement de langues et d'une culture antillaises propres : la culture créole, qui devait plus tard être valorisée dans le Mouvement de la Créolité. Ce mouvement se veut une **affirmation** de la vitalité de la culture locale qui s'est développée dans les colonies, parfois avec la participation et parfois malgré l'influence des pouvoirs coloniaux.

> Ni Européens, ni Africains, ni Asiatiques, nous nous proclamons Créoles. Cela sera pour nous une attitude intérieure, mieux : une vigilance, ou mieux encore, une sorte d'enveloppe mentale au mitan[71] de laquelle se bâtira notre monde en pleine conscience du monde.
>
> J. Bernabé, P. Chamoiseau, R. Confiant,
Éloge à la Créolité (1990)

Le terme *créole* provient du portugais « *crioulo* » et s'est **francisé** vers la fin du XVIIe siècle pour désigner d'abord un Européen né aux Antilles puis pour qualifier les langues qui se sont développées dans le contexte de la colonisation européenne. Il convient de parler de créoles au pluriel selon la variété de langues européennes dont ils dérivent (créole à base anglaise, portugaise, française, etc.). Il y a plusieurs groupes principaux de créole français : les parlers de l'Océan Indien, les parlers des Antilles, l'haïtien, le guyanais et le parler de la Louisiane.

Dans son livre partiellement autobiographique, *Ravines du devant-jour*, un des fondateurs du Mouvement de la Créolité, René Confiant (Martinique) reprend le thème de l'assimilation imposée par l'école française et décrit la punition des élèves antillais qui osaient parler créole à l'école :

> Tu détestes le français-France qu'elle (l'institutrice) veut te contraindre à parler ; [...] tu ne veux plus t'exprimer qu'à travers le créole et elle te déclare la guerre. Elle dispose d'un piège imparable : le premier qu'elle surprend à parler créole dans l'enceinte de l'école, elle lui passe au cou un collier fruste[72] [...].

Le poème suivant, du poète antillais Guy Tirolien (Guadeloupe, 1917-1988), représente un refus total de la culture des colonisateurs. Le poète affirme son désir de retourner à l'héritage de ses ancêtres, aux « histoires de Zamba et de compère Lapin ».

---

[71] au milieu (expression rare)
[72] grossier

Prière d'un petit enfant nègre

Seigneur je suis très fatigué.
Je suis né fatigué.
Et j'ai beaucoup marché depuis le chant du coq
Et le morne[73] est bien haut qui mène à leur école.
Seigneur, je ne veux plus aller à leur école,
Faites, je vous en prie, que je n'y aille plus.
Je veux suivre mon père dans les ravines fraîches
Quand la nuit flotte encore dans le mystère des bois
Où glissent les esprits que l'aube vient chasser.
Je veux aller pieds nus par les rouges sentiers
Que cuisent les flammes de midi,
Je veux dormir ma sieste au pied des lourds manguiers[74],
Je veux me réveiller
Lorsque là-bas mugit la sirène[75] des Blancs
Et que l'Usine
Sur l'océan des cannes
Comme un bateau ancré
Vomit dans la campagne son équipage nègre...
Seigneur, je ne veux plus aller à leur école,
Faites, je vous en prie, que je n'y aille plus.
Ils racontent qu'il faut qu'un petit nègre y aille
Pour qu'il devienne pareil
Aux messieurs de la ville
Aux messieurs comme il faut.
Mais moi je ne veux pas
Devenir, comme ils disent,
Un monsieur de la ville,
Un monsieur comme il faut.
Je préfère flâner[76] le long des sucreries
Où sont les sacs repus[77]
Que gonfle un sucre brun autant que ma peau brune.
Je préfère vers l'heure où la lune amoureuse
Parle bas à l'oreille des cocotiers[78] penchés
Écouter ce que dit dans la nuit
La voix cassée d'un vieux qui raconte en fumant
Les histoires de Zamba[79] et de compère[80] Lapin

[73] mot d'origine créole pour une petite montagne isolée de forme arrondie
[74] arbres tropicaux dont le fruit est la mangue
[75] son qui signale la reprise et la cessation du travail
[76] me promener au hasard
[77] pleins
[78] arbres qui produisent la noix de coco
[79] petit animal rusé toujours vainqueur
[80] terme d'amitié : ami

Et bien d'autres choses encore
Qui ne sont pas dans les livres.
Les nègres, vous le savez, n'ont que trop travaillé.
Pourquoi faut-il de plus apprendre dans des livres
Qui nous parlent de choses qui ne sont point d'ici ?
Et puis elle est vraiment trop triste leur école,
Triste comme
Ces messieurs de la ville,
Ces messieurs comme il faut
Qui ne savent plus danser le soir au clair de lune
Qui ne savent plus marcher sur la chair de leurs pieds
Qui ne savent plus conter les contes aux veillées[81].
Seigneur, je ne veux plus aller à leur école.

Guy Tirolien, dans L. Senghor (poèmes réunis par),
*Anthologie de la nouvelle poésie nègre et malgache de
langue française* (1948)

VOCABULAIRE ET COMPRÉHENSION : *PRIÈRE D'UN PETIT ENFANT NÈGRE*

MAÎTRISONS LE VOCABULAIRE

Les expressions au service des sentiments

I. Dans ce poème, le poète exprime ses sentiments en se servant d'expressions qui donnent une image favorable de la vie créole (*dormir ma sieste*) et une image défavorable de la vie imposée par les Blancs (*les nègres n'ont que trop travaillé*). Repérez dans le poème d'autres exemples des deux catégories d'expressions.

COMPRÉHENSION DU TEXTE

II. Trouvez dans le poème :

1. trois images de la nature
2. une image violente du travail imposé par les Blancs
3. deux images de la nuit
4. deux images de la liberté que représentait la vie des autochtones pour le poète
5. des expressions qui signalent les différents moments de la journée

---

[81] soirées

Les Antilles : l'espérance et l'amertume

En 1992 l'écrivain martiniquais Patrick Chamoiseau obtint le Prix Goncourt, le prix littéraire français le plus prestigieux, pour son roman *Texaco*. Cet ouvrage raconte la saga du peuple antillais depuis l'esclavage jusqu'à nos jours. À travers la narration de l'héroïne, Marie-Sophie Laborieux, l'auteur dépeint les difficultés rencontrées par les Antillais et les rêves qui les ont soutenus au cours des siècles. Dans *Texaco*, l'auteur utilise la langue française pour affirmer sa propre culture. La langue de la narration de ce roman magistral, imite la façon de parler des vieux « griots » (conteurs créoles traditionnels) qui exerçaient autrefois une influence considérable.

Dans cet extrait de *Texaco* Chamoiseau évoque l'époque de l'esclavage du peuple créole. L'héroïne décrit l'émancipation de son père et les réactions de sa famille face à cette nouvelle liberté.

Texaco

L'émancipation du père de Marie-Sophie

1.   [...] Le Béké[82] dit à mon papa qu'il allait l'*affranchir*, mot qui sur l'instant ne lui signifia rien. De toute l'explication que le Béké lui en donna, il ne retint d'éternité que ce <u>haillon de phrase</u>[83] ... *tu seras libre de faire ou de ne pas faire ce que tu veux et d'aller où bon te semble comme il te semble...* . Et sur sa liste de meubles, de bétail et de nègres, le Béké fit inscrire à hauteur de son nom : *Libre de savane*[84]. Liberté de savane était la plus facile des manières de libérer un nègre. On le déclarait libre sans acte notarié, sans taxe aucune, <u>sans obligée d'une pension d'aliment</u>[85]. Il lui fit remettre quelques jours plus tard une feuille que mon papa conserva toute sa vie et qu'un jour je pus lire, brouillée[86] par la pitié. Le Béké y avait fait écrire : *Je donne et lègue au nommé Esternome*[87] *qui m'a sauvé la vie, liberté de savane et le boire et le manger tant que je serai vivant. Je prie ma femme, mes fils, mon géreur*[88], *et le lecteur de quelque qualité qu'il soit, de ne point l'inquiéter ni exiger de service de sa part.* Et pour signer il avait de sa main apposé une la-croix. [...]
2.   Mon Esternome de papa mit du temps à comprendre qu'il n'avait plus de chaînes. Qu'il pouvait travailler ou passer la journée ventre en l'air au soleil. Qu'il pouvait [...] danser calenda aux baptêmes, conserver sa case ou bien prendre son envol. À chaque découverte d'une liberté nouvelle, il supputait[89] un piège posé par le Béké [...].
3.   Sa vieille maman en tirait une fierté. Elle était devenue ménagère-couturière. N'ayant plus obligation de linge sale en rivière, elle s'occupait de propreter[90] les nombreuses pièces du

---

82   le Blanc
83   bout de phrase
84   c'est-à-dire qu'il pouvait se déplacer librement
85   sans être obligé de le faire vivre
86   émue
87   le nom du père de la narratrice
88   gérant, administrateur
89   soupçonnait
90   nettoyer

haut. L'après-midi, emmêlée dans ses fils, elle cousait les <u>casaques des champs</u>[91]. [...] Dessous la couturière habile, la femme était tombée rêveuse.

4.   On la surprenait l'aiguille en l'air, attentive aux accords d'une profonde mandoline. [...] Esternome mon papa l'apercevait de loin, de plus près le dimanche quand ils grillaient ensemble du <u>gibier de ses chasses</u>[92] au bord de la rivière. Car s'il avait dû évacuer la Grand-case[93], il était demeuré dedans l'habitation, menant une vie selon son cœur, chassant, pêchant, drivant[94] au long des routes des traces et des sentiers. Durant ses premiers jours de savane, il avait tenté d'apercevoir des <u>nègres marrons</u>[95], ces initiés aux libertés. Ce fut en vain. Les marrons vivaient sans ombres. Ils semblaient avoir déserté ce monde-là. Alors mon Esternome allait, virait, exhibait son papier aux questions de la milice[96] ou au moindre Qui va là ? d'un béké soupçonneux. Il n'osait ni partir ni vraiment demeurer. Bagage bizarre, l'habitation était pour lui devenue une sorte de havre[97].

Le souvenir de l'esclavage — sujet tabou

5.   [...] Moi, je n'ai jamais eu de ces mauvaises pensées. <u>Tant de hardes à blanchir aux rivières des misères</u>[98] ne m'ont guère laissé de temps pour une mélancolie. En plus, dans les rares instants que la vie m'accorda pour moi-même, j'appris à galoper du cœur sur de grands sentiments, à vivre la vie comme on dit, à la laisser aller. Et sur les rires ou les sourires, la peau de ma bouche n'a jamais s'il te plaît connu la moindre fatigue. [...]

6.   Quand je suis née mon papa et ma maman s'en revenaient des chaînes. Un temps que nul ne les a entendus regretter. Ils en parlaient oui, mais pas à moi ni à personne. Ils se le chuchotaient kussu kussu, et je les surprenais quelquefois à en rire, mais au bout du compte <u>cela ravageait leur silence d'une peau frissonnante</u>[99]. J'aurais donc pu ignorer[100] cette époque. Pour éviter mes questions, maman feignait[101] de batailler avec les nattes de mes cheveux et ramenait le peigne ainsi qu'un laboureur <u>au travail d'une rocaille</u>[102] et qui, tu comprends, n'a pas le temps de paroler. Papa, lui, fuyait mes curiosités en devenant plus fluide qu'un vent froid de septembre. [...] Moi, <u>patiente jusqu'au vice</u>[103], d'un souvenir par-ci, d'un quart de mot par-là, de l'épanchement[104] d'une tendresse où leur langue se piégeait, j'appris <u>cette trajectoire</u>[105] qui les avait menés à la conquête des villes.

Patrick Chamoiseau, *Texaco* (1992)

---

91   vêtements portés par les ouvriers dans les champs
92   la viande que l'on prend à la chasse
93   maison du maître blanc
94   allant
95   esclaves fugitifs
96   police
97   refuge
98   tant de tâches à accomplir dans la misère
99   ils y pensaient et ils en avaient le frisson
100   ne pas connaître
101   faisait semblant
102   qui lutte contre des pierres
103   extrêmement patiente
104   expression
105   ce voyage

VOCABULAIRE ET COMPRÉHENSION : *TEXACO*

MAÎTRISONS LE VOCABULAIRE

I. Expliquez le sens des expressions en caractères gras dans le contexte du passage.

1. aller **où bon te semble** (par. 1)
2. Les marrons **vivaient sans ombres**. (par. 4)
3. **bagage bizarre** (par. 4)
4. Et sur les rires [...] **ma bouche n'a jamais [...] connu la moindre fatigue**. (par. 5)
5. Papa, lui, **fuyait mes curiosités**. (par. 6)

COMPRÉHENSION DU TEXTE

II. Répondez aux questions suivantes.

1. Quel détail du passage nous indique le statut que les Békés donnaient aux esclaves ?
2. Quel était l'avantage de donner la liberté de savane à un esclave ?
3. Pourquoi le Béké avait-il décidé de libérer le père de Marie-Sophie ?
4. Est-ce que le Béké était un homme éduqué ?
5. Quelle a été la réaction du père à son émancipation ?
6. Comment la vie de la grand-mère de Marie-Sophie a-t-elle changé au moment de l'émancipation ?
7. Comment la narratrice a-t-elle découvert certains épisodes de l'époque de l'esclavage ?

L'Océan Indien : le français et le pluralisme linguistique

Les îles de l'Océan Indien (Madagascar, la Réunion, l'île Maurice, les Seychelles, les Comores) ont été peuplées de migrations venant de différentes parties du monde — l'Afrique, l'Europe, la Perse, l'Inde, la Chine... . Ces mouvements complexes de populations ont produit une grande variété culturelle dans les îles. Chaque île a son histoire et son identité propre. Le régime colonial français s'installa dans la région à partir du VIIIe siècle et depuis, le français est devenu une langue commune à toutes les îles. Étant donné la richesse culturelle et linguistique de la civilisation de l'Océan Indien, le français y est constamment en contact avec d'autres langues — le malgache, le créole, le comorien, l'anglais, les langues indiennes, le chinois, l'arabe. Dans ce **pluralisme linguistique**, le français, **langue véhiculaire**, bénéficie du statut de **langue officielle**, de langue d'usage ou de langue de travail et nourrit le développement d'une littérature florissante.

Madagascar

Le français : « sésame magique qui nous ouvre toute grande la porte... »

À l'instar des pratiques dans les autres territoires colonisés par la France, le régime français de Madagascar a donné une place centrale à l'école comme instrument d'**assimilation**. Pourtant, le français n'est jamais devenu la seule langue d'instruction dans l'ensemble des écoles de Madagascar. La langue indigène, le malgache, a continué à y être enseignée, surtout dans les écoles privées et les écoles religieuses, dont les programmes s'inspiraient du modèle français. Les poètes malgaches éduqués en français, comme Jacques Rabemananjara, n'ont pas rejeté le français, langue d'assimilation. Dans la littérature malgache de langue française s'est développée une tradition de traduction et de transcription de la culture des ancêtres malgaches. L'écrivain colonisé, selon Rabemananjara, est « un voleur de langue » qui, loin de se laisser **assimiler** par la langue coloniale, assimile lui-même cette langue et l'adapte à sa culture. On entend des échos de cette idée chez les auteurs créoles qui proclament dans *Éloge à la Créolité* : « Nous l'avons conquise, cette langue française [...] la créolité a marqué d'un sceau indélébile[106] la langue française. » Le colonisé finit donc par revendiquer sa propre culture dans la langue du maître. Étant donné que la plupart des maisons d'édition africaines publiaient presque uniquement dans les langues européennes, le seul moyen pour les écrivains autochtones de se voir publiés, c'était d'écrire en français. Ainsi, l'universalité du français est mise en valeur et le français est perçu comme un véhicule d'avancement et d'ouverture.

> Dérober[107] à nos maîtres leur trésor d'identité, le moteur de leur pensée, la clef d'or de leur âme, le sésame magique qui nous ouvre toute grande la porte de leurs mystères, de la caverne interdite où ils ont entassé les butins[108] volés à nos pères et dont nous avons à leur demander des comptes.
>
> Jacques Rabemananjara,
> *Présence africaine*, nº XXIV-XXV (1959)

S'approprier la langue du conquérant, c'est ce qu'a fait le poète malgache Jean-Joseph Rabearivelo (1903-1937) en transposant en français des poèmes de la poésie malgache traditionnelle, le *hain-teny*. En voici un exemple :

---

[106] laissé une empreinte ineffaçable sur
[107] voler
[108] produits d'un vol

Lire

Ne faites pas de bruit, ne parlez pas :
vont explorer une forêt les yeux, le cœur,
l'esprit, les songes...

Forêt secrète bien que palpable :
forêt.

Forêt bruissant de silence,
Forêt où s'est évadé l'oiseau à <u>prendre au piège</u>[109],
l'oiseau à prendre au piège qu'on fera chanter
ou qu'on fera pleurer.

À qui l'on fera chanter, à qui l'on fera pleurer
le lieu de <u>son éclosion</u>[110].

Forêt. Oiseau.
Forêt secrète, oiseau caché
dans vos mains.

Jean-Joseph Rabearivelo, *Presque-songes* (1934)

Le français en Indochine : le Vietnam

« Un ouragan emportant toutes les âmes » : les transformations culturelles sous le régime français

La France a fait la conquête de l'Indochine — le Laos, le Cambodge et le Vietnam — dans la deuxième moitié du XIXe siècle. Le régime colonial français en Indochine a apporté au Vietnam et à ses voisins les bienfaits (hôpitaux, écoles, chemins de fer) ainsi que les coutumes et les mœurs de la civilisation européenne. La présence des valeurs occidentales dans ces vieilles sociétés asiatiques a créé de sérieux dilemmes, surtout pour les jeunes, tiraillés entre la notion traditionnelle de comportement social structuré et l'émancipation que représentaient les mœurs françaises.

---

[109]   attraper
[110]   sa naissance

Le passage suivant, tiré d'une d'histoire de la colonisation française au Vietnam, *Indochine, la colonisation ambiguë (1858-1954)*, décrit les changements radicaux, que certaines jeunes autochtones, influencées par la culture française, ont essayé d'introduire dans leur pays au cours des années trente. Cet extrait révèle deux points de vue sur l'émancipation des femmes, celui de deux écrivains vietnamiens de l'époque et celui d'une Française, directrice d'une école à Hanoi.

Le changement des mœurs et des idées

1. Nous savons peu de choses sur ce qui se passait réellement dans les familles. Il est raisonnable d'imaginer que peu de changements radicaux intervenaient car même les familles « naturalisées » maintenaient les coutumes nationales dans le domaine de la famille et des relations qu'elle sécrète[111]. Sous les changements juridiques et économiques (introduits par les Français) et même sous le paraître des mœurs, l'être culturel vietnamien persistait. Cependant, les jeunes générations masculines ou féminines de la bourgeoisie citadine entrèrent dans la voie des transformations corporelles et intellectuelles. La culture physique, les sports d'équipe (notamment le football), la natation, le tennis, les arts martiaux traditionnels, mais aussi la boxe anglaise se développèrent progressivement en commençant dans les établissements scolaires, puis avec l'apparition d'associations sportives. [...]
2. En 1932, des jeunes filles de Hanoi entreprirent une marche à pied jusqu'à Haiphong ; peu d'entre elles parvinrent au but et elles furent l'objet de railleries, mais l'événement défraya la chronique parce qu'il était convenu que les jeunes filles de bonne famille ne marchaient pas à pied. En 1936, des Saigonnaises s'étaient mis en tête de faire du cyclisme et l'une d'elles tenta de parcourir les 1 800 kilomètres qui relient Saigon à Hanoi. Exercer son corps, en exposer une partie au soleil et aux regards des autres constituait un scandale. [...]
3. En 1931, l'écrivain Dang Phuc Thong, dans son livre *La Femme dans la société annamite*[112] donna aux femmes la responsabilité de préserver les valeurs morales traditionnelles du pays : « La femme annamite a été de tout temps un modèle d'une grande pureté. Elle est la dépositaire d'une haute culture morale ; dans le cadre du foyer elle s'est réalisée depuis des millénaires, indépendamment de nos aventures sociales et nationales... ». [...]
4. En 1939, l'essayiste Truong Tuu commentait ainsi le conflit de mœurs provoqué par l'éducation française que recevaient les jeunes Vietnamiens : « L'individualisme et la

---

[111] produit
[112] vietnamienne
[113] envahissent
[114] la culture vietnamienne ayant déjà été éliminée, comme on élimine la végétation spontanée d'un terrain pour y planter autre chose
[115] beaucoup de jeunes

littérature romantique de l'Occident déferlent sur[113] notre pays à la façon d'un ouragan emportant toutes les âmes. <u>Sur le terrain longtemps défriché de la sensibilité du peuple vietnamien</u>[114], ces deux facteurs [...] trouvent des conditions suffisantes pour y prendre racine et s'y développer. <u>Des vagues de jeunes</u>[115] [...] s'éloignaient de l'esprit rationaliste pour aller droit à l'art et l'amour. Ils oublient la raison. Ils ne connaissent plus que la nature et le cœur. » [...]

5. En 1936, Mme Brachet, directrice de l'École normale des jeunes filles de Hanoi racontait : « Pour avoir tenté de leur faire donner des leçons de gymnastique et chanter à l'harmonium, j'ai failli déclencher une révolution. Dans ce bureau j'ai vu les mères s'agenouiller[116]... protester : il n'y a que les Kham Tien, les filles publiques, pour chanter et faire des gestes avec leurs bras. À présent, toutes mes élèves chantent. Chaque matin, elles ont une demi-heure de culture physique. Leur professeur est un jeune sous-officier français et les familles approuvent. Mais il y a plus important. Formées à nos idées, les jeunes Annamites n'acceptent plus ce qui pour leur mère était de règle. Aucune ne consent à devenir « épouse de second rang ». Sur ce point, elles ne cèdent pas, quelles que soient l'insistance, les menaces de leurs parents. Elles ont acquis le sentiment de leur dignité personnelle. Elles exigent un budget autonome et l'on voit maintenant cette chose stupéfiante, <u>en Annam</u>[117] : de jeunes ménages s'installent dans leur maison et la jeune femme se libère de l'autorité de sa belle-mère ».

Pierre Brocheux, Daniel Hémery,
Indochine, la colonisation ambiguë (1995)

VOCABULAIRE ET COMPRÉHENSION : *LE CHANGEMENT DES MŒURS ET DES IDÉES*

MAÎTRISONS LE VOCABULAIRE

I. Trouvez dans le texte l'équivalent des expressions en caractères gras. Faites les changements nécessaires.

1. Les représentants **de la ville** ont protesté contre les nouvelles lois municipales.
2. La dispute entre le gouverneur et le chef de police **est un sujet dont on a beaucoup parlé**.
3. Autrefois, **il était reconnu** que le domaine de la femme se limitait **à la maison**.
4. Les jeunes mariées qui refusaient d'obéir à leurs maris **s'écartaient** des pratiques traditionnelles.
5. Son comportement **a provoqué** un scandale.

---

[116] se mettre à genoux
[117] au Vietnam

COMPRÉHENSION

II. Répondez aux questions suivantes.

1. D'après les faits présentés dans cet article, pourrait-on dire que les transformations culturelles au Vietnam sous l'influence française à l'époque de la colonisation étaient très profondes ? Trouvez les passages du texte qui justifient votre réponse.
2. Quelle était la réaction de la société vietnamienne devant les actions « outrées » de certaines jeunes filles ?
3. Quels aspects des mœurs occidentales étaient rejetés par les éléments conservateurs de la société vietnamienne ?
4. Quels changements les filles voulaient-elles apporter à la vie de la jeune mariée ?
5. Connaissez-vous des cultures dans lesquelles les conflits décrits dans cet article existent encore aujourd'hui ?
6. Que pensez-vous des deux points de vue sur l'émancipation de la femme présentés dans l'article ?

Le français : « un élan[118] impossible à refréner[119] qui ressemble à l'amour »

Les colons français qui se sont installés en Indochine ont été confrontés à une civilisation très ancienne, datant d'au moins 2 000 ans et avec une forte tradition d'éducation. Le français ayant été introduit dans les écoles et dans l'administration de la colonie, il a laissé son empreinte dans ce pays de tradition confucianiste. Selon certains, l'introduction par les Français des genres littéraires de l'Occident — le roman, la nouvelle, l'essai et le journal — a eu l'effet de transformer la littérature traditionnelle vietnamienne et d'accélérer son évolution. Dans la première moitié du XXᵉ siècle, il s'est développé au Vietnam toute une littérature en français. L'écrivain francophone vietnamien s'est trouvé dans la situation ambivalente de tout écrivain indigène colonisé : tiraillé entre sa fidélité à sa propre langue et l'attraction d'une langue mondiale de culture européenne. Écoutons Nguyen Tien Lang, écrivain vietnamien, parler de son amour du français.

Indochine la douce

Le Français qui lit un Annamite[120] ayant choisi de s'exprimer dans la langue de Racine et Voltaire ne se rend pas souvent compte que celui qui écrit n'est pas toujours quelque diplômé <u>frais émoulu</u>[121] des universités métropolitaines, fier d'affinités méditerranéennes [...]. Non, c'est souvent un simple autodidacte[122], un esprit possédé par son *démon*. C'est une âme qui a absolument besoin de se confier, et si elle choisit une langue qui n'est pas

---

[118] mouvement, impulsion
[119] retenir, arrêter
[120] vietnamien
[121] récemment sorti
[122] homme qui s'est instruit lui-même, sans maître

sa langue maternelle, c'est hélas, qu'elle se sent déjà plus proche par ses plus profondes aspirations de ceux qui parlent cette langue que de son propre sang. Mais ce sang le lie, le tient, le commande. Tiraillé[123], il se sent humilié de n'être ni assez près de ce qui l'attire, ni assez détaché de ce qu'il croit pouvoir fuir, mais qu'il continue à aimer. Les critiques tombent sur lui, les approbations[124] mêmes qu'il recueille souvent s'accompagnent de conseils qui le dissuadent de tenter l'impossible. Faut-il qu'il abandonne ou qu'il se contente d'une notoriété locale ? Mais s'agit-il de notoriété? Non, il s'agit de toute autre chose. Il s'agit d'un élan impossible à refréner, qui ressemble à l'amour.

Nguyen Tien Lang, *Indochine la douce* (1935)

---

[123] tiré dans diverses directions
[124] les marques d'appréciation

CHAPITRE 3

LA DÉCOLONISATION

LA PRISE EN CHARGE DE SON DESTIN : LE REFUS DU MODÈLE EUROPÉEN

> Ma négritude point n'est sommeil de la race mais
> soleil de l'âme, ma négritude vue et vie [...].
> Ma tâche est d'éveiller mon peuple aux futurs flamboyants[1].
> Ma joie de créer des images pour le nourrir, ô lumières
> rythmées de la Parole !
>
> Léopold Senghor, *Ce que je crois*

L'Afrique et les Antilles : le Mouvement de la Négritude

Au cours du XXe siècle, la plupart des colonies françaises ont rejeté leur statut colonial pour affirmer leur indépendance politique, économique et culturelle. Les transformations déclenchées par la décolonisation ont considérablement affaibli l'importance culturelle dont le français avait joui dans les colonies.

Entre 1928 et 1940, les étudiants antillais et africains arrivant à Paris se trouvaient plongés dans un milieu intellectuel et politique en ébullition. Ces jeunes intellectuels allaient par la suite devenir les dirigeants des anciennes colonies françaises. C'est cette élite qui a fait naître la Négritude, mouvement qui prônait la valorisation de la race et du patrimoine national et refusait la colonisation ainsi que le modèle européen.

> C'est la mission de l'homme de culture noire que de préparer la bonne décolonisation, et non pas n'importe quelle décolonisation. Car au sein même de la société coloniale, c'est l'homme de culture qui doit faire à son peuple l'économie de l'apprentissage de la liberté. Et l'homme de culture, écrivain, poète, artiste, fait faire à son peuple cette économie.
>
> « L'homme de culture et ses responsabilités », *Cahier de présence africaine*, consacré au deuxième congrès international des écrivains et artistes noirs, février-mars 1959, n°s 14-15.

Le Mouvement de la Négritude avait comme but principal la revalorisation de la civilisation africaine, le rejet de la notion de « sauvage » inhérente à l'idéologie colonisatrice. Le colonialisme avait convaincu certains Africains et Antillais que les peuples indigènes étaient sans histoire et sans civilisation. Par conséquent, leurs cultures étaient considérées comme inférieures à la culture occidentale. Pour assurer la réhabilitation de la race et la revendication[2] de la culture, les peuples noirs devaient partir à la recherche de leurs racines.

---

[1]   brillants
[2]   défense

Les débuts du Mouvement de la Négritude

On peut considérer comme les fondateurs du Mouvement de la Négritude trois personnalités de grande importance : le Martiniquais Aimé Césaire (1913-), le Guyanais Léon Gontran Damas (1912-1978) et le Sénégalais Léopold Sédar Senghor (1906-2001). En 1934, la parution de la revue *L'Étudiant noir*, fondée par ces trois chefs de file, a jeté les bases du Mouvement de la Négritude. En fait, c'est dans cette revue qu'est apparue pour la première fois l'expression « Négritude », néologisme[3] lancé par Aimé Césaire et Léopold Senghor.

Il y avait deux constantes dans la Négritude : la fierté reconquise de l'homme noir et la conscience des valeurs historiques de sa race. Première étape de la Négritude, cette reconnaissance de soi-même était suivie d'une prise en charge de son destin de Noir et de sa culture propre. Est venue ensuite la lutte contre l'**assimilation** culturelle car les jeunes Noirs exigeaient l'émancipation et ne toléraient plus l'asservissement[4].

L'avènement de la Négritude a entraîné de nombreuses prises de position théoriques et a déclenché aussi un mouvement littéraire qui a produit de grands textes poétiques et romanesques. Si le concept de Négritude ne peut se définir avec rigueur, car il n'y a pas de définition exhaustive, certaines explications sont néanmoins répétées souvent par ceux qui ont inventé le terme.

Dans les passages suivants, Léopold Senghor et Aimé Césaire, deux géants de la littérature africaine et antillaise, présentent les idées clés de leur conception de la Négritude.

La Négritude selon Senghor

Une définition de la Négritude

1.   Qu'est-ce donc que la Négritude et quel est son contenu réel ? En d'autres termes, en quoi consiste son originalité ? C'est à quoi je voudrais répondre maintenant.
2.   Comme vous le savez, de très nombreuses définitions en ont été données. Je voudrais, ici, être le plus simple et le plus clair possible. La Négritude peut être définie sous un double aspect : objectif et subjectif. La Négritude, c'était, traditionnellement, pour les savants, pour les ethnologues, ce que Maurice Delafosse[5] (1870-1926) appelait « l'âme noire », et Leo Frobenius[6] (1873-1938) la « civilisation africaine » ou, pour employer son vocabulaire, la « civilisation éthiopienne ». Donc, objectivement, la Négritude c'est une certaine vision du monde et une certaine manière concrète de vivre ce monde. [...] C'est cette Négritude qui sera, aujourd'hui, l'objet de mon propos.

---

[3]   nouveau terme
[4]   la servitude
[5]   auteur de nombreux livres importants sur les langues et civilisations négro-africaines
[6]   ethnologue allemand, auteur de diverses études sur l'Afrique

La Négritude, projet et action

3.   Mais il y a une autre Négritude, celle dont, dans les années 1931-1935, nous formions le projet, au Quartier Latin[7]. Celle-ci est *projet* et *action.* Elle est projet dans la mesure où nous voulons nous fonder sur la Négritude traditionnelle pour apporter notre contribution à la *civilisation de l'universel.* Elle est action dans la mesure où nous réalisons, concrètement, notre projet dans tous les domaines, singulièrement dans les domaines de la littérature et des arts. [...]

Deux visions du monde

4.   Le Nègre a les sens ouverts à tous les contacts, aux sollicitations les plus légères. Il sent avant que de voir et il réagit, immédiatement, au contact de l'objet, voire[8] aux ondes qu'il émet de l'invisible. C'est sa puissance d'*émotion,* par quoi il prend connaissance de l'objet. Je le sais, on m'a reproché d'avoir défini l'émotion comme nègre et la raison comme hellène, comme européenne si vous le voulez. Mais je maintiens, d'autant plus, ma thèse que les savants[9], aujourd'hui, la confirment. [...] Le Blanc européen tient l'objet à distance. Il le regarde, il l'analyse, il le tue, du moins il le dompte[10] : pour l'utiliser. Le Négro-Africain pressent l'objet avant même de le sentir, il en épouse les ondes et contours, puis, dans un acte d'amour, il se l'assimile[11] pour le connaître profondément. [...] C'est ainsi que, pour le Négro-Africain, tout objet est symbole d'une *sous-réalité* [...]. Toute forme, toute surface et ligne, toute couleur et nuance, toute odeur et senteur, tout son, tout timbre, tout a sa signification. Bien sûr, je simplifie, mais il reste que le Blanc européen est, d'abord, discursif[12], le Négro-Africain, d'abord, intuitif. Il reste que tous les deux sont des hommes de raison : des *homines sapientes,* mais pas de la même manière. [...]

La culture, enracinement et déracinement

5.   Ce sera ma conclusion. La véritable culture est enracinement et déracinement. Enracinement au plus profond de la terre natale : dans son héritage spirituel. Mais déracinement : ouverture à la pluie et au soleil, aux apports féconds[13] des civilisations étrangères. Dans la difficile construction de l'Afrique du XXᵉ siècle, nous avons besoin du meilleur de l'esprit européen, plus particulièrement, du meilleur de la *francité.*[14]

---

[7]   quartier des étudiants à Paris
[8]   et même
[9]   chercheurs
[10]   domine
[11]   le prend pour lui-même, l'absorbe
[12]   tire son raisonnement de la logique
[13]   bienfaits enrichissants
[14]   des cultures des communautés de langue française

Comme j'aime à le dire, il est temps que nous retournions à Descartes[15], à l'esprit de méthode et d'organisation. Mais il n'est pas moins nécessaire que nous restions enracinés dans notre sol. La clarté cartésienne doit éclairer, mais, essentiellement, nos richesses [...].

> (extraits d'un discours prononcé en 1969 en ex-Zaïre rebaptisé République démocratique du Congo, le 17 mai 1997)
>
> A. Cnockaert (textes réunis par), *Littérature négro-africaine francophone* (1986)

La Négritude selon Césaire

En 1971, lors d'un entretien avec Lilyan Kesteloot, spécialiste de la littérature africaine, Aimé Césaire se prononce sur la Négritude.

La Négritude, un événement historique

1.   — **Lilyan Kesteloot** : J'aurais voulu savoir comment vous vous situez aujourd'hui par rapport à la Négritude ?

2.   — **Césaire** : Je crois que, d'abord, il faut restituer les choses dans l'histoire. La Négritude ça porte une date. Il suffit de se rappeler la date pour voir combien ce mouvement était justifié.

3.   C'est tellement vrai que ceux qui, à l'heure actuelle, se font les dents sur[16] la Négritude et pourfendent[17] la Négritude, en réalité sont bel et bien[18] nés de la Négritude. Bon.

Les dangers de la Négritude comme idéologie

4.   Seulement il est un fait évident : la Négritude a comporté des dangers, cela a tendu à[19] devenir une école [...] une église [...] une théorie, une idéologie[20]. Je suis pour la Négritude du point de vue littéraire et comme éthique personnelle, mais je suis contre

---

[15]   Philosophe français du XVIIe siècle. Son ouvrage le plus célèbre, *Le Discours de la méthode*, définit le rôle de la raison dans la recherche scientifique et philosophique.

[16]   acquièrent leur expérience intellectuelle de

[17]   critiquent ou attaquent

[18]   effectivement

[19]   a eu tendance à

[20]   système d'idées, philosophie du monde et de la vie

une idéologie fondée sur la Négritude. Je ne crois pas du tout que la Négritude résolve tout ; en particulier, je suis d'accord sur ce point de vue-là avec ceux qui critiquent la Négritude : quand une théorie, disons littéraire, se met au service d'une politique, je crois qu'elle devient infiniment contestable. Par conséquent, dans ce domaine-là, je suis extrêmement discret. D'abord parce qu'en littérature, je ne crois pas beaucoup en la valeur des théories, je crois qu'il s'agit de faire, c'est pour moi la chose la plus importante. Mais je reste attaché à une certaine Négritude... mais qui est extrêmement simple, à un credo[21] vraiment minimum qui consiste à dire tout simplement que je suis Nègre et que je le sais, je suis Nègre, et je me sens solidaire de tous les autres Nègres, je suis Nègre et je considère que je relève d'une tradition et que je dois me donner pour mission de faire fructifier un héritage. Ah, si la Négritude c'est ça, alors oui, je suis de la Négritude.

5.　　Mais si la Négritude consiste à vaticiner[22], eh bien, non, parce que je crois effectivement qu'il y a la lutte des classes, par exemple, qu'il y a d'autres éléments, qu'il y a des éléments philosophiques, etc.... etc., qui doivent nous déterminer. [...]

6.　　Je frémis, moi, de penser que je pourrais être confondu au nom de la Négritude... [...] Je refuse, moi, de me considérer, au nom de la Négritude, le frère de M. François Duvalier[23], pour ne citer que les morts, et d'autres sinistres personnages qui me font dresser les cheveux sur la tête ! Même au nom de la Négritude, je considère que nous n'avons rien à faire ensemble.

7.　　Par conséquent la Négritude, je ne la rejette pas, mais je la regarde avec un œil extrêmement critique. Et dans critique, il y a bien ce que je veux dire, à savoir lucidité et discernement. Et ne pas tout confondre.

La Négritude, un concept culturel et historique

8.　　En plus, ma conception de la Négritude n'est pas biologique, elle est culturelle et historique.

9.　　Je crois qu'il y a toujours un certain danger à fonder quelque chose sur le sang que l'on porte, les trois gouttes de sang noir ; c'est extrêmement délicat, extrêmement dangereux.

10.　　Je crois que c'est mauvais de considérer le sang noir comme un absolu et de considérer toute l'histoire comme le développement à travers le temps d'une substance noire qui existerait préalablement à l'histoire. [...] Philosophiquement ça me paraît insoutenable.

11.　　— **L.K.** : Vous m'avez dit tout à l'heure : « Je n'aime pas la Négritude quand elle est au service d'une politique », mais pourtant, elle l'a déjà été...

12.　　— **C.** : Comment ça ? Comment ça ? pas du tout !

13.　　— **L.K.** : Si, il y a eu un moment [où elle a été] au service de l'indépendance...

14.　　— **C.** : Ah, mais naturellement, ça me paraît évident !

---

[21]　une croyance
[22]　prédire l'avenir, dans des discours pompeux
[23]　ancien dictateur d'Haïti, tyrannique et cruel

15.   — **L.K.** : Elle a donc été au service d'une politique ?

16.   — **C.** : Eh ! mais oui, c'est évident, la Négritude a toujours été une chose engagée, bon. Mais je ne veux pas du tout d'une idéologie justificatrice, voilà.

17.   Quand la Négritude est au service de l'émancipation, oui. Mais quand la Négritude devient justification de l'action, elle ne peut valoir que ce que vaut cette action.

A. Cnockaert (textes réunis par), *Littérature négro-africaine francophone* (1986)

EXPLOITATION DES TEXTES : *LA NÉGRITUDE SELON SENGHOR*
                                  LA NÉGRITUDE SELON CÉSAIRE

TECHNIQUES DE LECTURE

La paraphrase : pour mieux saisir le sens

En lisant un texte, on doit chercher les indices qui peuvent en faciliter la compréhension. Ainsi, l'auteur explique ou définit parfois le sens d'un mot, d'un concept pour permettre au lecteur une meilleure compréhension du message. De telles **paraphrases** précisent l'information, clarifient le message ou dissipent simplement des équivoques. On peut signaler la **paraphrase** par l'emploi de certaines expressions qui introduisent l'explication : **c'est-à-dire, par exemple, à titre d'exemple, autrement dit, à savoir, ce qu'on appelle,** etc.

En d'autres termes, en quoi consiste son originalité ?

I. Repérez dans « La Négritude selon Senghor » et « La Négritude selon Césaire » les moyens utilisés par les auteurs pour annoncer la paraphrase.

MAÎTRISONS LE VOCABULAIRE

À la recherche du mot juste

II. Trouvez dans les textes le mot ou l'expression qui signifie :

Texte de Senghor
1. Personne qui s'intéresse à l'étude des différents groupes humains, de leurs caractères anthropologiques et sociaux
2. Qui a rapport à la Grèce
3. Qui présente les qualités intellectuelles considérées comme caractéristiques de Descartes

Texte de Césaire
4. Me font horreur
5. Avant, précédemment

Découvrir le sens à l'aide des affixes et des mots de la même famille

Une lecture stratégique, efficace, doit viser le vocabulaire. Au lieu de chercher chaque mot inconnu dans le dictionnaire, on peut en déduire le sens en analysant ses affixes (**préfixes** ou **suffixes**) et en faisant le lien entre ces mots et d'autres **mots de la même famille**.

Les préfixes et les suffixes

Les **suffixes** sont des particules ou simples syllabes ajoutées **à la fin d'un mot** pour en modifier le sens en y ajoutant une idée secondaire.

Par exemple, le suffixe *ment* transforme l'adjectif *extrême* en adverbe : *extrême**ment**.*

Les **préfixes** sont des particules ou simples syllabes ajoutées **au début d'un mot** pour en modifier le sens en y ajoutant une idée secondaire. Ils ont généralement une valeur constante.

Ainsi, les préfixes *in- im-* marquent la privation : une chose *in*explicable est une chose qu'on ne peut pas expliquer. Quelque chose d'*im*parfait est quelque chose qui n'est pas parfait. Les préfixes *in- im-* veulent aussi dire « dans » : *in*ondation, *in*vasion, *im*mersion.

III. Tâchez de déduire le sens des mots en caractères gras à partir de leurs préfixes et / ou suffixes.

1. Le Nègre sent avant que de voir et il réagit aux ondes que l'objet émet de l'**invisible**. (Senghor)
2. Elle est action dans la mesure où nous réalisons **concrètement** notre projet dans tous les domaines, singulièrement dans les domaines de la littérature et de l'art. (Senghor)

3. Quand une théorie se met au service d'une politique, elle devient **infiniment** contestable. (Césaire)

4. Philosophiquement ça me paraît **insoutenable**. (Césaire)

5. Il y a eu un moment où la Négritude a été au service de l'**indépendance**. (Césaire)

IV. Formez, au moyen d'un préfixe, le contraire des mots en caractères gras et employez chaque nouveau mot dans une phrase.

1. C'est sa **puissance** d'émotion, par quoi il prend conscience de l'objet.

2. Je suis extrêmement **discret**.

3 Je suis pour la Négritude comme éthique **personnelle**.

4. Je crois qu'elle devient infiniment **contestable**.

5. La Négritude devient justification de l'**action**.

Les mots de la même famille

Les mots issus d'une même racine (ou radical) forment une famille de mots. Prenons à titre d'exemple le mot « **terre** ». On peut former de nouveaux mots en ajoutant au radical :

1. un **préfixe** :	**en**terrer, **dé**terrer, **at**terrir, etc.
2. un **suffixe** :	terre**stre**, terr**ain**, terr**ien**, terr**asse**, etc.
3. un **préfixe** et un **suffixe** :	**en**terre**ment**, **dé**terre**ment**, **at**terri**ssage**, **extra**terre**stre**, **sou**terr**ain**, etc.

Une autre technique de lecture efficace est de deviner le sens d'un mot inconnu en pensant à un autre mot qui lui ressemble et qui appartient à la même famille.

V. Les mots en caractères gras sont tirés des deux textes à l'étude.
a) Identifiez-en le radical.
b) Faites une liste d'autres mots formés du même radical.

1. La **véritable** culture est **enracinement** et **déracinement**.

2. Mais déracinement : ouverture à la pluie et au soleil, aux apports **fécondants** des civilisations étrangères.

3. Il se l'assimile pour le connaître **profondément**.

4. La **clarté** cartésienne doit **éclairer**, mais, essentiellement, nos richesses.

5. Ma conception de la Négritude n'est pas biologique, elle est **culturelle** et historique.

COMPRÉHENSION DU TEXTE

VI. Montrez votre compréhension des textes en complétant les phrases suivantes.

1. Pour Senghor, la Négritude est...

2. La conception de la Négritude chez Senghor a un aspect biologique. L'originalité du Noir tient, selon lui, aux traits qui le distinguent du Blanc européen, c'est-à-dire que ...

3. Selon Senghor, la véritable culture est à la fois enracinement et déracinement. Ces deux éléments, quoique contradictoires, sont également nécessaires parce que...

4. Après avoir rejeté plusieurs notions de la Négritude, Césaire en résume sa propre conception en déclarant que...

5. Césaire ne partage pas le point de vue de Senghor en ce qui concerne l'aspect biologique de la Négritude, car, d'après lui,...

RAPPEL GRAMMATICAL

Les pronoms relatifs

Les pronoms relatifs servent à relier deux phrases en subordonnant l'une à l'autre. Ils contribuent ainsi à marquer les rapports logiques entre les idées des deux phrases.

> *Senghor présente un concept de l'héritage africain. Cet héritage est biologique et culturel.*
> *Senghor présente un concept de l'héritage africain **qui** est biologique et culturel.*

Place du pronom relatif

• Le pronom relatif est placé au début de la proposition subordonnée.

• En général, il suit immédiatement l'**antécédent** (nom, pronom ou proposition auquel se rapporte le pronom relatif).

> *Césaire n'est pas d'accord avec **l'idée que** Senghor se fait de la Négritude.*

• Si le nom est suivi d'une préposition, le pronom relatif qui introduit la proposition subordonnée suit la préposition.

> *Les principes **sur lesquels** Césaire base sa définition sont plus culturels que biologiques.*

Emplois du pronom relatif

Le pronom relatif, comme le nom qu'il remplace, occupe différentes fonctions : **sujet, objet direct, objet de la préposition *de*, objet d'une autre préposition.**

Qui, sujet, s'emploie pour les personnes et pour les choses.

> *La dame **qui** a interviewé Césaire est une spécialiste de la littérature africaine.*
> *C'est cette Négritude **qui** sera l'objet de mon propos.*

Que, objet, s'emploie pour les personnes et pour les choses.

> *Les ethnologues **que** nous avons consultés ont étudié les différentes cultures africaines.*
> *Césaire signale les dangers **que** la Négritude comporte.*

Dont (= de + pronom relatif) suit toujours directement l'antécédent et est employé pour les personnes et pour les choses.

> *Le chef d'État **dont** parle Césaire s'est emparé du pouvoir en Haïti.*
> *Le terme Négritude **dont** il est question dans ces passages est apparu pour la première fois dans la revue « L'Étudiant noir ».*

Lequel et ses formes **(laquelle, lesquels, lesquelles)** s'emploient après une préposition pour les choses et, rarement, pour les personnes.

> *La Négritude **à laquelle** Césaire est attaché est la reconnaissance et l'acceptation du fait d'être Noir.*

Qui s'emploie après une préposition pour les personnes et ne s'emploie jamais pour les choses.

> *Il est important de lire Descartes **chez qui** on découvre l'esprit de méthode et d'organisation.*

Attention !

• Dont n'est jamais employé :

> après une préposition : *à propos de, autour de, à la fin de, à côté de, au centre de,* etc. Il faut employer la préposition + une forme de **lequel, laquelle,** etc.

> *« Cahier d'un retour au pays natal » est une œuvre poétique d'Aimé Césaire **à la fin de laquelle**, le poète proclame la réalité de la Négritude.*

- On emploie parfois une forme de **lequel** au lieu de **qui** sujet pour éviter l'ambiguïté.

  *J'ai lu avec plaisir la poésie de Senghor, **laquelle** n'est pas assez connue à mon avis.*

- **Où** est utilisé dans les propositions temporelles alors que l'anglais utilise *when*.

  *Le jour **où** Senghor et Césaire se sont connus est un moment important dans l'histoire de la Négritude.*

- Pour le lieu et le temps, **où** est généralement utilisé au lieu de la préposition + **lequel.**

  *Les pays **d'où** (desquels) viennent les fondateurs de la Négritude ont eu des liens étroits avec la France.*
  *C'était le moment **où** (auquel) les citoyens des anciens territoires français réclamaient leur indépendance.*

- Il ne faut pas confondre *que*, conjonction, et *que*, pronom relatif, complément d'objet direct.

  *J'estime **que** cet homme est honnête.* (conjonction)

  *Il fait preuve d'une honnêteté **que** j'admire beaucoup.* (pronom relatif)

Le pronom relatif sans antécédent

Quand le pronom relatif n'a pas d'antécédent, ou quand l'antécédent est une phrase complète ou une idée, on ajoute le pronom neutre **ce** qui devient l'antécédent du pronom relatif qu'il précède. Ceci donne les formes :

ce qui (sujet)
  *Ce **qui** frappe dans la poésie de Senghor est le thème de l'enracinement dans l'Afrique mère.*

ce que (objet)
  *Dans « Orphée noir », Jean-Paul Sartre veut expliquer aux Blancs ce **que** les Noirs savent déjà : la poésie noire de langue française est la seule grande poésie révolutionnaire.*

ce dont (complément de la préposition de)
  *Le processus de décolonisation a permis aux hommes de culture de s'épanouir, ce **dont** ils rêvaient.*

ce + préposition + quoi (après toute autre préposition que **de**)
  *Plusieurs jeunes intellectuels noirs sont devenus des hommes d'État, ce **à quoi** on s'attendait.*

Tableau récapitulatif des pronoms relatifs

fonction	Avec antécédent		Sans antécédent
	personne	chose	
sujet	qui	qui	ce qui
objet	que / qu'	que / qu'	ce que / ce qu'
objet de la préposition *de*	dont, de qui, duquel, de laquelle, desquels, desquelles	dont, duquel, de laquelle, desquels, desquelles	ce dont
objet d'une préposition autre que *de*	qui / lequel, laquelle, lesquels, lesquelles	lequel, laquelle, lesquels, lesquelles, où	(ce +) préposition + quoi

VII.   **a) Identifiez les pronoms relatifs et leurs antécédents dans chaque phrase.**
b) Indiquez la fonction de chaque pronom relatif.

1. Je ne comprends pas ce que Maurice Delafosse voulait dire par « l'âme noire ».
2. C'est tellement vrai que ceux qui pourfendent la Négritude, en réalité sont bel et bien nés de la Négritude.
3. Je reste attaché à un credo qui consiste à dire tout simplement que je suis Nègre.
4. Ce qui dérange Césaire, c'est qu'au nom de la Négritude, on le considère le frère de sinistres personnages.
5. Il y a toujours un certain danger à fonder quelque chose sur le sang que l'on porte.
6. Léon Gontran Damas, avec qui Césaire et Senghor ont collaboré, est aussi un des fondateurs du Mouvement de la Négritude.
7. Les deux aspects sous lesquels la Négritude peut être définie sont objectif et subjectif.
8. C'est à quoi je voudrais répondre maintenant.
9. Il y a une autre Négritude, celle dont, dans les années 1931-1935, nous formions le projet.
10. Ce qu'on a reproché à Senghor, c'est d'avoir défini l'émotion comme une caractéristique essentiellement noire.

VIII. Complétez par le pronom relatif qui convient.

A.
1. Je connais des artistes … ont intégré le style de l'art africain dans leurs œuvres.
2. La Négritude est un phénomène … je trouve intéressant mais … je n'avais pas entendu parler auparavant.
3. Il est important d'avoir des principes pour … on est prêt à se battre.
4. J'ai bien réfléchi à … je viens de lire.
5. Selon Senghor, le sol dans … nous devrions rester enracinés est le sol de nos ancêtres.

6. ... m'étonne, c'est votre manque d'intérêt pour ce sujet.

7. Le poème ... le conférencier a fait l'analyse est tiré d'un recueil de Césaire.

8. Te rappelles-tu le nom du livre ... se trouve cet article ?

9. La civilisation sur ... on a fondé la Négritude est surtout d'origine africaine.

10. ... il faut retenir, c'est que la Négritude est un mouvement ... s'ouvre à toutes les cultures.

B.

Senghor et Césaire, ---- se sont rencontrés à un lycée français, partageaient les mêmes intérêts. L'Afrique, les Antilles et le colonialisme étaient des sujets ---- ils aimaient discuter. Une question --- ils se posaient souvent était « Qui sommes-nous ? » Ils se demandaient aussi ---- ils devaient faire. Les questions politiques ---- ils réfléchissaient étaient sérieuses, car c'était l'époque ---- le monde avait été bouleversé par la guerre.

Il ne leur suffisait pas de lire les grands poètes classiques. ---- comptait le plus pour eux était de découvrir une autre civilisation moderne. C'est la raison pour ---- la découverte des Nègres américains a été pour eux une révélation. Ils ont trouvé une culture à ---- ils croyaient appartenir. ---- ils pensaient surtout était d'affirmer leur identité en tant que Nègres. Les littératures et les contes populaires ---- ils se sont intéressés étaient des sources clé ---- leur ont révélé une doctrine importante. La Négritude était un principe dans ---- les deux ont trouvé une spécificité africaine ---- ils cherchaient et ---- ils avaient besoin.

IX. Reliez les deux phrases à l'aide d'un pronom relatif. Remplacez les mots en caractères gras dans la deuxième phrase par le pronom relatif qui convient. Faites tous les changements nécessaires.

1. L'indépendance des nouveaux pays comportent des problèmes économiques. Les gouvernements s'inquiètent **de ces problèmes.**

2. Le Mouvement de la Négritude valorisait la civilisation africaine. Certains avaient sous-estimé **la civilisation africaine.**

3. La prise en charge du destin collectif est souvent suivie d'une lutte sanglante. On n'avait peut-être pas prévu **cela.**

4. Nous avons lu avec intérêt le discours de Senghor. **Le discours** a été prononcé en 1969.

5. Les arguments des deux auteurs étaient convaincants. Nous nous attendions **à cela.**

6. Nous nous sommes rendus à la Martinique. Césaire est né **dans ce pays.**

7. Il envisage de partir en Afrique. Il a toujours rêvé **de faire ce voyage.**

8. Il y avait dans le train un célèbre ethnologue. Je me suis assis à côté de **lui.**

9. Je ferai des recherches sur les auteurs africains. On fait allusion **à ces auteurs** dans le manuel de français.

10. Voilà des articles sur la Francophonie. Je ne peux pas écrire la dissertation sans **ces articles.**

X. Traduisez les phrases suivantes en utilisant le vocabulaire du texte.

1. The heritage Senghor speaks of is a spiritual heritage.
2. The movement in which he participated was born in Paris in the 1930's.
3. Some people criticized the ideas Senghor presented in his speech.
4. François Duvalier is not a man to whom Césaire wants to be compared.
5. Many students study the *Négritude* Movement in their French class, which is a good idea.
6. The dangers Césaire refers to still exist today.
7. What he means is that Negritude is cultural and not biological.
8. Can you tell me what Senghor was thinking about when he wrote that poem?
9. Césaire and Senghor are two people whose friendship was sincere.
10. The reason they remained friends is that they respected each other.

TECHNIQUES D'ÉCRITURE

Exprimer son point de vue / donner son opinion

Lorsqu'on veut donner son avis ou défendre une idée, il est important d'utiliser des formules qui permettent de convaincre **l'interlocuteur** (l'adversaire). Voici quelques expressions qui vous aideront à mieux exprimer votre point de vue et à persuader le lecteur du bien-fondé de vos propos.

Présenter son opinion

à mon avis / quant à moi / selon moi j'ai l'impression que je dirais que il me semble que (+ indicatif) il semble que (+ subjonctif) je pense que / je trouve que / j'estime que nous touchons ici à un point essentiel il s'agit de	il est question de il est évident que il est certain / il est sûr que il est vrai que il n'y a pas de doute que il est incontestable que je suis convaincu(e) que je suis persuadé(e) que je le dis sans hésiter on peut supposer que

Exprimer son désaccord

> vous n'avez pas tout à fait tort, mais
>
> je comprends votre point de vue ; toutefois
>
> je ne suis pas d'accord avec cette déclaration ; au contraire, je
>
> je ne partage pas votre point de vue quant à
>
> il n'est pas certain que
>
> il est douteux / je doute que
>
> ne savez-vous pas que
>
> cet argument est peu convaincant car
>
> je ne pense pas que / je ne trouve pas que / je n'estime pas que

XI. Dans les textes à l'étude, Senghor et Césaire utilisent certaines formules pour présenter leurs points de vue ou exprimer leurs sentiments :

> *Nous n'hésiterons pas à le dire.*
> *Je crois que, d'abord, il faut restituer les choses dans l'histoire.*

Trouvez dans chacun des textes d'autres formules qui annoncent que l'auteur va émettre une opinion.

XII. Votre réaction personnelle

En utilisant des formules d'opinion, faites des phrases qui expriment votre point de vue sur les déclarations suivantes.

1. Notre comportement est décidé par l'héritage biologique.
2. La culture européenne est basée sur la logique et la raison.
3. Les femmes sont plus sensibles que les hommes.
4. Les artistes et les écrivains ne devraient pas se mêler de politique.
5. À cause de l'influence de la technologie, les Nord-Américains sont en train de perdre leur spiritualité.

ÉCRIVONS

XIII. Dans une rédaction donnez votre avis sur un des commentaires suivants.

1. « Je crois que c'est une très bonne chose que de nourrir <u>sa culture particulière</u>[24] par la culture étrangère. » (Aimé Césaire)

2. Le racisme est un mal qui touche toutes les sociétés, y compris la nôtre.

ÉLARGISSONS NOS HORIZONS

1. Aimé Césaire et Léopold Senghor insistent sur l'importance de connaître et de sauvegarder son héritage. Renseignez-vous sur vos origines ethniques, les coutumes, les croyances de votre famille et présentez le résultat de vos recherches à la classe.

2. Faites des recherches sur le Mouvement des Noirs aux États-Unis pendant les années soixante et présentez-en les grandes lignes à la classe.

Léopold Sédar Senghor : poète africain

Léopold Sédar Senghor (1906-2001) marqua la poésie française du XXᵉ siècle par l'apport d'un nouveau souffle, celui de ce qu'il appela lui-même la « Négritude » : « La Négritude est la simple reconnaissance du fait d'être Noir, et l'acceptation de ce fait, de notre destin de Noir, de notre histoire et de notre culture. »

Publié pour la première fois en 1944, dans la revue *L'Étudiant noir*, le poème « Femme noire » fait partie du recueil *Chants d'ombre*. Ce poème, construit comme une ballade, est composé de trois strophes et d'un envoi final (dernière strophe de quatre vers qui dédie le poème à quelqu'un).

Dans ce poème, le plus connu de Senghor, le poète rend hommage à la femme noire, à sa beauté et à sa sensualité. En exaltant la femme africaine, Senghor célèbre en même temps sa terre natale et sa culture, car la femme noire symbolise aussi l'Afrique, sa vigueur, sa beauté et sa fécondité.

---

[24]   sa propre culture

Femme noire

Femme nue, femme noire
Vêtue de ta couleur qui est vie, de ta forme qui est beauté !
J'ai grandi à ton ombre ; la douceur de tes mains bandait
mes yeux.
Et voilà qu'au cœur de l'Été et de Midi, je te découvre, Terre promise, du
haut d'un haut col calciné[25]
Et ta beauté me foudroie en plein cœur, comme l'éclair d'un aigle.

Femme nue, femme obscure !
Fruit mûr à la chair ferme, sombres extases du vin noir, bouche qui fait
lyrique ma bouche
Savane[26] aux horizons purs, savane qui frémis aux caresses ferventes du Vent
d'Est[27]
Tam-tam[28] sculpté, tam-tam tendu qui grondes sous les doigts du Vainqueur
Ta voix grave de contralto est le chant spirituel de l'Aimée.

Femme noire, femme obscure !
Huile que ne ride nul souffle, huile calme aux flancs de l'athlète, aux flancs
des princes du Mali[29]
Gazelle aux attaches célestes, les perles sont étoiles sur la nuit de ta peau.
Délices des jeux de l'esprit, les reflets de l'or rouge sur ta peau qui se moire[30].
À l'ombre de ta chevelure, s'éclaire mon angoisse aux soleils prochains de tes yeux[31].

Femme nue, femme noire !
Je chante ta beauté qui passe, forme que je fixe dans l'éternel
Avant que le destin jaloux ne te réduise en cendres pour nourrir les racines
de la vie.

Léopold Sédar Senghor, *Chants d'ombre* (1945)

---

[25] allusion au désert de l'Afrique du Nord
[26] vaste prairie
[27] nommé l'Harmattan, porteur de sécheresse
[28] tambour utilisé comme instrument de musique ou pour transmettre des messages
[29] État d'Afrique de l'Ouest qui était un puissant royaume
[30] a des reflets changeants
[31] mon angoisse disparaît quand je m'approche de tes yeux brillants

VOCABULAIRE ET COMPRÉHENSION : *FEMME NOIRE*

MAÎTRISONS LE VOCABULAIRE

I. Dans le poème, trouvez les expressions et les images qui évoquent :
a) la femme sensuelle
b) la mère
c) l'Afrique

II. Démontrez que ce poème s'adresse aux sens.

III. Repérez les références à la lumière et à l'obscurité.

COMPRÉHENSION DU TEXTE

IV. Répondez aux questions suivantes.

1. Pourquoi le poète insiste-t-il sur la nudité de la femme, refrain qui ouvre presque chaque strophe ?
2. Relevez les comparaisons dans le poème. Par exemple dans « terre promise », la femme est comparée à la terre africaine. Que pensez-vous de ces comparaisons ?
3. Comment Senghor exprime-t-il son désir d'immortaliser la beauté de la femme noire ?
4. Proposez un autre titre pour ce poème.
5. Expliquez pourquoi on peut dire que ce poème est un hymne à la Négritude.

Quelques réflexions sur la Négritude 71 ans plus tard : Aimé Césaire, père de la Négritude, évoque sa jeunesse

À l'âge de 92 ans, dans un livre d'entretiens, Aimé Césaire, père de la Négritude, évoque sa jeunesse, sa rencontre avec Senghor, son engagement politique. Il revient sur des questions qu'il traite depuis longtemps : la colonisation, le racisme, l'Afrique, les droits de chacun. Il se dégage du discours de Césaire une réflexion approfondie sur l'identité noire.

Nègre, je suis et, nègre, je resterai

Lycéen

1.   Je trouvais les hommes martiniquais légers, superficiels, un peu snobs, porteurs de tous les préjugés qu'avaient les hommes de couleur autrefois. Tout cela ne me plaisait pas du tout, et je dois dire que je suis parti pour la France avec délectation. <u>En mon for intérieur</u>[32], je me disais : « Ils me foutront la paix. Là-bas, je serai libre, je lirai ce que je voudrai. » Me rendre en France avant-guerre était pour moi la promesse d'une libération, une possibilité, un espoir d'épanouissement. Autrement dit, contrairement à beaucoup de camarades de ma génération, j'avais constamment le sentiment que je vivais dans un monde fermé, étroit, un monde colonial. C'était mon sentiment premier. Je n'aimais pas cette Martinique. Et quand j'ai pu partir, ce fut avec plaisir. « Adieu ! », pensais-je.

Senghor

2.   Au lycée Louis-le-Grand, Senghor et moi, nous discutions éperdument de l'Afrique, des Antilles, du colonialisme, des civilisations. Il adorait parler des civilisations latine et grecque. Il était fort bon helléniste. Autrement dit, on s'est formé ensemble, au fur à mesure, jusqu'au jour où nous nous sommes posé une première question essentielle : « Qui suis-je ? Qui sommes-nous ? Que sommes-nous dans ce monde blanc ? » Sacré problème. Deuxième question, plus morale : « Que dois-je faire ? » La troisième question était d'ordre métaphysique : « Qu'est-il permis d'espérer ? » Ces trois questions-là nous ont beaucoup occupés.

3.   Nous commentions l'actualité. C'était à l'époque de la guerre d'Éthiopie ; nous évoquions l'impérialisme européen et, un peu plus tard, la montée du fascisme et du racisme. Nous avons très vite pris position, ce qui a contribué à forger nos personnalités. Puis la guerre est survenue. Je suis rentré à Fort-de-France ; j'ai été nommé au lycée Schoelcher, et Senghor, lui, dans un lycée en France. Revenu à Paris après la guerre, qu'est-ce que je découvre ? Un petit homme vêtu d'une sorte de toge : Senghor était devenu député du Sénégal et moi de la Martinique. Nous sommes tombés dans les bras l'un de l'autre. Notre amitié était intacte en dépit de nos différences de caractère. Il était africain et moi antillais ; il était catholique, et politiquement proche du MRP[33] ; à l'époque, j'étais plutôt communiste ou « communisant ». Nous ne nous disputions jamais, parce que nous nous aimions profondément et que nous nous sommes vraiment formés l'un l'autre.

---

[32]   au fond de moi-même
[33]   Le mouvement républicain populaire était un parti politique français (1944-1967) qui s'inspirait des principes de la démocratie chrétienne.

Nègre

4.   Nous suivions le programme, mais nous avions chacun des sujets de prédilection propres. Rimbaud a énormément compté pour nous, parce qu'il a écrit : je suis un nègre. Langston Hugues et Claude McKay, les nègres américains ont été pour nous une révélation. Il ne suffisait pas de lire Homère, Virgile, Corneille, Racine... Ce qui comptait le plus pour nous, c'était de rencontrer une autre civilisation moderne, les Noirs et leur fierté, leur conscience d'appartenir à une culture. Ils furent les premiers à affirmer leur identité, alors que la tendance française était à l'assimilation [...]. Nous nous sommes donc constitués un monde à nous. [..]

5.   Nous nous sommes intéressés aux littératures indigènes, aux contes populaires. Notre doctrine, notre idée secrète, c'était : « *Nègre, je suis et, nègre, je resterai.* » Il y avait dans cette idée celle d'une spécificité africaine, d'une spécificité noire. Mais Senghor et moi nous sommes toujours gardés de tomber dans le racisme noir. J'ai ma personnalité et, avec le Blanc, je suis dans le respect, un respect mutuel.

Civilisations

6.   Chaque peuple européen a son histoire, et c'est l'histoire qui a construit la mentalité française telle qu'elle est. Regardez les Anglais, ils ont également une mentalité propre. Allez demander à un Dominicain, un habitant des Bahamas, de Trinidad : « Qu'est-ce que tu es ? — Je suis trinidadien. Je suis dominicain. » Demandez à un Antillais : « Qu'est-ce que tu es ? — Je suis français. » Les Antillais anglophones ne peuvent pas dire qu'il sont anglais, « *because nobody can be an Englishman* ». Personne ne peut être anglais, sauf si vous êtes né *in England*. Chez l'Anglais, le racisme coexiste avec une conception de l'homme et le respect de la personnalité de l'autre, ce qui fait qu'il y a eu beaucoup moins d'assimilation dans les colonies anglophones que dans les colonies françaises. Les Français ont cru à l'universel et, pour eux, il n'y a qu'une seule civilisation : la leur. Nous y avons cru avec eux ; mais, dans cette civilisation, on trouve aussi la sauvagerie, la barbarie. Ce clivage est commun à tout le XIXᵉ siècle français. Les Allemands, les Anglais ont compris bien avant les Français que *la civilisation*, ça n'existe pas. Ce qui existe ce sont *les civilisations*.

Victimisation

7.   Nous ne pouvons pas passer notre temps à dire : « C'est la France qui est responsable. » Nous devons d'abord nous prendre en mains ; nous devons travailler, nous devons nous organiser, nous avons des devoirs envers notre pays, envers nous-mêmes.

8.   Sortir de la victimisation est fondamental. C'est une tâche peu aisée. L'éducation que nous avons reçue et la conception du monde qui en découle sont responsables de notre irresponsabilité. Avons-nous jamais été responsables de nous-mêmes ? Nous avons toujours été sujets, colonisés. Il en reste des traces. Vous avez été à l'école, vous avez appris le français, vous avez oublié votre langue natale. [...] Il ne s'agit pas de nous couper d'une part de nous-mêmes.

9.   J'ai toujours été connu comme un rouspéteur. Je n'ai jamais rien accepté purement et simplement. En classe, je n'ai cessé d'être rebelle. Je me souviens d'une scène, à l'école primaire. J'étais assis à côté d'un petit bonhomme, à qui je demandais : « *Que lis-tu ?* » C'était un livre : « *Nos ancêtres, les Gaulois, avaient les cheveux blonds et les yeux bleus...* » « **Petit crétin**, lui dis-je, *va te voir*

dans une glace ! » Ce n'était pas forcément formulé en termes philosophiques, mais il y a certaines choses que je n'ai jamais acceptées, et je ne les ai subies qu'à contrecœur.

Afrique

10.   C'est une question très importante, angoissante. Le sort du Liberia, celui de la Côte-d'Ivoire[34] sont effrayants. Nous protestons contre le colonialisme, nous réclamons l'indépendance, et cela débouche sur un conflit entre nous-mêmes. Il faut vraiment travailler à l'unité africaine. Elle n'existe pas. C'est effroyable, insupportable. La colonisation a une très grande responsabilité : c'est la cause originelle. Mais ce n'est pas la seule, parce que s'il y a eu colonisation, cela signifie que des faiblesses africaines ont permis l'arrivée des Européens, leur établissement.

11.   À l'époque de la colonisation, on trouvait des « tribus ». Mais nous, les Noirs, avons créé une unité pour gagner l'indépendance. Et maintenant que nous sommes indépendants, une guerre s'est enclenchée ; une guerre de classes dégénérant en une guerre de races. Je crois qu'il nous faut fournir des efforts considérables pour éviter de tomber dans ce travers. L'unité reste à inventer.

Racisme

12.   Malheureusement l'éducation, telle qu'elle a été donnée, telle qu'elle est donnée encore, est souvent responsable. Où Hitler a-t-il appris le racisme ? Et le fanatisme musulman n'est-il pas dangereux ? Je pense que si. Une partie de l'Islam est quand même très dure à l'égard de l'Afrique. J'ai bien connu un Kabyle[35] ; il fallait voir quel regard il jetait sur les gens d'Alger, qu'il considérait comme des colonisateurs. Les Arabes ont été des colonisateurs, des dominateurs et des marchands d'esclaves. Il ne faut pas croire qu'il suffit d'être antillais pour qu'un autre Antillais vous aime.

13.   Il s'agit de savoir si nous croyons à l'homme et si nous croyons à ce qu'on appelle les droits de l'homme. À liberté, égalité, fraternité, j'ajoute toujours identité, car, oui, nous y avons droit. C'est notre doctrine à nous, hommes de gauche. Dans les régions d'outre-mer, des situations spéciales ont été imposées. Je crois que l'homme où qu'il se trouve a des droits en tant qu'homme. Peu m'importe qui a écrit le texte de la « Déclaration des droits de l'homme » ; je m'en fiche, elle existe. Les critiques contre son origine « occidentale » sont simplistes. En quoi cela me gênerait-il ? Il faut s'approprier ce texte et savoir l'interpréter correctement. La France n'a pas colonisé au nom des droits de l'homme. On peut toujours raconter n'importe quoi sur ce qui s'est passé : « Regardez dans quel état sont ces malheureux. Ce serait un bienfait de leur apporter la civilisation ». D'ailleurs, les Européens croient à *la civilisation*, tandis que nous, nous croyons *aux civilisations*, au pluriel, et *aux cultures*. Le progrès, avec cette Déclaration, c'est que tous les hommes ont les mêmes droits, simplement parce qu'ils sont des hommes. Et ces droits-là, tu les réclames pour toi et pour l'autre.

Propos recueillis par Françoise Vergès,
Le Nouvel Observateur (17-23 novembre 2005)

---

[34]   république d'Afrique occidentale, sur le golfe de Guinée ; ancienne colonie française
[35]   un habitant de la Kabylie, région montagneuse d'Algérie

VOCABUAIRE ET COMPRÉHENSION : *NÈGRE, JE SUIS ET, NÈGRE, JE RESTERAI*

MAÎTRISONS LE VOCABULAIRE

I. Trouvez une expression équivalente pour les mots en caractères gras.

1. Je suis parti pour la France avec **délectation.**
2. Nous commentions **l'actualité.**
3. Nous avons très vite pris position, ce qui a contribué à **forger** nos personnalités.
4. L'éducation que nous avons reçue et la conception du monde qui **en découle** sont responsables de notre irresponsabilité.
5. J'ai toujours été connu comme **un rouspéteur.**
6. Cela **débouche sur** un conflit entre nous-mêmes.
7. Une partie de l'Islam est quand même très dure **à l'égard de** l'Afrique.
8. En quoi cela me **gênerait**-il ?
9. Ce serait **un bienfait** de leur apporter la civilisation.
10. Et ces droits-là, tu les **réclames** pour toi.

COMPRÉHENSION DU TEXTE

II. Répondez aux questions suivantes.

1. Quelle impression le lycéen martiniquais avait-il de son pays et des habitants de son pays ?
2. Que représentait la France pour le jeune élève ?
3. Quelles questions passionnaient Senghor et Césaire lorsqu'ils étaient encore au lycée ? Pourquoi ces questions sont-elles significatives ?
4. Commentez la doctrine : « *Nègre, je suis et, nègre, je resterai* ».
5. Selon Césaire, comment l'attitude des Anglais envers les gens de race différente se distingue-t-elle de celle des Français ?
6. D'après Césaire, qui est responsable de la « victimisation » du Noir ?
7. Pourquoi l'unité africaine n'existe-t-elle pas ?
8. Quelle est une conséquence de l'indépendance ?
9. Pourquoi Césaire trouve-t-il nécessaire d'ajouter le mot « identité » à la devise : liberté, égalité, fraternité ?
10. Quelle idée est implicite dans l'emploi du singulier *la civilisation* et l'emploi du pluriel *les civilisations* dans la phrase : Les Européens croient à *la civilisation*, tandis que nous, nous croyons *aux civilisations* ? (par. 13)

Le retour aux sources : l'héritage africain

> Plonger jusqu'aux racines de notre race et bâtir sur nos propres fonds, ce n'est pas retourner à l'état sauvage. C'est la culture même.
>
> Claude MacKay

En retournant à leurs sources, les écrivains africains et antillais ont pu contribuer à déterrer[36] des « cultures grandioses » trop longtemps occultées[37]. Ainsi, le refus de l'assimilation s'est nourri de la connaissance du passé culturel. L'attachement et le retour spirituel à l'Afrique-mère ont amené à la redécouverte de la poésie traditionnelle, des contes et des légendes qui font partie de la « mémoire collective » et assurent l'identité et la cohérence d'un peuple. Quand un peuple se sent menacé, il valorise davantage ses souches[38], lutte pour la sauvegarde et l'épanouissement d'une identité ethnique, d'une culture.

Puisque toute littérature orale reflète la société où elle est née, c'est par les traditions orales que sont transmises les valeurs propres aux collectivités.

Voulant passionnément revaloriser leur civilisation niée ou saccagée par le colonialisme, certains écrivains africains ont recueilli, transcrit et traduit en français des récits qui font partie de la tradition orale africaine. Ainsi, la langue française a joué le rôle de **langue véhiculaire**, transmettant les valeurs ancestrales de l'héritage africain.

En Afrique, la littérature orale en langues africaines est pratiquée depuis des siècles et transmise fidèlement par des griots, ces « artistes de paroles », conteurs, chanteurs qui sont les dépositaires de la tradition.

Le conte de veillée fait partie intégrante de la tradition africaine. La nuit tombée, souvent autour d'un feu, les griots ou les vieux prennent la parole et racontent. Ces veillées constituent des souvenirs heureux de l'enfance, comme le raconte Birago Diop dans l'introduction de son recueil, *Les Contes d'Amadou Koumba* :

> — Baké, tu dors ?
> — Oui, grand-mère !
> Tant que je répondais ainsi, grand-mère savait que je ne dormais pas, et que, tremblant de frayeur, j'écoutais, de toutes mes oreilles et de tous mes yeux fermés, les contes terrifiants où intervenaient les Génies[39] et les Lutins[40].[...]
> Quand je ne répondais plus à la question de grand-mère, ou quand je commençais à nier que je dormisse[41], ma mère disait : « Il faut aller le

---

[36] révéler
[37] cachées
[38] origines
[39] esprits bons ou mauvais qui influencent les destinées
[40] petits démons espiègles qui se manifestent surtout la nuit
[41] imparfait du subjonctif du verbe *dormir*

coucher », et grand-mère me soulevait de la natte[42] [...] et me mettait au lit après que je lui eus fait promettre, d'une voix pleine de sommeil de me dire la suite le lendemain soir, car en pays noir, on ne doit dire les contes que la nuit venue.

Les légendes : les traditions orales

> En Afrique, tout vieillard qui meurt est une bibliothèque qui se consume.
>
> **Amadou Hampaté Bâ, vieux sage malien**

Les légendes sont des récits traditionnels basés sur des faits réels et sur la croyance populaire. Dans les légendes, l'histoire est représentée par l'imagination populaire.

La légende baoulé

Ce texte, qui se trouve dans *les Légendes africaines* de Bernard Dadié, est l'un des contes les plus célèbres de la Côte-d'Ivoire. Il raconte, sous une forme allégorique, la fondation d'une société en expliquant comment le peuple baoulé, peuple important de la Côte-d'Ivoire, a reçu son nom.

Il y a longtemps, très longtemps, vivait au bord d'une lagune[43] calme, une tribu paisible de nos frères. Ses jeunes hommes étaient nombreux, nobles et courageux, ses femmes étaient belles et joyeuses. Et leur reine, la reine Pokou, était la plus belle parmi les plus belles.

Depuis longtemps, très longtemps, la paix était sur eux et les esclaves mêmes, fils des captifs des temps révolus[44], étaient heureux auprès de leurs heureux maîtres.

Un jour, les ennemis vinrent nombreux comme des magnans[45]. Il fallut quitter les paillotes[46], les plantations, la lagune poissonneuse[47], laisser les filets, tout abandonner pour fuir.

Ils partirent dans la forêt. Ils laissèrent aux épines leurs pagnes[48], puis leur chair. Il fallait fuir toujours, sans repos, sans trêve[49], talonné[50] par l'ennemi féroce.

Et leur reine, la reine Pokou, marchait la dernière, portant au dos son enfant.

[42] sorte de tapis
[43] étendue d'eau de mer dans les terres
[44] passés
[45] fourmis géantes
[46] huttes en paille
[47] pleine de poissons
[48] Le pagne est une sorte de culotte ou jupe indigène.
[49] sans arrêt
[50] poursuivi de très près

À leur passage l'hyène ricanait[51], l'éléphant et le sanglier[52] fuyaient, le chimpanzé grognait[53] et le lion étonné s'écartait du chemin.

Enfin, les broussailles[54] apparurent, puis la savane[55] et les rôniers[56] et, encore une fois, la horde[57] entonna son chant d'exil :

Mi houn Ano, Mi houn Ano, blâ ô
Ebolo nigué, mo ba gnan min —
Mon mari Ano, mon mari Ano, viens,
Les génies de la brousse[58] m'emportent.

Harassés[59], exténués[60], amaigris[61], ils arrivèrent sur le soir au bord d'un grand fleuve dont le cours se brisait sur d'énormes rochers.

Et le fleuve mugissait[62], les flots montaient jusqu'aux cimes des arbres et retombaient et les fugitifs étaient glacés d'effroi[63].

Consternés[64], ils se regardaient. Était-ce là l'Eau qui les faisait vivre naguère[65], l'Eau, leur grande amie ? Il avait fallu qu'un mauvais génie l'excitât contre eux.

Et les conquérants devenaient plus proches.

Et, pour la première fois, le sorcier parla :

« L'eau est devenue mauvaise, dit-il, et elle ne s'apaisera[66] que quand nous lui aurons donné ce que nous avons de plus cher. »

Et le chant d'espoir retentit :

Ebe nin flê nin bâ
Ebe nin flâ nin nan
Ebe nin flê nin dja
Yapen'sè ni djà wali
Quelqu'un appelle son fils
Quelqu'un appelle sa mère

---

51 riait méchamment
52 porc sauvage
53 poussait des cris manifestant son mécontentement
54 végétation des terrains qui ne sont pas cultivés
55 vaste prairie
56 palmiers africains
57 tribu nomade
58 jungle
59 morts de fatigue
60 épuisés, très fatigués
61 devenus maigres
62 faisait un bruit qui ressemblait au cri d'un animal
63 grande peur
64 stupéfiés
65 récemment
66 se calmera

Quelqu'un appelle son père
Les belles filles se marieront.

Et chacun donna ses bracelets d'or et d'ivoire, et tout ce qu'il avait pu sauver.

Mais le sorcier les repoussa du pied et montra le jeune prince, le bébé de six mois : « Voilà, dit-il, ce que nous avons de plus précieux. »

Et la mère, effrayée, serra son enfant sur son cœur. Mais la mère était aussi la reine et, droite au bord de l'abîme[67], elle leva l'enfant souriant au-dessus de sa tête et le lança dans l'eau mugissante.

Alors des hippopotames, d'énormes hippopotames émergèrent et, se plaçant les uns à la suite des autres, formèrent un pont et sur ce pont miraculeux, le peuple en fuite passa en chantant :

Ebe nin flê nin bâ
Ebe nin flâ nin nan
Ebe nin flê nin dja
Yapen'sè ni djà wali
Quelqu'un appelle son fils
Quelqu'un appelle sa mère
Quelqu'un appelle son père
Les belles filles se marieront.

Et la reine Pokou passa la dernière et trouva sur la rive son peuple prosterné[68].

Mais la reine était aussi la mère et elle put dire seulement « baouli » ce qui veut dire l'enfant est mort.

Et c'était la reine Pokou et le peuple garda le nom de Baoulé.

Bernard Dadié, *Légendes africaines* (1954)

VOCABULAIRE ET COMPRÉHENSION : *LA LÉGENDE BAOULÉ*

MAÎTRISONS LE VOCABULAIRE

I. Trouvez dans le texte les expressions qui indiquent :
  a) la souffrance physique
  b) la souffrance morale

---

[67]   trou profond, précipice
[68]   incliné en signe d'hommage

II. Identifiez les différents sons que l'on entend dans la forêt.

III. Donnez le contraire des expressions en caractères gras.

1. Vivait au bord d'une lagune une tribu **paisible.**
2. Ses jeunes hommes étaient **courageux.**
3. **Amaigris**, ils arrivèrent sur le bord d'un grand fleuve.
4. L'eau est devenue mauvaise, elle ne **s'apaisera** que quand nous lui aurons donné ce que nous avons de plus cher.
5. Le sorcier les **repoussa du pied**.

COMPRÉHENSION

IV. Répondez aux questions suivantes.

1. Relevez les détails qui évoquent la tranquillité et la prospérité de la tribu.
2. Décrivez le déplacement du peuple baoulé.
3. Quel est, d'après vous, le rôle joué par les animaux dans ce texte ?
4. Quelles sont les qualités de la reine-mère ?
5. Quelle est la signification du sacrifice exigé par le sorcier ?

LA RÉVOLTE : BRISER SES CHAÎNES

> Toi qui plies toi qui pleures
> Toi mon frère au visage de peur et d'angoisse
> Relève-toi et crie : Non !
>
> David Diop, *Défi à la force*

Les jeunes intellectuels africains et antillais de la décolonisation se sont servis de leur plume pour dénoncer le système colonial qui, d'après eux, était un instrument d'oppression, d'exploitation et d'aliénation. Ces révoltes individuelles d'intellectuels minoritaires se sont transformées en révoltes collectives et en luttes politiques.

Chez les intellectuels, le refus du colonialisme a pris différentes expressions. La poésie a été le mode privilégié pour exprimer la revendication d'une identité et pour invoquer les forces de libération. Il n'est pas étonnant, donc, que plusieurs poètes soient devenus les hommes politiques d'avant et d'après les Indépendances. Le foisonnement d'œuvres romanesques à cette même époque atteste l'importance du roman pour décrire la souffrance de toute une race et pour dénoncer la déshumanisation causée par l'esclavage. Mais la dénonciation s'est manifestée de façon plus virulente encore dans des essais polémiques qui ont exercé une influence déterminante et ont eu des répercussions d'ordre politique.

Le cri du poète

Léon Gontran Damas (Guyane, 1912-1978) a été un des leaders du Mouvement de la Négritude. Son premier recueil de poèmes, *Pigments*, a paru en 1937. Par son ton violent et ses thèmes — nostalgie de l'Afrique, colère contre l'esclavage, anticolonialisme, refus de la culture européenne, revendication de la dignité du Noir — cette œuvre poétique a été la première à exprimer la Négritude. Traduits en baoulé[69] et chantés à travers tout le pays, les poèmes de *Pigments* ont été censurés par le gouvernement français. De toute évidence, dès son apparition, la poésie de la nouvelle Négritude se révélait révolutionnaire.

Le poème suivant reflète bien le dégoût de l'assimilé qui réprouve les mœurs et les habits du colonisateur. La révolte qui gronde dans la poésie de Damas montre clairement que le Noir refuse désormais de se laisser dominer.

---

[69] langue importante de la Côte-d'Ivoire

Solde

J'ai l'impression d'être ridicule
dans leurs souliers dans leur smoking[70]
dans leur plastron[71] dans leur faux col
dans leur monocle dans leur melon[72]

J'ai l'impression d'être ridicule
avec mes orteils[73] qui ne sont pas faits pour
transpirer du matin jusqu'au soir qui déshabille
avec l'emmaillotage[74] qui m'affaiblit les membres
et enlève à mon corps sa beauté de cache-sexe[75]

J'ai l'impression d'être ridicule
avec mon cou en cheminée d'usine
avec ces maux de tête qui cessent
chaque fois que je salue quelqu'un

J'ai l'impression d'être ridicule
dans leurs salons dans leurs manières
dans leurs courbettes[76] dans leurs formules[77]
dans leur multiple besoin de singeries[78]
J'ai l'impression d'être ridicule
avec tout ce qu'ils racontent
jusqu'à ce qu'ils vous servent l'après-midi un peu d'eau chaude
et des gâteaux enrhumés[79]

---

[70] costume porté par les hommes lors d'un grand bal ou d'un grand dîner
[71] partie d'un vêtement qui recouvre la poitrine
[72] chapeau de forme ronde et bombée
[73] doigts de pied
[74] vêtements qui le couvrent
[75] petit vêtement couvrant le bas-ventre
[76] action de s'incliner, avec une politesse exagérée
[77] expressions de politesse
[78] grimaces
[79] parfumés au rhum

J'ai l'impression d'être ridicule
avec les théories qu'ils assaisonnent
au goût de leurs besoins de leurs passions
de leurs instincts ouverts la nuit en forme de paillasson[80].
J'ai l'impression d'être ridicule
parmi eux complice[81] parmi eux souteneur[82]
parmi eux égorgeur[83] les mains effroyablement rouges
du sang de leur civilisation.

> Léon Gontran Damas, extrait de *Pigments*, dans
> L. Senghor (poèmes réunis par), *Anthologie de la nouvelle
> poésie nègre et malgache de langue française* (1948)

VOCABULAIRE ET COMPRÉHENSION : *SOLDE*

MAÎTRISONS LE VOCABULAIRE

I. Trouvez les termes péjoratifs employés par le poète pour se décrire. Quel commentaire fait-il à travers ces termes ?

II. Trouvez dans le texte les mots utilisés par le poète pour évoquer :

    a) la tenue anglaise typique
    b) le comportement social européen
    c) le thé anglais

COMPRÉHENSION

III. Répondez aux questions suivantes.

1. Justifiez le titre du poème.
2. Quel est l'effet produit par la répétition du mot « leur » ?
3. Que reproche le poète aux Blancs ?
4. Exprimez plus simplement : « avec les théories qu'ils assaisonnent au goût de leurs besoins de leurs passions ».
5. Résumez le poème en une ou deux phrases.

---

[80] petit tapis servant à s'essuyer les pieds
[81] celui qui aide quelqu'un à commettre une mauvaise action
[82] proxénète, celui qui tire des revenus de la prostitution d'autrui
[83] assassin qui tue ses victimes en leur coupant la gorge

Floraison d'œuvres romanesques

La Négritude a joué un rôle culturel incontestable. Dès ses premières manifestations, elle a entraîné un véritable foisonnement d'œuvres romanesques. Nombreux sont les romans qui dépeignent la société coloniale, font revivre l'ancienne civilisation noire ou évoquent la coexistence parfois conflictuelle entre la tradition et la modernité.

L'Enfant noir, de Laye Camara (Guinée, 1928-1979), est considéré comme un classique de la littérature africaine parce que c'est le premier roman important écrit en français par un Africain. Cette œuvre qui glorifie la vie traditionnelle africaine se veut une **affirmation** des valeurs noires.

Dans ce roman, en grande partie autobiographique, l'auteur parle de son enfance à Kouroussa, de son village de Tindican et de son père forgeron. Ici, le père relate à son fils l'histoire du « serpent familial », doué d'un pouvoir magique et qui est le protecteur de la race.

Le serpent génie de notre race

1.   — Père quel est ce petit serpent qui te fait visite ?
2.   — De quel serpent parles-tu ?
3.   — Eh bien ! du petit serpent noir que ma mère me défend de tuer.
4.   — Ah ! fit-il.
5.   Il me regarda un long moment. Il paraissait hésiter à me répondre. Sans doute pensait-il à mon âge, sans doute se demandait-il s'il n'était pas un peu tôt pour confier ce secret à un enfant de douze ans. Puis subitement, il se décida.
6.   — Ce serpent, dit-il, est le génie de notre race. Comprends-tu ?
7.   — Oui, dis-je, bien que je ne comprisse[84] pas très bien.
8.   — Ce serpent poursuivit-il, est toujours présent : toujours il apparaît à l'un de nous. Dans notre génération, c'est à moi qu'il s'est présenté.
9.   — Oui, dis-je.
10.   Et je l'avais dit avec force, car il me paraissait évident que le serpent n'avait pu se présenter qu'à mon père. N'était-ce pas mon père qui était le chef de la concession ? N'était-ce pas lui qui commandait tous les forgerons de la région ? N'était-il pas le plus habile ? Enfin n'était-il pas mon père ?
11.   — Comment s'est-il présenté ? dis-je.
12.   Il s'est d'abord présenté sous forme de rêve. Plusieurs fois, il m'est apparu et il me disait le jour où il se présenterait réellement à moi, il précisait l'heure et l'endroit. Mais moi, la première fois que je le vis réellement, je pris peur. Je le tenais pour un serpent comme les autres et je dus me contenir pour ne pas le tuer. Quand il s'aperçut que je ne lui faisais aucun accueil, il se détourna et repartit par où il était venu. Et moi, je le regardais s'en aller, et je continuais de me demander si je n'aurais pas dû bonnement[85]

---

[84]   imparfait du subjonctif du verbe *comprendre*
[85]   simplement

le tuer, mais une force plus puissante que ma volonté me retenait et m'empêchait de le poursuivre. Je le regardai disparaître. Et même à ce moment, à ce moment encore, j'aurais pu facilement le rattraper : il eût suffi de quelques enjambées ; mais une sorte de paralysie m'immobilisait. Telle fut ma première rencontre avec le petit serpent noir.

13.   Il se tut un moment, puis reprit :

14.   — La nuit suivante, je revis le serpent en rêve. « Je suis venu comme je t'en avais averti, dit-il, et toi, tu ne m'as fait nul accueil et même je te voyais sur le point de me faire mauvais accueil : je lisais dans tes yeux. Pourquoi me repousses-tu ? Je suis le génie de ta race, et c'est en tant que génie de ta race que je me présente à toi comme au plus digne. Cesse donc de me craindre et prends garde de me repousser, car je t'apporte le succès. » Dès lors, j'accueillis le serpent quand, pour la seconde fois, il se présenta ; je l'accueillis sans crainte, je l'accueillis avec amitié, et lui ne me fit jamais que du bien.

15.   Mon père se tut encore un moment, puis il dit :

16.   — Tu vois bien toi-même que je ne suis pas plus capable qu'un autre, que je n'ai rien de plus que les autres, et même que j'ai moins que les autres puisque je donne tout, puisque je donnerais jusqu'à ma dernière chemise. Pourtant je suis plus connu que les autres, et mon nom est dans toutes les bouches, et c'est moi qui règne sur tous les forgerons des cinq cantons du cercle[86]. S'il en est ainsi, c'est par la grâce seule de ce serpent, génie de notre race. C'est à ce serpent que je dois tout, et c'est lui qui m'avertit de tout. Ainsi je ne m'étonne point, à mon réveil, de voir tel ou tel m'attendant devant l'atelier : je sais que tel ou tel sera là. Je ne m'étonne pas davantage de voir se produire telle ou telle panne de moto ou de vélo, ou tel accident d'horlogerie : d'avance je savais ce qui surviendrait. Tout m'a été dicté au cours de la nuit et, par la même occasion, tout le travail que j'aurais à faire, si bien que, d'emblée[87], sans avoir à y réfléchir, je sais comment je remédierai à ce qu'on me présente ; et c'est cela qui a établi ma renommée d'artisan. Mais dis-le-toi bien, tout cela, je le dois au serpent, je le dois au génie de notre race.

Laye Camara, L'Enfant Noir (1953)

---

[86]   district dans lequel vivaient les indigènes
[87]   tout de suite, d'un coup

VOCABULAIRE ET COMPRÉHENSION : *LE SERPENT GÉNIE DE NOTRE RACE*

MAÎTRISONS LE VOCABULAIRE

I. Que suggère pour vous le mot « génie » ?

II. Trouvez dans le texte une expression équivalente aux mots en caractères gras.

1. Il est **interdit** de dévoiler ce secret aux étrangers.
2. **Soudainement**, il s'est rendu compte qu'il venait de parler avec le génie de la race.
3. J'ai dû **me retenir** pour ne pas crier quand j'ai vu le serpent.
4. Il m'**a prévenu** que le lendemain il y aurait une tempête.
5. Grâce à ce don particulier, il sait ce qui **se passera** à l'avenir.

III. Dites autrement, en respectant leur sens contextuel, les expressions suivantes tirées du texte :

      a) une sorte de paralysie m'immobilisait (par. 12)
      b) je lisais dans tes yeux (par. 14)
      c) mon nom est dans toutes les bouches (par. 16)
      d) c'est moi qui règne sur tous les forgerons des cinq cantons du cercle (par. 16)
      e) c'est cela qui a établi ma renommée d'artisan (par. 16)

COMPRÉHENSION

IV. Répondez aux questions suivantes.

1. Quelle est l'attitude du narrateur envers son père ?
2. Faites le portrait du père d'après le passage.
3. Comment le serpent communique-t-il avec le forgeron ?
4. En tant que génie de la race, le serpent est doué de certains pouvoirs. Desquels ?
5. Qu'est-ce que cet extrait révèle quant aux coutumes et aux pratiques du village ?

La dénonciation du romancier

L'ouvrage de Jacques Roumain (Haïti, 1907-1944) *Gouverneurs de la rosée* est considéré comme un des plus beaux romans antillais. Il s'agit de l'histoire des paysans haïtiens, de leur misère et de l'exploitation du petit peuple par les classes supérieures. L'extrait ci-dessous présente une conversation entre un paysan, Manuel, et sa fiancée, Anna. Deux perceptions contrastantes de la vie ressortent de leur conversation : on peut subir passivement son sort et chercher des solutions auprès des divinités, ou au contraire, on peut prendre son destin en main et faire des efforts pour améliorer son existence, sans pour autant rejeter les pratiques traditionnelles. Le message transmis par l'auteur est clair: il faut réagir contre une situation injuste et intolérable. Ce n'est qu'en se rebellant que l'homme deviendra « le boulanger de la vie ».

Gouverneurs de la rosée

1. — Tu vois la couleur de la plaine, on dirait de la paille dans la bouche d'un four tout flambant. La récolte a péri, il n'y a plus d'espoir. Comment vivrez-vous ? Ce serait un miracle si vous viviez [...]. Et qu'est-ce que vous avez fait contre ? Une seule chose : crier votre misère aux loas[88], offrir des cérémonies pour qu'ils fassent tomber la pluie. Mais tout ça, c'est des bêtises, ça ne compte pas, c'est inutile et c'est un gaspillage.

2. — Alors qu'est-ce qui compte, Manuel ? Et tu n'as pas peur de dérespecter les[89] vieux de Guinée ?

3. — Non, j'ai de la considération pour les coutumes des anciens, mais le sang d'un coq ou d'un cabri[90] ne peut faire virer les saisons, changer la course des nuages et les gonfler d'eau comme des vessies. L'autre nuit, à ce service de Legba, j'ai dansé et j'ai chanté mon plein contentement : je suis nègre, pas vrai ? et j'ai pris mon plaisir en tant que nègre véridique. Quand les tambours battent, ça me répond au creux de l'estomac, je sens une démangeaison[91] dans mes reins et un courant dans mes jambes, il faut que j'entre dans la ronde[92]. Mais c'est tout.

4. — C'est dans le pays de Cuba que tu as pris ces idées-là ?

5. — L'expérience est le bâton des aveugles et j'ai appris que ce qui compte, puisque tu me le demandes, c'est la rébellion, et la connaissance que l'homme est le boulanger de la vie.

6. — Ah, nous autres, c'est la vie qui nous pétrit[93].

7. — Parce que vous êtes une pâte résignée, voilà ce que vous êtes.

8. — Mais qu'est-ce qu'on peut faire, est-ce qu'on n'est pas sans recours et sans remède devant le malheur ? C'est la fatalité, que veux-tu !

---

[88] divinités
[89] manquer de respect aux (régionalisme)
[90] petit de la chèvre
[91] un désir de bouger
[92] danse où plusieurs personnes forment un cercle
[93] façonne ; donne une forme

9.   — Non, <u>tant qu'on n'est pas ébranché de ses bras</u>⁹⁴ et qu'on a le vouloir de lutter contre l'adversité. Que dirais-tu, Anna, si la plaine se peinturait à neuf, si dans la savane⁹⁵, l'herbe de Guinée montait haute comme une rivière <u>en crue</u>⁹⁶ ?

10.   — Je dirais merci pour la consolation.

11.   — Que dirais-tu si le maïs poussait dans la fraîcheur ?

12.   — Je dirais merci pour la bénédiction.

13.   — Est-ce que tu vois les grappes du petit-mil, et les <u>merles pillards</u>⁹⁷ qu'il faut chasser ? Tu vois les épis ?

14.   Elle ferma les yeux :

15.   — Oui, je vois.

16.   — Est-ce que tu vois les bananiers penchés à cause du poids des régimes⁹⁸ ?

17.   — Oui.

18.   — Est-ce que tu vois <u>les vivres</u>⁹⁹ et les fruits mûrs ?

19.   — Oui, oui.

20.   — Tu vois la richesse ?

21.   Elle ouvrit les yeux :

22.   — Tu m'as fait rêver. Je vois la pauvreté.

23.   — C'est pourtant ce qui serait, s'il y avait quoi, Anna ?

24.   — La pluie, mais pas seulement une petite farinade¹⁰⁰ : de grandes, de grosses pluies persistantes.

25.   — Ou bien l'arrosage, n'est-ce pas ?

26.   — Mais la source Fanchon est à sec et la source Lauriers aussi.

27.   — Suppose, Anna, suppose que je découvre l'eau, suppose que je l'amène dans la plaine.

28.   Elle leva sur lui un regard ébloui :

29.   — Tu ferais cela, Manuel ?

30.   Elle s'attachait à chacun de ses traits avec une intensité extraordinaire, comme si, lentement, il lui était révélé, comme si pour la première fois, elle le reconnaissait.

31.   Elle dit d'une voix assourdie par l'émotion :

32.   — Oui, tu le feras. Tu es le nègre qui trouvera l'eau, tu seras le maître des sources, tu marcheras dans ta rosée et au milieu de tes plantes. Je sens ta force et ta vérité.

33.   — Pas moi seulement, Anna. Tous les habitants auront leur part, tous jouiront de la bienfaisance de l'eau.

34.   Elle laissa aller ses bras avec découragement.

35.   — Ay, Manuel, ay, frère, toute la journée ils affilent¹⁰¹ leurs dents avec des menaces ; l'un déteste l'autre, la famille est désaccordée, les amis d'hier sont les ennemis

---

⁹⁴ aussi longtemps qu'on a ses bras
⁹⁵ vaste prairie
⁹⁶ dont les eaux montent
⁹⁷ oiseaux voleurs
⁹⁸ grappes de bananes
⁹⁹ tout ce qui sert à l'alimentation ; la nourriture
¹⁰⁰ mot régional — petite pluie fine comme la farine
¹⁰¹ rendent tranchantes comme des couteaux

d'aujourd'hui et ils ont pris deux cadavres pour drapeaux et il y a du sang sur ces morts et le sang n'est pas encore sec.

36.   — Je sais, Anna, mais écoute-moi bien : ce sera un gros travail de conduire l'eau jusqu'à Fonds-Rouge, il faudra le concours[102] de tout le monde et s'il n'y a pas de réconciliation, ce ne sera pas possible.

Jacques Roumain, Gouverneurs de la rosée (1944)

L'indignation de l'essayiste

Frantz Fanon (Martinique, 1925-1961), psychiatre, sociologue et écrivain, est l'auteur de quatre essais qui constituent une analyse approfondie du colonialisme et des moyens de le combattre à l'échelle individuelle ou collective : *Peau noire, masques blancs* (1952), *Les Damnés de la terre* (1961), *Sociologie d'une révolution* (1968), *Pour la révolution africaine* (1969).

Selon Fanon, des changements radicaux dans les structures sociales et économiques sont indispensables au développement d'une culture nationale : « Se battre pour la culture nationale, c'est d'abord se battre pour la libération de la nation, matrice matérielle à partir de laquelle la culture devient possible » (*Les Damnés de la terre*). Lors de la guerre d'Algérie[103], il a participé activement à la lutte pour la libération comme membre du F.L.N. (Front de Libération nationale, mouvement d'indépendance algérien). Ce militant antillais, qui a prôné la lutte pour la libération, a exercé une influence considérable sur la pensée révolutionnaire des pays africains.

Fanon affirme avec force sa foi en l'apparition d'un humanisme fraternel qui devrait unir tous les hommes. Dans cette lettre adressée à la jeunesse africaine, lettre écrite le 29 mai 1958, Fanon lie le sort de la révolution algérienne à celui de l'ensemble du continent africain et exhorte les jeunes à s'unir et à se révolter pour mettre fin au colonialisme.

Lettre à la jeunesse africaine

1.   Le peuple algérien, depuis quatre ans, mène un combat très dur contre le colonialisme français. Vous n'ignorez pas l'effort colossal que la France a fourni en Algérie pour maintenir sa domination. Et vous savez que le F.L.N. qui dirige notre lutte a toujours opposé une résistance farouche à la guerre de reconquête française. [...]

2.   Les peuples colonisés se sont généralement reconnus dans chacun des mouvements, dans chacune des révolutions mises en branle[104] et menées à terme[105] par les opprimés. Au-delà de la nécessaire solidarité avec les hommes qui, sur toute

---

[102] la collaboration
[103] guerre d'indépendance qui a duré huit ans (1954-1962)
[104] commencées
[105] accomplies

la surface de la terre, se battent pour la démocratie et le respect de leurs droits, s'est imposée, avec une violence inaccoutumée, la ferme décision des peuples colonisés à vouloir pour eux-mêmes et pour leurs frères, la reconnaissance de leur existence nationale, de leur existence en tant que membres d'un État indépendant, libre et souverain.

3.   Depuis plusieurs années l'histoire du monde, l'histoire de la lutte des hommes pour la dignité, pose aux peuples des problèmes définis. Les hommes asservis et opprimés par des nations étrangères sont aujourd'hui invités à participer totalement à l'œuvre de démolition du système colonial. Et il n'est pas exagéré de dire que si les parties du monde où s'est déjà réalisée l'existence nationale marquent le pas[106] sans dépasser[107] leurs contradictions, c'est parce que précisément toute nouvelle marche vers le progrès implique la libération des colonies.

4.   Il faut que les peuples opprimés rejoignent les peuples déjà souverains afin que soit valable l'édification[108] d'un humanisme aux dimensions de l'univers.

5.   Depuis dix ans, le devoir de tout colonisé est précis : sur le sol national, miner l'édifice colonialiste et soutenir de façon positive les luttes des peuples colonisés. [...]

6.   Or, il semble qu'au moins trois points nous soient communs. Et d'abord nos nations respectives sont occupées militairement, exploitées économiquement et silencieuses culturellement depuis que le drapeau tricolore[109] y flotte.

7.   Toute poussée vers une expression de soi-même conforme à son histoire, fidèle à sa tradition et liée à la sève[110] même de son sol se trouve limitée, stoppée, brisée.

8.   Le style du pacte colonial qui régit[111] l'exploitation multidimensionnelle des territoires de « l'Union française », constitue notre deuxième point commun. Ce n'est pas assez de dire que la France occupe notre sol national, mais elle s'y est installée de manière désinvolte[112] et n'a pas craint d'élaborer toute une législation, tout un code à partir de quoi notre essence nationale se trouve niée au profit de l'ordre français.

9.   La volonté d'indépendance qui devait constituer l'unique réponse à cette colonisation est le troisième point commun des peuples dominés par la France. Quand nous nous adressons aux peuples coloniaux et plus spécialement aux peuples africains, c'est à la fois parce que nous avons à nous dépêcher pour construire l'Afrique, pour qu'elle s'exprime et se réalise, pour qu'elle enrichisse le monde des hommes et pour qu'elle puisse être authentiquement enrichie des apports du monde[113]. C'est aussi parce que l'unique moyen de parvenir à ce résultat est de briser les reins au colonialisme, le plus forcené, le plus intraitable, le plus barbare qui soit.

10.   À l'heure actuelle, tous les mouvements de libération des peuples coloniaux, quelles que soient par ailleurs les nations dominatrices, sont liés à l'existence du colonialisme français. [...]

---

[106] ralentissent, s'arrêtent
[107] aller plus loin que, vaincre
[108] la création
[109] drapeau de la France
[110] vie
[111] détermine
[112] sans réfléchir, à la légère
[113] de la contribution du monde, de ce que le monde apporte

11.   Jeunesse des pays coloniaux ! Il faut que vous sachiez que l'avenir de votre existence nationale, la cause de votre liberté et de votre indépendance se trouvent en jeu actuellement en Algérie. [...]

12.   L'heure est venue pour tous les coloniaux de participer activement à l'éreintement des[114] colonialistes français.

13.   Où que vous soyez, il faut que vous sachiez que le moment est arrivé pour nous tous d'unir nos efforts et d'assener le coup de grâce à[115] l'impérialisme français.

14.   Jeunesse africaine ! Jeunesse malgache[116] ! Jeunesse antillaise ! Nous devons, tous ensemble, creuser la tombe où s'enlisera[117] définitivement le colonialisme !

Frantz Fanon, *Pour la révolution africaine* (1964)

---

[114] l'attaque contre les
[115] de détruire, de mettre fin à
[116] de Madagascar
[117] sera enterré

EXPLOITATION DU TEXTE : *LETTRE À LA JEUNESSE AFRICAINE*

MAÎTRISONS LE VOCABULAIRE

Le champ sémantique
Dans ce texte polémique, l'auteur a recours à de nombreuses expressions pour développer ses idées sur le colonialisme et pour présenter son point de vue de façon convaincante. Les mots qui servent à décrire le même phénomène appartiennent au même **champ sémantique.**

I. Trouvez dans le texte cinq expressions anti-colonialistes du genre de : *briser les reins au colonialisme.*

À la recherche du mot juste

II. Complétez les phrases suivantes par des mots ou expressions tirés du texte.

1. En général, ce sont les peuples opprimés qui (*set in motion*) ... les révolutions.
2. Pour (*bring to completion*) ... son projet d'indépendance, l'Algérie a dû s'engager dans une lutte (*fierce*) ... .
3. Les personnes (*enslaved*) ... finissent toujours par se révolter.
4. Les ressources des pays colonisés sont souvent exploitées (*to the advantage of*) ... le colonisateur.
5. Selon Fanon, l'indépendance des peuples africains ainsi que leur avenir sont (*at stake*) ... en Algérie.

Les faux amis
Vous savez déjà que certains mots français ressemblent à des mots anglais mais n'ont pas nécessairement le même sens.

III. Prenez note du sens des mots en caractères gras dans les phrases suivantes. Ensuite, reformulez les phrases en remplaçant ces mots par une expression équivalente.

1. Vous **n'ignorez pas** l'effort colossal que la France a fourni en Algérie. (par. 1)
2. Notre lutte **a** toujours **opposé** une résistance farouche à la guerre de reconquête française. (par. 1)
3. Les parties du monde où **s'est déjà réalisée** l'existence nationale marquent le pas. (par. 3)
4. Le devoir de tout colonisé est précis : sur le sol national, **miner** l'édifice colonialiste. (par. 5)
5. La volonté d'indépendance qui devait constituer **l'unique** réponse à cette colonisation est le troisième point commun. (par. 9)

COMPRÉHENSION DU TEXTE

IV. Répondez aux questions suivantes.

1. Selon Fanon, tout colonisé a une obligation spécifique. Laquelle ?
2. Quels sont, d'après l'auteur, les points communs parmi les nations colonisées par la France ?
3. Que veut dire Fanon par « l'édification d'un humanisme aux dimensions de l'univers ? » (par. 4)

RAPPEL GRAMMATICAL

Le subjonctif

Alors que **le mode indicatif** exprime une réalité, une certitude et transmet les faits de façon neutre et objective, **le mode subjonctif** indique généralement une perception plus *subjective* de la réalité. Le subjonctif est employé surtout pour exprimer un **sentiment**, une **volonté**, un **doute**, un **jugement**, une **possibilité**, une **nécessité**.

Emplois principaux

Le subjonctif s'emploie toujours dans des **propositions subordonnées** qui dépendent d'un verbe principal.

> *Il **faut que** nous **luttions** pour la liberté.*

Verbe principal exprimant :	Expressions ou verbes
le doute, la possibilité	douter, il est douteux, il est possible, il est impossible, il est peu probable, il se peut, il semble, nier...
les sentiments, les émotions	être content, heureux, ravi, triste, désolé, furieux, fâché, étonné... aimer, aimer mieux, préférer, regretter, avoir peur, craindre...
le jugement, l'opinion	il est important, il est bon, il est juste, il est rare, il est temps, il est étonnant, il est dommage, il vaut mieux, il suffit que...
la volonté, le désir	vouloir, désirer, souhaiter, tenir (à ce que), exiger, refuser, défendre, s'opposer (à ce que), s'attendre (à ce que), permettre, demander, avoir envie...
la nécessité, l'obligation	il faut, il est nécessaire, il est essentiel, il est indispensable...

D'autres emplois du subjonctif

• après certaines **conjonctions de subordination :**
    bien que, afin que, pour que, avant que, etc.

> *[...] nous avons à nous dépêcher pour construire l'Afrique, **pour qu**'elle*
> *s'exprime et se réalise, **pour qu**'elle **enrichisse** le monde des hommes*
> *[...].*

• dans une proposition subordonnée dont l'antécédent comprend un **superlatif** ou une expression qui indique que quelqu'un ou quelque chose est **unique (le premier, le dernier, le seul,** etc.), ce qui est encore une façon de donner son opinion.

> *Il est **le seul** qui **puisse** faire un discours si éloquent.*

• dans une **proposition subordonnée relative** dont l'antécédent est **indéterminé**, c'est-à-dire que l'existence du fait exprimé n'est pas certaine (**quelqu'un, personne,** etc.). Le verbe est alors à l'impératif, à l'interrogatif ou au négatif.

> *Connais-tu **quelqu'un** qui **veuille** soutenir la lutte des colonisés ?*

• dans une proposition subordonnée introduite par un *mot indéfini :*

> *Quelque fatigué qu'il **soit**, il n'arrête pas de lutter.*
> **(quelque + adjectif + que + être)**

> *Quelque éloquemment qu'il **présente** son point de vue, il ne convainc pas son adversaire.*
> **(quelque + adverbe + que + verbe)**

> *Quelles que soient les **difficultés**, nous nous battrons pour la démocratie.*
> **(quel(le)(s) que + verbe + substantif)**

> *Qui que tu sois, tu es invité à te joindre à nous.*
> *Quoi que je fasse, je n'arrive pas à te convaincre.*
> *Où que vous alliez, n'oubliez pas mes exhortations.*
> **(qui que / quoi que / où que + sujet + verbe)**

• dans des **propositions indépendantes :**

> i) comme impératif à la troisième personne :
> *Que le peuple algérien* **se batte** *pour son indépendance ! (Il faut que le peuple*
> *algérien* **se batte** *pour son indépendance.)*

> ii) pour exprimer un souhait :
> **Vive** la liberté ! (*Je veux que la liberté* **vive.**)

V. Identifiez le subjonctif et expliquez son emploi dans les phrases suivantes, tirées du texte de Fanon.

1. Il faut que les peuples opprimés rejoignent les peuples déjà souverains afin que soit valable l'édification d'un humanisme aux dimensions de l'univers.
2. L'unique moyen de parvenir à ce résultat est de briser les reins au colonialisme le plus forcené, le plus intraitable, le plus barbare qui soit.
3. Or, il semble qu'au moins trois points nous soient communs.
4. Tous les mouvements de libération des peuples coloniaux, quelles que soient par ailleurs les nations dominatrices, sont liés à l'existence du colonialisme français.
5. Où que vous soyez, il faut que vous sachiez que le moment est arrivé pour nous tous d'unir nos efforts.

VI. Mettez le verbe entre parenthèses au temps et au mode voulus.

1. Les habitants de cette région (surmonter) leurs difficultés pourvu qu'ils (faire) des efforts.
2. Il est injuste que dans certains pays du monde les gens (être) victimes d'oppression sans que nous (s'intéresser) à leur situation.
3. Quel dommage que ces peuples souverains (ne pas vouloir) soutenir la cause des colonisés.
4. Quoiqu'ils (savoir) que ce peuple (entreprendre) une lutte armée contre un colonialisme implacable, ils restent indifférents.
5. La pire chose que vous (pouvoir) faire, c'est de refuser de passer à l'action.
6. Il est peu probable qu'on (réussir) à éliminer les rapports de domination et de soumission.
7. Il y a une chose qui me (tenir) à cœur, c'est que vous (ne pas perdre) de vue l'importance des traditions.
8. Il n'y a aucun doute que Fanon (influencer) le Mouvement de la Négritude par son livre *Peau noire, masques blancs.*
9. Il serait utile que nous (ne pas oublier) les exhortations de Fanon.
10. Je regrette que Frantz Fanon (mourir) si jeune. Il me semble qu'il (connaître) bien la nature humaine. C'est l'écrivain le plus passionné que je (lire) jamais.

VII. En respectant l'esprit du texte, intégrez une expression choisie dans la liste dans chacune des phrases suivantes et faites tous les changements nécessaires.

nous souhaitons	il semble	il est possible	j'espère
je trouve	le seul	il me semble	il se peut
vous doutez	il est temps	il faut	je tiens à

1. Le moment est arrivé d'agir.
2. Dans plusieurs années, vous aurez une meilleure vie.
3. Je suis l'homme qui peut vous aider.
4. Nous marchons vers le progrès.
5. Ils réussiront à obtenir la liberté.

VIII. Imaginez d'autres arguments que Fanon aurait pu avancer pour convaincre les jeunes d'Afrique de s'opposer au colonialisme. Composez ensuite de courtes phrases à l'aide des expressions données.

1. Il est indispensable que...
2. Agissez vite, avant que...
3. Je cherche à vous expliquer la situation de façon que vous...
4. Bien que les colonies françaises...
5. Je tiens à ce que vous...

TECHNIQUES D'ÉCRITURE

L'argumentation : quelques principes de base

• La structure du texte argumentatif

L'introduction : énoncer clairement le sujet

Dans l'**introduction,** on annonce le sujet au lecteur, on définit le problème et on signale le plus souvent la position qu'on veut défendre.

Le développement : convaincre le lecteur

Dans **le développement,** on présente les arguments qui appuient la thèse énoncée dans l'introduction. Pour prévenir une réaction négative de la part du lecteur et démolir ses objections, on peut avoir recours à différents procédés d'argumentation :

• On peut **démontrer le bien-fondé du raisonnement** qui a conduit à la prise de position et montrer que l'opinion présentée découle de l'analyse et de la réflexion.
• On peut **procéder par illustration**, par la présentation de faits, d'exemples et de preuves qui appuient le point de vue que l'on défend.
• **L'appel aux sentiments** est aussi une technique efficace. Parfois on cherche à persuader en utilisant un ton polémique ou agressif. On vise à faire agir.

La conclusion : l'aboutissement du raisonnement

Dans **la conclusion,** on peut faire une synthèse des points principaux de la question traitée sans toutefois répéter mot à mot les arguments présentés.

IX. L'exposé de Fanon est solidement organisé. À l'aide du schéma suivant, dégagez les idées principales annoncées dans l'introduction, les arguments présentés dans le développement et les idées reprises dans la conclusion.

L'introduction

Quel est le problème posé dans le texte à l'étude ? (par. 1)

Le développement

i) Quelle thèse l'auteur développe-t-il, c'est-à-dire quel est le point de vue de l'auteur ? (par. 2-5)
ii) Quels arguments présente-t-il pour soutenir son point de vue ? (par. 6-10)
iii) Par quels procédés l'auteur défend-il sa prise de position ? Donnez-en des exemples.

La conclusion

Quels éléments de la conclusion reprennent la thèse énoncée dans l'introduction et les arguments exposés dans le développement ? (par. 11-14)

• **Des outils essentiels de l'argumentation : Les marqueurs de cause et de conséquence**
Dans un texte argumentatif dont le but est de convaincre, de justifier une opinion ou d'en démontrer la valeur, on se sert d'expressions qui marquent les relations de sens entre les différentes idées, et particulièrement de marqueurs de **cause** et de **conséquence**.

*J'admire Fanon **pour** son respect des valeurs humaines.*
*Le colonialisme est injuste, **donc** il faut se battre pour l'indépendance.*

La liste ci-dessous présente quelques termes courants servant à indiquer la cause ou la conséquence.

L'EXPRESSION DE LA CAUSE

prépositions + nom ou infinitif	conjonctions + indicatif
à cause de (+ nom)	car
à la suite de (+ nom)	comme
en raison de (+ nom)	parce que
étant donné (+ nom)	étant donné que
faute de (+ nom ou infinitif)	vu que
par manque de (+ nom)	
grâce à (élément positif) (+ nom)	
pour (+ nom ou infinitif)	

L'EXPRESSION DE LA CONSÉQUENCE

conjonctions	noms
ainsi	la conséquence
donc	l'effet
en conséquence	le fruit
par conséquent	les répercussions
de sorte que	le résultat

X. Complétez logiquement les phrases suivantes.

1. Étant donné la situation économique du pays...
2. Une partie de la population veut se séparer ; par conséquent...
3. Le chef de ce parti a été élu grâce à...
4. Toute marche vers le progrès est difficile parce que...
5. Je n'ai jamais participé à un mouvement politique par manque de...

ÉCRIVONS

XI. Après avoir fait un plan détaillé, rédigez un texte argumentatif en respectant les principes organisateurs présentés dans cette section.

1. Écrivez une lettre au premier ministre pour le convaincre de changer un aspect de sa politique avec lequel vous n'êtes pas d'accord. Signalez le problème, proposez des solutions, persuadez-le de l'excellence de votre point de vue.

2. Rédigez un texte sur une des questions épineuses suivantes :

      i) le droit de fumer dans les endroits publics
      ii) la nécessité de la censure d'Internet
      iii) l'introduction d'un projet de loi visant à réduire le nombre de voitures sur les routes

3. Proposez des arguments convaincants pour faire changer d'avis un(e) ami(e) qui a décidé de :
      a) abandonner ses études pour prendre un emploi
            ou
      b) se marier trop jeune

Dictionnaire personnel
Quelles nouvelles expressions avez-vous utilisées dans cette rédaction ? N'oubliez pas de les ajouter à votre dictionnaire personnel.

ÉLARGISSONS NOS HORIZONS

Faites des recherches sur des pays qui ont connu un mouvement révolutionnaire, comme, par exemple, Cuba, l'ex-Yougoslavie, les Philippines, et examinez l'impact de ce mouvement sur le peuple.

CHAPITRE 4

L'AFFIRMATION ET LA SAUVEGARDE DE L'IDENTITÉ FRANÇAISE EN AMÉRIQUE

LE FRANÇAIS, LANGUE MINORITAIRE EN COLONIE ANGLAISE

Si dans les colonies africaines et antillaises, le français s'est imposé comme langue dominante, en Amérique du Nord, la situation est très différente. Quand la France a perdu ses territoires sur le continent nord-américain, le français est devenu une langue menacée, la langue d'une minorité ethnique francophone entourée d'une majorité anglophone qui contrôlait l'économie de tout le continent. Ainsi, les Canadiens français et les Franco-Américains, noyés dans une mer anglaise, ont été obligés de lutter pour assurer la survie de leur langue et de leur culture.

La colonisation britannique au Canada

La victoire des Anglais en 1759, sur les Plaines d'Abraham, a assuré la suprématie britannique en Amérique du Nord, marquant ainsi profondément l'histoire du Canada[1]. Cette victoire est un événement historique de grande importance, qui a bouleversé les structures sociales et économiques de la colonie et a fait du peuple canadien-français une minorité.

Par le Traité de Paris (10 février 1763), la France a cédé la Nouvelle France à l'Angleterre. Les Canadiens[2], soumis au nouveau colonisateur qui occupait leur pays, ont perdu leur autonomie et ont vu se rétrécir leur ancien territoire. La victoire des Anglais signifiait aussi que les relations politiques et commerciales des Canadiens français avec la France cessaient. La classe dirigeante, qui vivait du commerce et occupait des postes dans l'administration et dans l'armée, a regagné la France ou s'est vue évincée[3] par les Anglais. Le rétrécissement géographique de la colonie, la mainmise[4] des nouveaux venus sur les richesses du pays et sur ses relations commerciales avec le reste du monde, ont brutalement fermé toutes les avenues économiques aux Canadiens français. Ceux-ci ont alors été condamnés à l'infériorité économique, politique et sociale sur leur territoire.

Les implications du Rapport Durham

Lord Durham, gouverneur général du Canada, envoyé à la colonie par suite des rébellions de 1837-1838, était chargé d'étudier la situation au Canada et de proposer des solutions. Il a rédigé le fameux Rapport Durham en 1839. D'après lui, les problèmes entre les Canadiens français et les Anglais ne résultaient pas d'une lutte de classes, mais d'une lutte entre deux races : l'une supérieure et minoritaire, l'autre inférieure et majoritaire. Puisque, selon lui, la race anglaise était supérieure, **l'assimilation** des Canadiens français était leur seule chance d'accéder à la civilisation. Il le déclare clairement dans son Rapport :

---

[1]   C'est sur les Plaines d'Abraham que les troupes françaises de Montcalm ont été battues par les Anglais, commandés par le général Wolfe.

[2]   terme qui désignait les habitants francophones du Bas-Canada

[3]   éliminée

[4]   prise de possession, domination

Ils sont un peuple sans histoire et sans littérature [...].
C'est pour les tirer de cette infériorité que je désire donner aux
Canadiens notre caractère anglais.

Pour résoudre les problèmes du Bas-Canada, Lord Durham recommanda une solution à court terme : l'union législative du Haut et du Bas-Canada ; et une solution à long terme : l'assimilation des Canadiens français. En proposant la fusion totale du Canada français dans le creuset[5] anglo-saxon, Lord Durham visait à pulvériser la nationalité canadienne-française.

C'est avec le Rapport Durham que la Conquête a pris toute sa signification pour l'avenir des Canadiens français. En effet, le Rapport a renforcé la situation coloniale imposée par les armes en 1759. Devenu une minorité impuissante et écrasée, le peuple canadien-français est néanmoins demeuré fidèle à ses origines.

Un miracle de survie : l'Acadie

D'accoutume une terre appartchent pas à c'ti-là qui la trouve ou ben la défriche le premier. Elle appartchent à c'ti-là qu'est assez fort pour bosculer l'autre ou assez riche pour l'acheter.

(D'habitude, une terre n'appartient pas à celui qui la trouve ou bien qui la défriche le premier. Elle appartient à celui qui est assez fort pour déplacer l'autre ou assez riche pour l'acheter.)

Antonine Maillet, *La Sagouine*

L'expulsion des Acadiens

L'événement le plus dévastateur de l'oppression anglaise en Amérique du Nord est celui du « Grand Dérangement », l'expulsion des francophones du territoire alors appelé l'Acadie (la Nouvelle-Écosse, le Nouveau-Brunswick et l'Île-du-Prince-Edouard).

Les Acadiens ayant refusé de prêter serment de fidélité à l'Angleterre et de devenir sujets britanniques, Lawrence, lieutenant-gouverneur de la Nouvelle-Écosse, entreprit de se débarrasser de cette population française. Trop attachés à leur langue, à leur culture, à la religion catholique et à leur indépendance, les Acadiens ne se laissaient pas facilement « britanniser ». Aussi Lawrence prit-il la décision de les déporter dans les colonies anglaises. Selon lui, les terres des Acadiens ne pouvaient juridiquement leur appartenir parce qu'elles se trouvaient en territoire anglais.

---

[5] lieu où diverses choses se fondent, se mêlent

On estime que le nombre d'Acadiens qui ont été déportés entre 1755 et 1762 se chiffre à 14 000 environ. Nombreux sont ceux qui, condamnés à l'exil, sont morts au cours du voyage ; beaucoup ont cherché asile en France, certains se sont dispersés en Nouvelle-Angleterre et d'autres se sont acheminés vers la Louisiane. Bon nombre de ces expatriés, obligés de se trouver une nouvelle terre, vivaient de l'espoir de retourner chez eux.

Le texte suivant relate l'expulsion des Acadiens. Le 5 septembre 1755, assemblés sur l'ordre du roi, les habitants des villages acadiens apprennent la triste nouvelle : leurs biens seront confisqués et ils seront déportés selon les instructions de Sa Majesté.

La déportation

1.	À trois heures précises, quatre cent dix-huit Acadiens de tout âge étaient réunis dans l'église. Quand les derniers furent entrés, et les portes fermées et gardées, le commandant[6] accompagné de quelques officiers, vint se placer debout, dans le chœur, devant une table sur laquelle il posa ses instructions et l'adresse qu'il avait à lire.

2.	Il promena[7] un instant ses regards sur cette foule de figures hâlées[8] par le soleil, qui le fixaient dans un anxieux silence ; puis il leur lut l'adresse suivante que traduisait à mesure[9] un interprète :

3.	« Messieurs, j'ai reçu de Son Excellence le gouverneur Lawrence les instructions du roi, que j'ai entre les mains. C'est par ses ordres que vous êtes assemblés, pour entendre la résolution finale de Sa Majesté concernant les habitants français de cette sienne province[10] de la Nouvelle-Écosse, où depuis près d'un demi-siècle vous avez été traités avec plus d'indulgence qu'aucuns autres de ses sujets dans aucune partie de ses États. Vous savez mieux que tout autre quel usage vous en avez fait.

4.	« Le devoir que j'ai à remplir, quoique nécessaire, m'est très désagréable et contraire à ma nature et à mon caractère, car je sais qu'il doit vous être pénible[11] étant de même sentiment que moi. Mais il ne m'appartient pas[12] de m'élever contre les ordres que j'ai reçus ; je dois y obéir. Ainsi, sans autre hésitation, je vais vous faire connaître les instructions et les ordres de Sa Majesté, qui sont que vos terres et vos maisons, et votre bétail[13] et vos troupeaux[14] de toutes sortes sont confisqués par la couronne[15], avec tous vos autres effets, excepté votre argent et vos objets de ménage, et que vous-mêmes vous devez être transportés hors de cette province.

5.	« Les ordres péremptoires[16] de Sa Majesté sont que tous les habitants français de ces districts soient déportés ; et, grâce à la bonté de Sa Majesté, j'ai reçu l'ordre de vous accorder la

---

6	John Winslow
7	passa
8	bronzées, brunies
9	en même temps
10	province qui lui appartient
11	difficile, douloureux
12	il ne m'est pas permis
13	vos gros animaux
14	ensemble d'animaux d'élevage
15	le roi d'Angleterre
16	finals

liberté de prendre avec vous votre argent et autant de vos effets que vous pourrez emporter[17] sans surcharger les navires qui doivent vous recevoir. Je ferai tout en mon pouvoir pour que ces effets soient laissés en votre possession et que vous ne soyez pas molestés[18] en les emportant, et aussi que chaque famille soit réunie dans le même navire, afin que cette déportation qui, je le comprends, doit vous occasionner[19] de grands ennuis[20,] vous soit rendue aussi facile que le service de Sa Majesté peut le permettre. J'espère que dans quelque partie du monde où le sort[21] va vous jeter, vous serez des sujets fidèles, et un peuple paisible et heureux.

6.   « Je dois aussi vous informer que c'est le plaisir de Sa Majesté que vous soyez retenus sous la garde et la direction des troupes que j'ai l'honneur de commander. »

7.   Winslow termina son discours en les déclarant tous prisonniers du roi.

8.   Il est plus facile d'imaginer que de peindre l'étonnement et la consternation des Acadiens en écoutant cette sentence. Ils comprirent alors que les vagues soupçons qu'ils avaient refusé d'entretenir[22] étaient trop fondés ; et que cette assemblée n'avait été qu'un infâme piège où ils s'étaient laissé prendre. Cependant ils ne se rendirent pas compte, du premier coup, de toute l'horreur de leur situation : ils se persuadèrent que l'on n'avait pas réellement l'intention de les déporter.

Raymond Casgrain, « Un pèlerinage au pays d'Évangéline »
dans Raymond F. Comeau, Normand J. Lamoureux,
Brigitte Lane, *Ensemble histoire* (1992)

VOCABULAIRE ET COMPRÉHENSION : *LA DÉPORTATION*

MAÎTRISONS LE VOCABULAIRE

I. Trouvez dans le texte les expressions qui décrivent la réaction des Acadiens au discours de John Winslow.

II. Relevez tous les termes qui ont trait aux possessions des Acadiens.

---

[17]   prendre avec vous
[18]   maltraités
[19]   causer
[20]   chagrins
[21]   destin
[22]   les soupçons auxquels ils avaient refusé de penser

Le discours implicite

III. Parfois l'auteur transmet des idées sans les exprimer de façon explicite. Que pouvez-vous déduire des ces déclarations ?

> a) cette foule de figures hâlées par le soleil (par. 2)
> b) il leur lut l'adresse suivante que traduisait à mesure un interprète (par. 2)
> c) Je ferai tout en mon pouvoir pour que ces effets soient laissés en votre possession. (par. 5)

COMPRÉHENSION

IV. Répondez aux questions ci-dessous.

1. Quelle était l'atmosphère dans l'église ?
2. Quel était le but de l'assemblée ?
3. Comment Winslow a-t-il justifié son rôle dans la déportation ?
4. Quels étaient les ordres du roi en ce qui concernait les Acadiens ?
5. Commentez les dernières remarques du commandant.

Le retour des Acadiens

Malgré tous les obstacles auxquels ils ont dû faire face, un grand nombre d'Acadiens sont revenus dans leur pays. Aujourd'hui, les Acadiens qui habitent dans les provinces maritimes canadiennes forment une communauté francophone en plein épanouissement.

Antonine Maillet (Nouveau-Brunswick, 1929-), l'écrivaine acadienne la plus célèbre, est considérée comme le porte-parole des Acadiens d'hier et d'aujourd'hui. Son œuvre théâtrale et romanesque se nourrit de l'histoire et des traditions populaires acadiennes ; en fait, elle est la mémoire de l'Acadie. Sa pièce *La Sagouine*, composée de seize monologues « pour femme seule », demeure l'œuvre la mieux connue d'Antonine Maillet. Son roman, *Pélagie-la-Charrette*, qui a remporté le prix Goncourt[23] en France (1979), est le récit épique du retour au pays natal des Acadiens expulsés.

---

[23] le plus prestigieux des prix littéraires français.

Pélagie-la-Charrette

Le récit commence par l'aventure individuelle de Pélagie LeBlanc, qui a été déportée de son pays lors du « Grand Dérangement[24] » et qui entreprend de ramener sa famille en Acadie. Après un exil de quinze ans, Pélagie quitte la Géorgie (États-Unis) en charrette avec ses enfants et tous ses biens et affronte toutes sortes d'obstacles et de calamités. En cours de route, d'autres familles acadiennes, qui avaient été déportées, se joignent à elle et après dix ans de voyage ce petit groupe devient un peuple. Pélagie est son chef ; c'est elle qui le conduit à la Terre Promise.

1. — Pas moi ! qu'avait crié Pélagie en voyant <u>tomber</u> les déportés <u>comme des mouches</u>[25] tout le long des côtes géorgiennes. Je[26] planterai aucun des miens en terre étrangère.

2. Et à partir de ce jour-là, son premier jour de terre ferme après des mois et des mois aux creux des lames[27] de trente pieds qui depuis les rives d'Acadie avaient déjà avalé la moitié de ses gens, Pélagie avait juré aux aïeux[28] de ramener au moins un berceau au pays. Mais ses enfants avaient poussé trop vite, même la petite Madeleine née en pleine goélette[29] anglaise ; et quand enfin Pélagie put appareiller[30], son dernier-né avait quinze ans. <u>Et pour tout bâtiment, Pélagie gréa une charrette</u>[31].

3. Une charrette et trois paires de bœufs <u>de halage</u>[32] qui lui avaient coûté quinze ans de champs de coton, sous le poids du jour[33] et sous la botte d'un planteur brutal qui fouettait avec le même mépris ses esclaves nègres et les pauvres blancs. [...]

4. L'exil, c'est un dur moment à passer pour l'Histoire. Hormis[34] qu'elle en sorte.

5. Pélagie avait entendu dire que tout le long de la côte, en Caroline, dans la Marilande, et plus au nord, des Acadiens sortis des goélettes du gouverneur Lawrence, comme elle, et garrochés[35] au hasard des anses[36] et des baies, transplantaient petit à petit leurs racines flottantes en terre étrange.

6. — Lâcheux[37] ! qu'elle n'avait pu s'empêcher de leur crier par-delà sa frontière de Géorgie.

7. Car les racines, c'est aussi les morts. Or Pélagie avait laissé derrière, semés entre la Grand' Prée et les colonies du Sud, un père et une mère, un homme et un enfant qui l'appelaient chaque nuit depuis quinze ans : « Viens-t'en ! ... »

8. Viens-t'en ! ...

---

[24] déportation des Acadiens en 1755
[25] mourir en grand nombre
[26] le *ne* est fréquemment omis dans la langue populaire
[27] vagues
[28] ancêtres
[29] petit navire, schooner
[30] partir
[31] Au lieu d'un navire, elle équipa une charrette.
[32] pour tirer la charrette
[33] soleil
[34] à moins
[35] lancés (mot acadien)
[36] petites baies peu profondes
[37] ceux qui renoncent, qui abandonnent (mot acadien)

9.   ... Quinze ans depuis le matin du Grand Dérangement. Elle était une jeune femme à l'époque, vingt ans, pas un an de plus, et déjà cinq rejetons[38] dans les jupes... quatre, à vrai dire, le cinquième étant en route. Ce matin-là, le destin l'avait surprise aux champs où son aîné, que Dieu ait son âme[39]!, l'avait rattrapée à coups de[40] viens-t'en ! viens-t'en ! Le cri lui avait collé au tympan[41]. Viens-t'en ! ... et elle a vu les flammes monter dans le ciel. L'église brûlait, Grand-Pré brûlait, la vie qu'elle avait laissée jusque-là couler dans ses veines fit un seul bouillon sous sa peau et Pélagie crut qu'elle allait éclater. Elle courait en se tenant le ventre, enjambant les sillons[42], les yeux sur sa Grand' Prée qui avait été la fleur de la Baie française. On empilait déjà les familles dans les goélettes, jetant pêle-mêle[43] les LeBlanc avec les Hébert avec les Babineau. Des marmots issus de[44] Cormier cherchaient leur mère dans la cale[45] des Bourg qui huchaient[46] aux Poirier d'en prendre soin. D'une goélette à l'autre, les Richard, les Gaudet, les Chiasson tendaient les bras vers les morceaux de leurs familles sur le pont des autres et se criaient des « prends garde à toi ! » que la houle[47] emportait en haute mer.

10.   ... Ainsi un peuple partit en exil. [...]

Quand elle arrive enfin à destination, elle découvre ses terres ravagées ou occupées par les Anglais, les nouveaux maîtres des lieux.

11.   Grand-Pré était désert, brûlé et désert, depuis le jour fatal de septembre 1755. Par superstition, ou par crainte de Dieu, on n'avait pas osé s'y installer, personne. On avait laissé là, abandonné aux goélands[48] et aux herbes sauvages, ce bourg jadis[49] prospère et animé de la rive française. [...]

12.   Puis levant la tête et le poing au ciel, elle hucha aux générations à venir :

13.   — Vous y reviendrez en pèlerinage pour y fleurir les tombes de vos aïeux. Je le dis à tous [...] qui sont aveindus[50] d'exil dans des charrettes à bœufs. Je le dis à tous les enfants du pays. Touchez point à la Grand' Prée, mais gardez-en mémoire au fond des cœurs et des reins.

---

[38]   enfants
[39]   l'enfant est mort
[40]   l'avait appelée en disant
[41]   aux oreilles
[42]   champs
[43]   n'importe comment, ensemble
[44]   des enfants des
[45]   l'intérieur du navire
[46]   criaient (mot acadien)
[47]   le mouvement des vagues
[48]   oiseaux de mer
[49]   autrefois
[50]   revenus (mot acadien)

Peu après son arrivée, elle meurt et on l'enterre dans les restes de sa charrette. Cette femme héroïque, qui, en dépit d'obstacles insurmontables, a pu accomplir la mission de ramener à sa terre natale une partie de son peuple dispersé, symbolise le miracle de la survivance des Acadiens.

14.   Elle avait juré à ses aïeux de ramener les siens au pays. Elle avait tenu parole. Et davantage. Elle avait ramené au pays les racines d'un peuple. Sa charrette en lambeaux[51] avait bien mérité le repos. Elle n'aurait pas le cœur de la réchapper[52] de la bourbe[53] une seconde fois.

15.   ... Sa charrette qui fut son logis, son témoin, son frère de combat. Sa charrette qui avait épuisé six bœufs, qui avait franchi un continent, qui avait abrité[54] sa famille, qui avait rescapé[55] un peuple. Sa charrette qui serait son tombeau.

Antonine Maillet, *Pélagie-la-Charrette* (1979)

VOCABULAIRE ET COMPRÉHENSION : *PÉLAGIE-LA-CHARRETTE*

MAÎTRISONS LE VOCABULAIRE

I. Dites autrement les expressions en caractères gras.

1. **Je planterai aucun des miens** en terre étrangère. (par. 1)
2. Pélagie avait juré aux aïeux **de ramener au moins un berceau au pays.** (par. 2)
3. Une charrette et trois paires de bœufs de halage **qui lui avaient coûté quinze ans de champs de coton.** (par. 3)
4. Des Acadiens sortis des goélettes du gouverneur Lawrence [...] **transplantaient petit à petit leurs racines flottantes** en terre étrange. (par. 5)
5. Ce matin-là, le destin l'avait surprise aux champs où **son aîné, que Dieu ait son âme !**, l'avait rattrapée à coups de viens-t'en ! (par. 9)

---

51   morceaux
52   tirer
53   boue
54   protégé, logé
55   sauvé

COMPRÉHENSION

II. Complétez les phrases ci-dessous de manière à démontrer que vous avez bien saisi le sens du texte.

1. Pélagie-la-Charrette avait voulu ramener ses enfants en Acadie avant qu'ils ne soient trop grands mais...
2. Pélagie appelle « lâcheux » ceux qui...
3. Le jour du Grand Dérangement a été un jour de dévastation pour plusieurs raisons...
4. Même après quinze ans, Grand-Pré était toujours désert parce que...
5. Dans le récit, la narratrice attribue à la charrette des qualités qui sont normalement réservées aux êtres humains, par exemple...

LA LITTÉRATURE, VÉHICULE DE L'AFFIRMATION DE SOI EN MILIEU MINORITAIRE

> **Le temps est déjà loin où l'on pouvait croire la littérature un jeu inoffensif. [...]**
> **Chez nous, écrire c'est vivre, se défendre et se prolonger.**
> Lionel Groulx, *Dix ans d'Action française*

L'émergence d'une littérature signale une prise de conscience individuelle aussi bien que collective. Une littérature permet à un groupe minoritaire de s'affirmer et d'annoncer son existence au monde. Dans les milieux où le français est une langue menacée, la littérature est un instrument de survivance, car c'est en écrivant qu'on arrive à vivre, ou à survivre.

L'Ontario français

Dans la deuxième moitié du XXᵉ siècle, les communautés francophones du Canada ont connu un véritable surgissement littéraire. Dans la province de l'Ontario, l'écrasante majorité anglaise donnait peu de chance au français de survivre, d'autant plus qu'au XIXᵉ siècle des lois avaient été promulguées pour supprimer les écoles françaises. Mais en dépit de ces obstacles majeurs, la population franco-ontarienne a pu s'affirmer et croître, atteignant aujourd'hui quelque cinq cent mille personnes. En 1986, la Loi 8 a finalement accordé aux Franco-Ontariens le droit aux services en français. Avec l'épanouissement de la communauté francophone, une littérature spécifiquement franco-ontarienne s'est développée, littérature qui reflète la détermination d'une communauté de préserver sa langue et sa culture.

Auteur franco-ontarien réputé, Daniel Poliquin est connu comme romancier, poète et nouvelliste. Il a été le premier lauréat du Prix du Salon du Livre de Toronto, qui couronne l'œuvre d'un écrivain ontarien de langue française.

« Pourquoi les écureuils d'Ottawa sont noirs » est une nouvelle allégorique tirée du recueil *Le Canon des Gobelins*. Dans cette fable, où les personnages principaux sont des animaux, l'auteur aborde la question épineuse de l'assimilation des francophones à la culture anglaise. Faisant preuve d'une grande sensibilité ainsi que de beaucoup d'humour, Poliquin nous livre une charmante nouvelle qui fait réfléchir tout en divertissant.

Pourquoi les écureuils d'Ottawa sont noirs

1. Wilfrid, troisième archonte de la colonie rate d'Ottawa, avait lancé le mot d'ordre : « Convocation générale. Tous les rats noirs d'Ottawa sont priés d'assister à l'assemblée extraordinaire qui aura lieu au parc Strathcona ce mardi 22 novembre à 23 h. Qu'on se le dise ! » Consigne formelle[56]. Les absents auraient tort.

2. À l'heure convenue, ils y étaient tous, sauf les parvenus de la Colline qui, comme d'habitude, évitent ce genre de rassemblement populaire par crainte d'attirer l'attention. Wilfrid ne comptait pas sur eux de toute façon. Il les connaissait trop bien.

3. Tapis[57] dans l'herbe le long de la falaise, près de l'ambassade de Russie, ils étaient dix mille à attendre l'archonte. À onze heures précises, du haut de son perchoir, Wilfrid déclara d'une voix feutrée[58] :

4. « Rats, il faut agir. Sans quoi il ne restera plus un seul rat noir dans Ottawa d'ici cinq ans. Les statistiques sont éloquentes : le mois dernier, trente-trois des nôtres ont été piégés le long de l'avenue Besserer, à deux pas d'ici. Parmi eux, des pères de famille et de jeunes puceaux[59]. Qui plus est, l'effectif des chats ne fait qu'augmenter ; plus ils sont nombreux, plus ils nous pourchassent avec une férocité sadique. Hier, huit rats sont tombés entre leurs pattes. Quatre ont été retrouvés le corps déchiqueté et souillé[60], on est sans nouvelles des autres. Neuf cents ont connu le même sort depuis juin. Comme l'a dit l'un de nos grands poètes, on assiste à un véritable holocauste à petit feu[61].

5. « Je ne vous apprends rien. Nos femmes ont peur, elles craignent de faire d'autres petits, d'où notre taux de dénatalité inquiétant[62]. Les vieillards meurent plus jeunes et nos propres enfants se suicident de désespoir. Plusieurs familles ont déjà quitté la ville.

6. « Hélas, la trahison[63] est venue s'ajouter à la défection. Deux rats de la rue Charlotte ont dénoncé[64] leurs frères pour avoir la vie sauve : à cause d'eux, seize camarades ont perdu la vie, étranglés par un chien bâtard. Nous n'avons plus d'alliés. Les ratons laveurs nous attaquent ouvertement, les rats musqués font comme s'ils ne nous connaissaient pas. Enfin, je vous rappelle qu'on ne peut espérer le moindre secours de la mère patrie. Mère patrie, que dis-je ? La marâtre patrie n'a plus une pensée pour ses fidèles colonies depuis longtemps. Aussitôt

---

[56] ordre formel
[57] cachés
[58] à voix basse
[59] célibataires, pas encore mariés
[60] déchiré et sali
[61] graduel
[62] diminution inquiétante des naissances
[63] action de trahir, infidélité
[64] trahi, vendu

débarrassée de sa surpopulation, elle s'est empressée d'oublier les courageux pionniers qui avaient accepté l'exil... »

7.   On l'écoutait dans le respect le plus absolu. Les rats noirs admiraient leur chef, tous connaissaient son audace et son intelligence. Sa voix rassurait.

8.   « Je ne vous ai jamais menti. Je suis né ici comme vous tous. J'ai retenu comme vous l'exemple de nos ancêtres qui sont venus s'établir ici en quête d'une vie meilleure. Au début, on ne disait rien à notre sujet. Toute ma famille a vécu en paix jusqu'à il y a quatre ans. Il y avait de quoi manger pour tous alors que la famine <u>sévit</u> toujours <u>dans</u>[65] la mère patrie, et chacun avait son coin pour dormir. Jamais nous ne nous étions autant reproduits. Selon le dernier recensement, la colonie rate d'Ottawa était la quatrième de l'Ouest.

9.   « Vous connaissez la suite. On s'est mis à dire que nous prenions trop de place, que nous salissions les lieux publics, que nos demandes légitimes agaçaient les autres colonies animales. Un à un, nos droits les plus élémentaires nous ont été retirés sous les prétextes les plus ridicules. Le plus beau, nous nous sommes laissé faire. Nous avons un peu protesté, mais c'était pour la forme. Et comme les premières mesures <u>de dératisation</u>[66] visaient surtout ceux des quartiers pauvres, vous vous êtes dit, dans votre optimisme peureux : "Ça, c'est pour les autres. Moi, j'ai de quoi vivre, on ne me touchera pas !" Nous avons tous pensé cela, moi le premier, je ne m'en cache pas. Belle solidarité !

10.   « À notre tour maintenant de voir nos familles chassées, nos frères et nos sœurs disparaître du jour au lendemain sans explication. À notre tour d'avoir faim, de craindre le jour comme la nuit. Certains ne se saluent même plus dans la rue, de peur d'être remarqués... »

11.   Tous baissaient la tête car il disait vrai. Mais ils avaient plus peur qu'au début parce que Wilfrid parlait d'une voix maintenant forte. Il allait <u>ameuter le voisinage</u>[67]. Intuitivement, Wilfrid comprit leur frayeur et reprit son ton voilé.

12.   « Rappelez-vous : l'an dernier, je vous ai convoqués pour discuter de la misère dans laquelle se trouvaient nos compagnons aujourd'hui disparus des bas quartiers. Nous n'étions qu'<u>une poignée</u>[68] à la réunion. Ce soir, vous êtes des milliers. Pauvres rats qui ignorez le langage de l'amitié et n'obéissez qu'à la peur ! »

13.   Wilfrid cessa de parler un instant. Le silence était total, son auditoire paralysé par la honte et la peur du lendemain. Pour la première fois dans son mandat d'archonte, Wilfrid ressentit sa puissance. Son peuple l'écoutait enfin, sublime instant !

14.   « Mais il est encore temps d'agir. Les humains ont peur de notre apparence et nous combattent encore avec des pièges. Les chiens et les chats n'approchent toujours pas de nos quartiers. Mais le jour viendra où nos ennemis s'enhardiront[69] et nous traqueront dans nos sanctuaires les plus secrets. Alors il sera trop tard. D'ici là, trois choix s'offrent à nous.

15.   « Un, partir. Aller plus à l'ouest ou encore retourner d'où nous venons, dans la mère patrie. Deux, ne rien faire et nous laisser exterminer. Trois, rester ici et nous intégrer. »

16.   La colonie rate s'agita quelque peu. On comprenait bien les deux premières propositions, mais on craignait d'avoir saisi la troisième. Les plus âgés demandèrent des précisions. L'orateur, en signe de contentement, se roula les moustaches. Il reprit.

---

[65]   ravage
[66]   d'élimination des rats
[67]   éveiller l'attention ou l'hostilité du voisinage
[68]   un petit nombre
[69]   deviendront plus courageux

17.   « Oui, j'ai bien dit : rester ici et faire corps avec le paysage. Devenir autochtones[70]. »

18.   Les murmures dans la foule s'intensifièrent <u>au mépris des consignes</u>[71] sévères de sécurité. À tel point que <u>le service d'ordre s'impatienta</u>[72]. « Il se moque de nous, disait-on. Il nous demande l'impossible. Rats noirs nous sommes, rats noirs nous serons ! Pas question de renoncer à notre identité ! » Les lamentations succédèrent aux grognements[73]. « Que faire ? Notre chef <u>a perdu le nord</u>[74]. Il veut que nous abandonnions ce que nous avons de plus cher : notre culture rate ! » Six rats furieux quittèrent la réunion. Un grand chut ! ramena le silence. On avait reniflé[75] un chat. Heureusement, il était seul et encore loin. Wilfrid, qui avait profité du répit pour laisser l'idée faire son chemin, reprit la parole.

19.   « Laissez-moi vous expliquer mon plan. Vous savez tous qu'il y a beaucoup d'écureuils à Ottawa, ville d'arbres et de jardins publics. Vous connaissez aussi l'attitude des gens à leur égard : tout miel, tout attendris. J'ai parlé à certains de leurs chefs, les écureuils gris du parc où nous sommes. Ils disent n'avoir jamais connu la faim et que les gens les nourrissent avec plaisir. À nous, rats, on jette des cailloux. Vous me suivez ? »

20.   Le silence était revenu. Autre sublime instant.

21.   « L'écureuil gris de la ville a à peu près la taille du rat. Juste un peu plus robuste que l'écureuil roux des bois. Pour un profane[76], et les hommes sont tous profanes, nos têtes se ressemblent, les pattes aussi. Avec une queue factice[77], on nous prendrait aisément pour des écureuils <u>vaquant</u> paisiblement <u>à leurs occupations</u>[78]. Déployez votre nouvelle queue, prenez la pose de l'écureuil qui s'emplit les joues pour l'hiver, et les enfants vous jetteront des arachides avec le sourire ! »

22.   Wilfrid respira profondément. De l'estrade, il entendait maintenant des murmures de joie, des rats qui riaient à la perspective de changer de peau. On commençait à le comprendre.

23.   « Moi, je vous dis que c'est possible. Possible mais difficile. Il faudra apprendre à grimper[79] aux arbres avec agilité ; certains d'entre vous, les plus jeunes, savent déjà comment. Ils montreront aux autres. À force d'observation et d'entraînement, nous y parviendrons tous. <u>Moyennant rétribution</u>[80], des écureuils gris nous fourniront l'aide technique qui nous manquera. Mais il faudra apprendre vite car les chats resteront toujours nos ennemis. »

24.   Le murmure était général. Contrairement à l'habitude ancestrale, les rats ne se cachaient plus pour poser des questions.

25.   — Que fais-tu des écureuils ? Tu crois qu'ils accepteront tous cela ?

26.   — Je m'occupe d'eux. Je leur ai promis qu'en échange nous leur montrerions à éviter les chats et les chiens plus efficacement. Aussi, nous leur apprendrons à creuser des trous et à cacher des réserves. Et n'oubliez pas le plus important : les écureuils gris se reproduisent trop

---

[70] aborigènes, originaires du pays où ils vivent
[71] sans tenir compte des ordres
[72] les responsables du bon ordre de la réunion perdirent patience
[73] bruits qui expriment le mécontentement
[74] est désorienté, a perdu la tête
[75] senti
[76] non-spécialiste
[77] artificielle
[78] s'occupant de leurs affaires
[79] monter
[80] en échange de paiement

lentement, c'est mauvais signe. Ils ne se sont pas tout à fait remis de la dernière épidémie. En s'alliant d'une manière aussi définitive aux rats noirs, ils assurent leur survie en tant qu'ethnie. D'où[81] leur collaboration enthousiaste.

27.   Des rires lui répondirent.

28.   — Et les rats gris, ceux des Plaines et d'ailleurs, est-ce qu'ils vont se changer en écureuils, eux aussi ? Ottawa sera la ville la mieux pourvue en écureuils...

29.   Calme, malgré les lazzis[82], Wilfrid répondit :

30.   — Les rats gris sont des êtres inutiles. Ce sont des rats et ils le resteront. Tout juste bons à faire du gibier de chaton[83]. Remarquez que je regrette de perdre ainsi nos valets[84] ancestraux. (Rires.) Nous nous y ferons[85]. Et à ceux qui craignent pour la race, je promets que nous conclurons avec les écureuils gris un accord excluant toute participation des autres races rates.

31.   Il y eut quelques applaudissements timides. La confiance reprenait. On n'avait pas vu les rats noirs d'Ottawa aussi gais depuis un bon bout de temps. Les rates commencèrent à déployer quelques provisions pour une petite fête improvisée. Discrètement.

32.   « Croyez-moi, nous saurons corriger notre apparence. C'est l'affaire de deux ou trois générations. Apprenez d'abord à soigner votre pelage[86] : il devra paraître plus soyeux, plus épais. L'habitude du grand air et le changement de régime alimentaire arrangeront tout ça.

33.   « Pour la queue, ce sera plus long et plus difficile. Au début, des poils postiches[87] suffiront : prenez garde d'éveiller les soupçons en arborant[88] des queues trop touffues[89]. Des médecins m'assurent qu'une mutation radicale de notre mode de vie entraînera une métamorphose rapide. Même notre odeur caractéristique disparaîtra.

34.   « Pour les plus jeunes, tout ira plus vite. Les mariages avec les écureuilles grises accéléreront la mutation. Les enfants des futures unions mixtes auront la queue naturellement touffue et le museau plus long. Seule la couleur de la peau restera à jamais.

35.   « Pour la langue, même chose. L'écureuil est facile, il suffira de s'appliquer. Certains d'entre nous le parlent déjà sans accent. D'ici vingt ans, nous aurons oublié tout le rat que nous savons. Un linguiste m'affirme qu'il n'en subsistera que certains idiotismes et une pointe d'accent rat. Presque rien. Avec le pelage, la queue, la langue, l'alimentation, nous saurons penser, parler et agir écureuil. Vous verrez : dans quelque temps, même les rats noirs de la mère patrie et les écureuils gris d'Ottawa auront oublié qui nous étions ! »

36.   Wilfrid sentait que son idée gagnait vite du terrain. Il restait cependant des mécontents. Un vieillard l'apostropha[90] :

37.   « Tu nous trahis ! Cette alliance contre nature est une hérésie indigne de ton rang. Tu veux dire que nous perdrions tout ce que nous sommes : notre langue, notre culture, notre race, notre âme ? Tes paroles sont des paroles de mort ! »

---

[81]   Ce qui explique
[82]   moqueries
[83]   nourrir les chats
[84]   serviteurs
[85]   Nous nous y habituerons.
[86]   fourrure
[87]   faux
[88]   portant fièrement
[89]   épaisses
[90]   lui adressa brusquement la parole

38.　　Wilfrid ne se démonta pas[91].

39.　　« Nous n'avons pas le choix. Mourir rat ou vivre écureuil. Voir notre tribu, nos enfants, s'éteindre[92] sans lendemain. Ou alors, <u>prendre les devants</u>[93] : se réincarner tout de suite, se réinventer en une nouvelle race, pour assurer à chacun, ainsi qu'il le mérite, le salut individuel. Moi, Wilfrid, votre archonte, j'ai décidé de vivre et je vous invite à me suivre dans cette voie nouvelle ! »

40.　　Une humeur joyeuse secouait la foule. Leur chef avait eu une idée lumineuse. Vivre écureuil... Au fond, sans se l'avouer, même les plus purs d'entre eux avaient toujours rêvé d'être autre chose que des rats. L'occasion de muer[94] était toute trouvée. Wilfrid avait du génie : ses descendants régneraient sûrement sur les générations futures d'écureuils noirs d'Ottawa.

41.　　On déballa toutes les provisions. On sortit de l'eau-de-vie. C'était peut-être leur dernier banquet de rats, alors <u>autant fêter</u>[95]. Quelques vieillards déjà ivres essayaient de monter aux arbres, aidés des enfants qui riaient. Des femmes, dans leur coin habituel, mettaient bout à bout des morceaux de pelage synthétique pour faire des queues de mâles et essayaient la coiffure écureuille à la mode, celle avec les oreilles écartées.

42.　　Assis sur un petit tas de pierres à côté de l'estrade, Wilfrid, premier rat-écureuil de la colonie d'Ottawa, recevait, triomphant, les cadeaux des grandes familles rates en témoignage d'allégeance. On ne s'occupa guère des rats qui étaient partis, mécontents, la tête haute. Quelques familles de plus ou de moins, *who cares* ?

43.　　Depuis ce temps, on trouve des écureuils noirs à Ottawa. Par contre, on y voit encore des rats <u>couleur charbon</u>[96]. La race a résisté à l'adversité malgré tout, mais on ignore comment elle a fait.

Daniel Poliquin, *Le Canon des Gobelins* (1995)

EXPLOITATION DU TEXTE : POURQUOI LES ÉCUREUILS D'OTTAWA SONT NOIRS

TECHNIQUES DE LECTURE

Anticipation / formulation d'hypothèses

Lire un texte consiste à faire un voyage à la recherche du sens. Pour arriver à destination, on cherche des signaux et souvent, on procède par tâtonnements et essais-erreurs. La lecture est un processus dans

---

[91]　ne se laissa pas déconcerter, troubler
[92]　disparaître
[93]　agir avant
[94]　changer
[95]　pourquoi ne pas fêter
[96]　noirs

lequel le lecteur anticipe constamment ou formule des hypothèses quant au sens du texte, hypothèses qu'il vérifie par la suite. Grâce à des **stratégies d'anticipation**, on peut prévoir le déroulement du récit, prévisions qu'on confirme ou rejette au fur et à mesure qu'on avance dans le texte. En élaborant des hypothèses, on fait une lecture plus active et on aboutit à une meilleure compréhension du texte.

Le titre comme outil d'anticipation

Fréquemment le titre d'un texte fournit des indices relatifs au contenu. Il permet souvent au lecteur de décider si le texte l'intéresse et s'il veut en savoir davantage.

I. En considérant le titre « Pourquoi les écureuils d'Ottawa sont noirs », réfléchissez à ces questions :

i) Est-ce que le titre éveille votre intérêt ? Avez-vous envie de lire le récit ?
ii) Selon vous, quel sera le but du texte (informer, divertir, instruire...) ?
iii) Y a-t-il des mots que vous vous attendez à trouver dans ce texte ? Dressez une liste d'une dizaine de ces mots.

Le contexte comme moyen de prédiction

Dans la lecture d'un récit, on peut s'interrompre chaque fois que plusieurs suites sont possibles pour essayer d'anticiper ce qui va se passer. On fait des prédictions à partir du contexte et puis, on continue sa lecture pour vérifier ses hypothèses.

Les mots de transition comme moyen de prédiction

Les mots de transition, ou « connecteurs », qui relient les phrases et les paragraphes, sont de véritables poteaux indicateurs jalonnant le déroulement du texte. Ils préparent le lecteur à mieux comprendre les informations qui suivent et facilitent donc l'anticipation. En prenant note de ces mots de liaison, on peut saisir plus facilement la direction générale vers laquelle vont s'acheminer les pensées de l'auteur. Par exemple, l'emploi de **mais** ou **cependant** annonce une réserve ou une opposition ; après le mot **ainsi**, le lecteur s'attend à une illustration ou à une précision.

L'inférence et les renseignements implicites

Parfois le message du texte est explicite ; parfois il incombe au lecteur d'inférer l'interprétation de ce texte. Il ne s'agit pas d'émettre une hypothèse au hasard, mais de faire des suppositions éclairées en se basant sur ses connaissances générales ainsi que sur les données présentées par l'auteur.

II. Derrière l'histoire des rats noirs se cache une tout autre réalité. Les réponses aux questions suivantes ne se trouvent pas dans la nouvelle. Pour y trouver les réponses, il est nécessaire de « lire entre les lignes », de faire des inférences intelligentes et de comprendre les informations implicites.

1. Quelle attitude est révélée par les mots en caractères gras ?
a) Ils y étaient tous, sauf **les parvenus de la Colline**. (par. 2)
b) On ne peut espérer le moindre secours de la mère patrie. Mère patrie dis-je ? **La marâtre patrie** n'a plus une pensée pour ses fidèles colonies depuis longtemps. (par. 6)
c) Les rats gris sont des êtres inutiles. **Ce sont des rats et ils le resteront**. (par. 30)

2. Que pouvez-vous inférer du caractère de Wilfrid ? (Tenez compte des paroles qu'il prononce, des idées qu'il présente, de son comportement, des réactions des autres, etc.)

MAÎTRISONS LE VOCABULAIRE

Les mots en contexte

III. Inférez le sens des mots en caractères gras d'après le contexte. Vérifiez vos hypothèses à l'aide du dictionnaire.

1. Wilfrid, troisième **archonte** de la colonie rate d'Ottawa, avait lancé le mot d'ordre. (par. 1)
2. Qui plus est, **l'effectif** des chats ne fait qu'augmenter ; plus ils sont nombreux, plus ils nous pourchassent. (par. 4)
3. Wilfrid comprit leur **frayeur** et reprit son ton voilé. (par. 11)
4. Vous connaissez aussi l'attitude des gens à leur égard : **tout miel**, tout attendris. (par. 19)
5. On **déballa** toutes les provisions. (par. 41)

RAPPEL GRAMMATICAL

Les pronoms personnels

Les pronoms personnels désignent des personnes, des choses ou bien des idées. Ils remplacent un nom, un pronom, un adjectif ou même une proposition. La forme du pronom est déterminée par le genre et par la fonction du mot ou de l'expression qu'il remplace.

TABLEAU DES PRONOMS PERSONNELS

PERSONNES	SUJETS	RÉFLÉCHIS	OBJETS DIRECTS	OBJETS INDIRECTS	TONIQUES
1re singulier	je / j'	me / m'	me / m'	me / m'	moi
2e singulier	tu	te / t'	te / t'	te / t'	toi
3e singulier	il / elle / on	se / s'	le / la / l'	lui	lui / elle / soi
1re pluriel	nous	nous	nous	nous	nous
2e pluriel	vous	vous	vous	vous	vous
3e pluriel	ils / elles	se / s'	les	leur	eux / elles

Pronoms personnels : formes atones (pas accentuées)

Emplois

Pronoms sujets

• Les pronoms sujets sont normalement placés devant le verbe.
> ***Ils*** *étaient dix mille à attendre l'archonte.*

• L'inversion (verbe-sujet) est obligatoire dans les situations suivantes :

dans une interrogation
> *Mère patrie, que **dis-je** ?*

avec les verbes de déclaration quand ils sont placés au milieu ou à la fin d'une citation en discours direct.
> *« Il se moque de nous »,* ***disait-on.***

Pronoms objets directs et indirects

• **Le complément d'objet direct (C.O.D.)** se rattache directement au verbe sans l'aide d'une préposition. Il désigne l'être, l'objet sur lequel porte l'action. On l'identifie en posant la question **QUI ?** ou **QUOI ?** après le verbe.
> *Il **les** connaissait trop bien.*

Aux temps composés, le participe passé s'accorde avec le complément d'objet direct qui précède le verbe.
> *L'archonte voulait informer les rats de la gravité de la situation, donc, il **les** a **assemblés** au parc Strathcona.*

• **Le complément d'objet indirect (C.O.I.)** se rattache au verbe à l'aide d'une préposition. Il désigne l'être, l'objet sur lequel porte l'action. On l'identifie en posant la question formée d'une préposition (le plus souvent « à ») : **À QUI ?** ou **À QUOI ?** après le verbe.

> *Quand Wilfred a parlé aux écureuils, il **leur** a promis que les rats **leur** montreraient comment éviter les chats et les chiens.*

La place des pronoms objets

Les pronoms objets sont placés :

> 1) devant le verbe aux temps simples
> *Je ne **vous** apprends rien.*

> 2) devant le verbe auxiliaire aux temps composés (N'oubliez pas l'accord du participe passé quand vous employez des compléments d'objets directs dans un temps composé.)
> *Les chats **les** ont pourchassés.*

> 3) devant le verbe qui gouverne le pronom (Avec un verbe + infinitif, les pronoms sont généralement placés devant l'infinitif.)
> *On commençait à **le** comprendre.*

> 4) après le verbe, avec un trait d'union, à l'impératif affirmatif (**Me** et **te** deviennent **moi** et **toi.**)
> ***Croyez-moi**, nous saurons corriger notre apparence.*

À l'impératif négatif, les pronoms objets sont à leur place habituelle devant le verbe (sans trait d'union).

> *Les rats gris sont des êtres inutiles. **Ne leur dites pas** nos projets.*

Pronoms réfléchis

Quand le sujet de l'action est également l'objet de cette action, le verbe pronominal est réfléchi. (Un verbe pronominal est un verbe conjugué avec un pronom : *me, te, se, nous, vous.* Ce pronom répète le sujet du verbe.) Aux temps composés, le participe passé s'accorde avec le complément d'objet direct qui précède le verbe.

> *Les rats **se** sont regardés et **se** sont juré de s'entraider.*
> (C.O.D)   (C.O.I)

Le pronom invariable « le »

• Le complément d'objet direct **le** est invariable quand il représente une idée. Il remplace une proposition (complément du verbe) ou un adjectif.

> *Qu'on se **le** dise* (Le pronom **le** remplace toute une idée : Tous les rats noirs d'Ottawa sont priés d'assister à l'assemblée extraordinaire qui aura lieu au parc Strathcona ce mardi 22 novembre à 23 h.)

> *Est-ce que les rats sont contents à l'idée de changer de peau ? Oui, ils **le** sont.* (Ils sont contents — adjectif)

Les pronoms adverbiaux : y et en

Y et **en** sont des pronoms adverbiaux, car ils peuvent jouer le rôle d'adverbes de lieu.

• Le pronom **y** est invariable. C'est un pronom objet indirect qui représente des choses, des idées, mais **jamais** des personnes.

Y remplace :

à + nom
> *Ils **y** étaient tous.* (à l'assemblée, au parc)

à + infinitif ou proposition
> *Nous **y** parviendrons tous.* (à grimper aux arbres)

• Le pronom **en** est invariable. Il représente des choses, des idées, et même des personnes quand le nom de personne a un sens collectif ou indéfini.

En remplace :

de, d', du, de la, des + nom
> *D'ici vingt ans, nous n'aurons plus besoin **de notre langue**. Un linguiste m'affirme qu'il n'**en** subsistera que certains idiotismes et une pointe d'accent rat.*

de + proposition
> *Les rats avaient-ils peur **de ce que Wilfrid disait** ? Oui, ils **en** avaient peur.*

En est toujours le dernier des pronoms. Il suit **y**.
> *Des arachides ? Il **y en** a beaucoup. Donne-**lui-en**.*

Attention ! Aux temps composés, quand le pronom objet est **en**, le participe passé reste invariable.

> *As-tu jamais lu des fables qui parlent d'écureuils ? Non, je n'**en** ai jamais **lu**.*

Ordre des pronoms personnels objets

Devant le verbe

me (m')	le (l')		
te (t')		lui	
se (s') +	la (l') +		y + en + verbe
nous		leur	
vous	les		

*Il a un plan génial. Il **nous** l'expliquera.*
*Qui va faire les arrangements avec les écureuils ? Wilfrid **s'en** occupera.*

Après le verbe à l'impératif affirmatif

		moi
		toi
verbe	le	lui
	la	nous
	les	vous
		leur

*Avez-vous vu ces rats qui portent des poils postiches ? — Non ! Montrez-**les-nous**.*
*Les rates essaient la coiffure écureuille à la mode. — Décris-**la-moi**.*

Pronoms toniques (formes accentuées)

On appelle les **pronoms toniques** aussi les **pronoms disjoints** parce qu'ils sont utilisés principalement quand le pronom est séparé du verbe.

Emplois

On emploie les pronoms toniques dans les cas suivants :

1) pour renforcer le nom ou le pronom sujet ou objet
*Pendant que les autres protestent, Wilfrid, **lui**, ne dit rien.*
***Moi**, le premier, je ne m'en cache pas.*
*Vous ne l'écoutez pas, **lui**.*

2) dans les réponses elliptiques quand le pronom sujet ou objet est employé sans verbe
>
> *Qui est parti mécontent ? **Eux.***

3) après une préposition : *pour, avec, sur, devant,* etc.
>
> *En tant que ton ami, j'ai pris cette décision **pour toi.***

4) dans l'expression de mise en relief : **c'est, ce sont, c'était,** etc.
>
> ***C'est lui** qui a animé la foule avec son discours.*

5) quand le verbe a plusieurs sujets ou objets
>
> ***Vous** et **moi** allons rester ici et nous intégrer.*

6) après **que**
>
> a) dans les comparaisons quand le verbe est sous-entendu
> b) dans la restriction **ne ... que**
>
> *Wilfrid a déclaré : « Les rats gris sont **moins** intelligents **que nous** ».*
> *Il reproche aux rats leur manque de solidarité. Chacun **n'aime que soi.***

7) devant **même** auquel il est relié par un trait d'union
>
> *Les rats vont se transformer en écureuils. L'archonte **lui-même** l'a dit.*

8) après certains verbes comme *penser à, faire attention à, être à, se fier à,* etc., devant lesquels on ne peut pas mettre lui/leur
>
> *Vous pouvez vous fier **à moi**. Je ne vous ai jamais menti.*

IV. En vous référant au tableau, identifiez les pronoms personnels et leurs fonctions dans les phrases suivantes.

1. Nos femmes ont peur, elles craignent de faire d'autres petits.
2. À nous, rats, on jette des cailloux.
3. Il nous demande l'impossible.
4. Wilfrid déclare : « C'est moi qui vous dis que c'est possible. »
5. Wilfrid ressentit sa puissance. Son peuple l'écoutait enfin.
6. Je vous ai convoqués pour discuter de la misère dans laquelle se trouvaient nos compagnons.
7. Les rats musqués font comme s'ils ne nous connaissaient pas.
8. Des rires lui répondirent.
9. Chacun pense à soi.
10. Nous leur apprendrons à creuser des trous et à cacher les réserves.
11. Moi, j'ai de quoi vivre, on ne me touchera pas !
12. Wilfrid lui-même a expliqué son plan à l'assemblée.
13. Deux rats de la rue Charlotte ont dénoncé leurs frères ; à cause d'eux, seize camarades ont perdu la vie.
14. Vous, les écureuils gris de la ville, êtes un peu plus robustes que nous, les rats.
15. Jamais nous ne nous étions autant reproduits.

V. Remplacez l'expression en caractères gras par le pronom personnel approprié et faites les changements nécessaires.

1. Laissez-moi vous expliquer **mon plan**.
2. Pas question de renoncer **à notre identité**.
3. Y a-t-il des rats qui sont satisfaits **de leur situation** ? — Il y en a qui sont **satisfaits**.
4. Selon le plan proposé, **les écureuils gris** fourniront **l'aide technique aux rats**.
5. Avec une queue factice, on nous prendrait aisément pour **les écureuils gris**.
6. Ne pensez pas **au bon vieux temps**. **Notre ancienne vie** manque **aux vieux**.
7. Wilfrid sentait **que son idée gagnait vite du terrain**.
8. **Les paroles de l'archonte** ont inspiré **les plus jeunes**.
9. L'orateur a expliqué **au public** qu'il y avait **de la place** pour tous.
10. Évidemment certains étaient furieux car plusieurs familles ont quitté **la ville**.
11. **Les chiens et les chats** n'approchent toujours pas **de nos quartiers**.
12. Demandez **de l'aide à vos nouveaux amis** !
13. Ne parlez pas **de notre projet à nos ennemis**.
14. Les initiatives que le comité a mises en œuvre sont intéressantes, mais il a aussi proposé **des initiatives** qui ne sont pas pratiques.
15. Nous voulons aider **les jeunes** à s'adapter **à leur nouvelle vie**.

VI. En vous appuyant sur le récit, remplacez les pronoms personnels en caractères gras par les noms qui conviennent.

1. **Il** veut que nous l'abandonnions.
2. Les rates **en** ont sorti pour une petite fête improvisée.
3. Wilfrid ne comptait pas sur **eux**.
4. L'archonte **leur** a promis qu'en échange, **ils leur** apprendraient à **les** éviter plus efficacement.
5. L'orateur **les** convainc qu'ils s'**y** habitueront.

VII. Remplissez les blancs par le pronom convenable.

Un an après la célèbre réunion au parc Strathcona, le chef des rats noirs ... a réunis pour faire le bilan de la situation. Il ... a demandé : « ... êtes-... adaptés à votre nouvelle vie ? » Ils ... ont répondu qu'ils essayaient de ... ... habituer, mais que ce n'était pas toujours facile. Les plus vieux ne voulaient pas ... parler, car ils étaient malheureux. L'ancienne vie ... manquait. Les plus jeunes ... moquaient d'... quand ... n'arrivaient pas à grimper aux arbres et les vieux ... ... voulaient. Cependant, ils ont avoué que quelques gentils rats ... aidaient à ... monter.

Certains rats avaient déjà commencé à faire la cour aux écureuilles grises. Ils ... offraient des arachides et grâce à ..., ils arrivaient à maîtriser la nouvelle langue. Les femmes déclaraient que ... ... trouvaient plus belles. Leur nouveau look ... plaisait beaucoup. ... aimaient leurs queues touffues, même si ... fallait ... prendre soin. Wilfrid ... a tous écoutés avec grand intérêt. Les changements étaient visibles. Il ... était satisfait.

« ... , je ... avais dit que c'était possible. ... pouvons maintenant passer pour des écureuils. Admettez-... ! C'est le début d'une nouvelle époque pour ... . »

VIII. Complétez à l'aide du pronom personnel qui convient.

1. C'est un orateur dynamique. C'est pourquoi tout le monde ... écoute.
2. Il n'y a que ... qui puisse ... convaincre, parce qu'il connaît bien les rats.
3. Les vieux ne veulent pas abandonner leur culture car ils ... tiennent.
4. Quand on est satisfait de ... , on résiste aux changements.
5. La métamorphose que propose Wilfrid est effrayante ; certains ... obéissent pour ... faire plaisir. Après tout, c'est ... le chef.
6. Sont-ils prêts à accepter les conseils de l'archonte ? Je pense qu'ils ... sont.
7. Il y a des traîtres parmi ... . Nous ne devons pas ... faire confiance. C'est à cause de ... que plusieurs de nos camarades sont morts.
8. On a sorti les provisions. Il ... ... avait pour tous ceux qui fêtaient.
9. Si tu as envie de mettre cette fourrure synthétique, vas-..., prends-... .
10. En signe d'allégeance, les rats ont offert au premier rat-écureuil une couronne de fleurs. Il ... a remerciés et il ... a mise avec grand plaisir.

ÉCRIVONS

IX. Voici le début d'un récit ou d'un conte. Inventez en quelques paragraphes l'action proprement dite et la conclusion.

1. Les êtres humains se comportent parfois comme des animaux tandis que certains animaux exhibent des qualités généralement attribuées aux humains. Mon ami(e) m'avait toujours dit que j'étais fidèle comme un chien jusqu'au jour où il/elle a complètement changé d'avis.

2. Chaque fois que je pense à cet événement-là, je ne peux pas m'empêcher de rire. C'est l'expérience la plus amusante que j'aie vécue.

3. Les chattes se sont réunies d'urgence ; les chiens envahissent leur territoire. La discussion est animée, car le groupe est divisé.

ÉLARGISSONS NOS HORIZONS

Choisissez une fable de La Fontaine où les personnages principaux sont des animaux. Illustrez-en la morale par un court récit de votre cru. À titre de suggestion nous proposons les fables suivantes qui se trouvent dans le recueil Fables choisies : « La Cigale et la fourmi », « Le Corbeau et le renard », « La Grenouille qui veut se faire aussi grosse que le bœuf », « Le Loup et le chien », « Le Rat de ville et le rat des champs », « Les Animaux malades de la peste ».

La Nouvelle-Angleterre : vestiges d'un héritage canadien-français

Frères, dans votre exil, vous conservez toujours
L'idiome si vieux que parlaient vos ancêtres
Et dont ils ont laissé tant d'échos enchanteurs

William Chapman, « Aux Canadiens des États-Unis »

De 1840 à 1930, environ 900 000 Québécois ont émigré aux États-Unis en quête d'une vie meilleure. L'état précaire de l'industrie au Canada, ainsi que le manque de manufactures, incitaient les ouvriers à traverser la frontière. Faute de terres à cultiver, les fils d'habitants[97] aussi se voyaient obligés de chercher de l'ouvrage à l'étranger. Et l'encombrement des professions libérales[98] contraignait même des jeunes gens instruits à se diriger vers le Sud. Les centres industriels de la Nouvelle-Angleterre, en pleine expansion économique et avides de main-d'œuvre bon marché, étaient très alléchants pour les immigrants en provenance du Québec. Au début du XXe siècle, la plupart des villes industrielles de la Nouvelle-Angleterre possédaient d'importantes minorités québécoises.

Bien qu'un grand nombre d'immigrants aient renié leurs origines **francophones** et aient même américanisé leurs noms, préférant White à Leblanc ou Wood à Dubois, certains ont conservé leurs patronymes français et ont fondé le « Québec d'en bas » en Nouvelle-Angleterre. L'identité des Franco-Américains étant menacée par un environnement anglo-américain, ils se sont consacrés à la promotion et à la survivance du fait français en Amérique. Ces pionniers de l'expansion française s'efforçaient de recréer aux États-Unis l'image de la patrie canadienne avec ses églises, ses écoles, ses journaux, ses sociétés et ses traditions. Ils combattaient l'assimilation, s'opposaient à la théorie du *melting pot* et préconisaient le **pluralisme culturel** en soutenant qu'on peut être un bon Américain tout en conservant sa langue, sa religion et sa culture.

Dans l'article ci-dessous, l'historien et romancier franco-américain Robert Perreault déclare son appartenance à la Franco-Américanie et affirme l'importance de sa culture pour l'avenir de la francophonie nord-américaine.

Réflexions personnelles d'un Québécois d'en bas

1.   Depuis sa naissance vers le milieu du XIXe siècle, la Franco-Américanie, ce peuple auquel j'appartiens et que Victor-Lévy Beaulieu[99] a voulu baptiser du nom de « Québec d'en bas », maintient, à divers niveaux, des liens et des rapports avec sa mère-patrie, le Québec. [...]
2.   Quant à moi, je suis né en 1951 à Manchester, New Hampshire, ville où habitent environ 40 000 Franco-Américains sur une population totale de 95 000 habitants. Ayant été élevé dans

---

[97]   de cultivateurs
[98]   manque de postes pour les médecins, avocats, professeurs, etc.
[99]   romancier québécois (1945-)

un quartier mixte aux points de vue religieux, ethnique et économique j'ai quand même reçu une formation bilingue et biculturelle grâce aux milieux familial et scolaire de mon enfance.

3.   Du côté paternel, au sens le plus étroit du mot, je proviens d'une famille ouvrière d'origine québécoise établie en Nouvelle-Angleterre depuis les années 1840, soit cinq générations, sans compter mon fils, qui représente la sixième. Bien que ma grand-mère paternelle <u>ait vu le jour</u>[100] au Québec, à Saint-Simon-de-Bagot, mon père, linotypiste-machiniste actuellement <u>à la retraite</u>[101], n'y a jamais mis le pied. À part une tante paternelle de Manchester qui a toujours correspondu au temps des fêtes avec des cousins du troisième ou quatrième degré vivant dans les environs de Saint-Hyacinthe, la famille de mon père ne maintient presque aucun contact avec sa parenté au Québec. Quoique bien intégrés, en dehors <u>du foyer</u>[102], au milieu *yankee*, et malgré leur manque de participation active à la vie franco-américaine collective et « officielle » au-delà du niveau paroissial, mon père et <u>les siens</u>[103] continuent de parler français couramment et de conserver les traditions ancestrales.

4.   Du côté maternel, ma parenté, aux États-Unis depuis trois générations, a toujours été impliquée, par la voie de la mutualité[104], du journalisme, de la littérature et de la musique, au mouvement culturel franco-américain, à partir du début du siècle présent. Assurément, si ma parenté paternelle m'a fait connaître surtout le côté anglo-américain de la vie aux États-Unis, ma parenté maternelle, en revanche, mettait toujours l'accent sur l'aspect « franco ».

5.   Mon attachement à l'héritage franco-américain et à mes racines québécoises et françaises remonte à ma toute petite enfance, lorsque mes parents me parlèrent presque exclusivement en français, pour ensuite y ajouter de l'anglais, afin que je devienne parfaitement bilingue, soit juste avant de faire mon entrée à l'école paroissiale franco-américaine à l'âge de six ans. À cette époque, quoique maints parents franco-américains continuaient, plutôt par habitude, de parler français avec ou du moins en présence de leurs enfants, rares étaient ceux qui s'efforçaient de le faire soigneusement, par souci d'assurer la survivance de la langue maternelle. [...]

6.   Ayant été élevé dans une telle ambiance, il n'est pas surprenant que, très tôt dans ma vie, je me sois passionné pour toutes choses touchant la Franco-Américanie et le Québec. Néanmoins, à mon arrivée en première année à l'école primaire Saint-Georges de Manchester, je me suis vite aperçu que les autres élèves, dont la plupart s'exprimaient au moins passablement bien en français, favorisaient l'anglais, et malgré mes réussites en classe de français et en dépit du climat francophone qui régnait chez nous, j'ai finalement pris l'habitude de me servir de l'anglais dans mes communications avec mes parents et amis. Bien sûr, j'ai continué d'adresser la parole uniquement en français à mes grands-parents et aux autres qui affichaient[105] leur intransigeance à cet égard ; si j'avais le malheur de parler anglais devant eux avec une personne pouvant comprendre le français, je me faisais donner des conseils sous forme de dictons[106] assez bien connus chez nous. Par exemple, mon grand-père m'a souvent dit : « Une langue vaut une personne, mais deux langues valent deux personnes » ; autrement dit, je ne devais pas me servir de l'anglais au point où cette langue nuise à mon français. De plus, il me répétait

---

[100]   soit née
[101]   ne travaillant plus
[102]   de la maison
[103]   sa famille
[104]   caisses de travailleurs, coopératives d'assurance
[105]   montraient
[106]   proverbes

le vieux dicton des adeptes de la survivance française au Québec : « Qui perd sa langue perd sa foi ». [...]

7.   Or, jusqu'ici, il m'avait toujours semblé que le français appartenait surtout aux générations qui ont précédé la mienne. Avant longtemps d'ailleurs, un incident assez frappant allait m'ouvrir les yeux à cet égard. Durant l'été de 1970, étant toujours épris[107] de la musique populaire américaine et anglaise de l'époque, je me suis rendu avec des amis anglophones de Manchester à un village près de Toronto où avait lieu pendant trois jours un festival de musique *rock* semblable à celui de l'année précédente à Woodstock, New York. Certes, tout se passait en anglais, mais, on peut bien imaginer le choc culturel que j'ai éprouvé en y rencontrant des *hippies* unilingues francophones du Québec qui s'y étaient rendus et qui cherchaient une personne bilingue pouvant leur indiquer la meilleure façon de se rendre au centre-ville de Toronto. En présence de mes amis anglophones, qui ne m'avaient jamais entendu parler français, j'ai prêté secours aux *hippies*[108] québécois. Très étonnés de m'entendre causer dans une langue « étrangère » avec des « étrangers », mes amis se sont montrés envieux de moi et de mon bilinguisme. Par la suite, j'ai réfléchi à ce qui venait de se passer, pour en tirer deux conclusions. Premièrement, la rencontre avec des *hippies* francophones me fit voir que la langue française pouvait bien être moderne et vivante car, sans doute, le Québec devait être empli de jeunes gens comme eux, qui aimaient la même musique et qui s'intéressaient aux mêmes sortes d'activités que les jeunes des États-Unis, mais qui vivaient uniquement en français. Deuxièmement, devant la réaction de mes amis, j'ai ressenti une certaine fierté, car ils ont accordé à ma connaissance du français cette importance qui m'encouragea à continuer de m'en servir sans gêne[109]. [...]

8.   D'un autre côté, d'après mes propres expériences, j'ai souvent l'impression que chez un bon nombre de Québécois, les Franco-Américains demeurent inconnus ou du moins, méconnus. Par exemple, à chaque fois que je vais au Québec, presque sans exception, je rencontre quelqu'un qui me demande où un « Américain » comme moi a pu apprendre à s'exprimer si facilement en français. Et, si je réponds, « à la maison », on s'étonne d'apprendre qu'il se trouve en Nouvelle-Angleterre et dans l'est de l'État de New York 3,1 millions de Franco-Américains de souche[110] québécoise ou acadienne, dont un pourcentage important maintient la langue française au foyer. C'est presque comme si, après le départ de nos ancêtres, le Canada français les avait effacés de sa mémoire. Sans doute, si certains Franco-Américains, en visitant le Québec, se limitent à l'Oratoire Saint-Joseph et à la rue Sainte-Catherine à Montréal, ou bien au Château Frontenac et à la rue Saint-Jean à Québec, il va sans dire que certains Québécois font à peu près la même chose en Nouvelle-Angleterre. Ils iront à Boston et à Newport, ou à la plage à Old Orchard, à Hampton et à Cape Cod, sans même se rendre compte de la richesse culturelle et historique des villes à forte population franco-américaine, où ils seraient reçus à bras ouverts[111], en français. [...]

9.   Dans le cas des Québécois et des Franco-Américains, si l'on cherche un point de ralliement qui donnera des résultats positifs, on n'a qu'à s'arrêter sur ce que nous partageons depuis le début : notre culture. Pour moi, la culture, c'est quelque chose de vivant, qui n'appartient qu'à

---

[107]   passionné
[108]   aidé les *hippies*
[109]   sans m'inquiéter de l'opinion des autres
[110]   d'origine
[111]   accueillis chaleureusement

nous seuls, nous lie, quelque chose dont nous pouvons tous retirer ce qu'il nous faut et auquel nous pouvons tous contribuer.

10.   Certes, je peux bien apprécier la culture d'un peuple autre que le mien, et je suis également capable de satisfaire ma soif de savoir par la voie de la culture mondiale. Ce qui me touche de plus près cependant, ce qui évoque en moi des souvenirs et des sentiments de bonheur presque inexplicables, c'est bien notre patrimoine, notre culture française en Amérique du Nord. [...]

11.   Mais puisque je crois que la culture, notre culture, peut transcender le temps et l'espace, je suis donc capable de me servir de cette culture qui, de fil en aiguille[112], nous rattache tous les uns aux autres.

12.   Eh bien, si l'on désire vraiment voir se prolonger cette Amérique française que nous peuplons, il me semble que la meilleure voie à suivre est celle du maintien de notre culture, ainsi que du renforcement des rapports et des liens qui existent déjà entre nous, Québécois, et Franco-Américains.

Maurice Poteet (textes réunis par),
Textes de l'exode (1987)

---

[112] en créant des liens

La Louisiane : la survivance du patrimoine francophone

Aux États-Unis, la Louisiane se distingue comme une région où le français a pu survivre en dépit d'énormes difficultés.

Dans les années vingt, le français a été absolument banni des écoles louisianaises. Il était défendu aux petits « Cajuns » d'utiliser leur langue maternelle, même pendant les récréations, sous peine de punitions corporelles. Dans son autobiographie[113], Jeanne Castille, professeure et championne de la langue française en Louisiane, décrit les conséquences de « cette loi abominable » qui interdit le français à l'école :

> Nous n'avons pas un, mais dix, mais cent, mais mille témoignages qui attestent que l'on punissait, souvent par de légers châtiments corporels, les élèves qui, par nature, ou par mégarde, ou par volonté, parlaient français en classe ou dans les cours de récréation. Il arrivait que les maîtres contraignissent[114] les enfants surpris à parler français à se laver la bouche au savon (sans doute pour en chasser les mots impurs) et à s'agenouiller pendant une heure sur des épis de maïs.

Certains rappellent avec amertume qu'ils étaient obligés d'écrire 500 fois, 1 000 fois, 3 000 fois « I will not speak French on the school grounds ! ». Dans « Schizophrénie linguistique », le poète Jean Arceneaux (nom de plume) évoque cette pratique qui a contribué à la dévalorisation systématique de la langue française en Louisiane.

Schizophrénie linguistique

I will not speak French on the school grounds
I will not speak French on the school grounds
I will not speak French...
I will not speak French...
I will not speak French...

Hé ! Ils sont pas bêtes, ces salauds[115].
Après mille fois, ça commence à pénétrer
Dans n'importe quel esprit.
Ça fait mal ; ça fait honte ;
Puis là, ça fait plus mal.
Ça devient automatique,
Et on speak pas French on the school grounds
Et ni anywhere else non plus.

---

[113] *Moi, Jeanne Castille de Louisiane* (1982)
[114] Imparfait du subjonctif du verbe *contraindre*
[115] gens méprisables

Jamais avec des étrangers.
On sait jamais qui a l'autorité
De faire écrire ces sacrées[116] lignes
À n'importe quel âge.
Surtout pas avec les enfants.
Faut jamais que eux, ils passent leur temps de recess
À écrire ces sacrées lignes.
Faut pas qu'ils aient besoin d'écrire ça
Parce qu'il faut pas qu'ils parlent français du tout.
Ça laisse voir qu'on est rien que des Cadiens[117].

Jean Arceneaux, *Cris sur le Bayou* (1980)

LE NATIONALISME LINGUISTIQUE AU QUÉBEC

La Révolution tranquille : être « maîtres chez nous »

> **Mon pays sort debout sur le seuil du printemps**
> **Gatien Lapointe, « Le Chevalier de neige »**

Le 22 juin 1960, au Québec, l'arrivée du parti libéral au pouvoir signala la fin d'un long règne conservateur (appelé l'époque de la Grande Noirceur) et marqua un tournant dans l'histoire de la province. On passa du « respect des traditions » au « défi du progrès ». Le parti libéral entreprit de transformer la société en appliquant le slogan : « Maîtres chez nous ». L'ensemble des réformes réalisé au Québec de 1960 à 1966, désigné par l'expression « Révolution tranquille », provoqua de profonds changements dans tous les secteurs de la société québécoise : politique, économique, social, culturel et linguistique.

Dans le domaine culturel, la Révolution tranquille se traduisit par l'**affirmation** de l'identité québécoise. Les problèmes linguistiques durant cette période étaient étroitement liés à la prise de conscience nationale. Suite à la Révolution tranquille, le mouvement séparatiste s'amplifia et les Québécois commencèrent à remettre en question l'union du Québec avec le reste du Canada : certains prônèrent la création d'un état souverain où le français serait la seule langue officielle ainsi que la langue de travail.

À cette époque importante surgirent des revendications radicales qui visaient à rendre le français la seule langue officielle du Québec. On exigeait que la scolarisation des enfants d'immigrants se fasse en français, que l'étiquetage et l'affichage soient en français, que le Québec devienne unilingue. Le conflit linguistique n'a pas encore été résolu.

---

[116] maudites
[117] Acadiens

Le joual : la valorisation du français du Québec

> Je dis que la langue est le fondement même de l'existence d'un peuple, parce qu'elle réfléchit la totalité de sa culture.
>
> **Gaston Miron**
> « **Recours didactique** », *L'Homme rapaillé*

Dans les années soixante, à l'heure de la Révolution tranquille, lorsque le Québec accédait à « l'âge de la parole », une tendance radicale valorisait la langue populaire, le joual. Le joual (déformation du mot cheval) est le parler québécois des milieux populaires, caractérisé par certains traits (surtout phonétiques et lexicaux) considérés comme s'écartant de l'usage correct ou **normatif** et souvent empruntés à l'anglais. Pour mettre à nu l'aliénation collective des Québécois, certains écrivains n'hésitaient pas à utiliser le joual, symbole de leur déculturation et miroir de leur honte. En choisissant de rédiger leurs œuvres en joual, les jeunes auteurs québécois rejetaient non seulement l'influence anglaise sur leur culture, mais aussi le **purisme linguistique**, c'est-à-dire le souci de protéger la norme, d'écrire en français standard. Ce refus de la norme relevait d'une conception plurielle du français : il fallait enfin donner une voix aux variétés du français parlées dans le monde ; il fallait enfin permettre aux francophones des divers continents de se servir d'une langue qui leur soit propre pour exprimer leur identité et leur spécificité.

La représentation de la première pièce de Michel Tremblay *Les Belles-Sœurs* (1968) marque une étape décisive dans le théâtre québécois. Pour la première fois, on voit paraître sur scène des personnages qui s'expriment en joual. Ainsi, Michel Tremblay brise la structure dramatique conventionnelle.

Quinze femmes du milieu ouvrier de Montréal se réunissent pour un « party de collage de timbres » chez Germaine Lauzon, heureuse gagnante d'un million de timbres-primes. Peu à peu, elles livrent les détails les plus intimes de leurs vies, révèlent leurs frustrations, leur aliénation et leur misère.

Dans l'extrait suivant tiré du deuxième acte, Lisette de Courval vient d'inviter ses amies à une « soirée récréative » organisée par les enfants de la paroisse. Lorsqu'elle leur annonce que la soirée se terminera par une partie de bingo, le chœur de femmes entonne « l'ode au bingo ».

Ode au bingo

LISETTE DE COURVAL — Bien oui, hein, vous pensez bien ! Et puis la soirée va se terminer par un grand bingo !
LES AUTRES FEMMES, *moins les quatre jeunes* — Un bingo !
OLIVINE DUBUC — Bingo !
(Noir. Quand les lumières reviennent, les neuf femmes sont debout au bord de la scène.)
LISETTE DE COURVAL — Ode au bingo !

OLIVINE DUBUC — Bingo !
(*Pendant que Rose, Germaine, Gabrielle, Thérèse et Marie-Ange récitent « l'ode au bingo », les quatre autres femmes crient des numéros de bingo en contrepoint, d'une façon très rythmée*).

GERMAINE, ROSE, GABRIELLE, THÉRÈSE ET MARIE-ANGE — Moé[118], l'aime ça le bingo ! Moé, j'adore le bingo ! Moé, y'a rien[119] au monde que j'aime plus que le bingo ! Presque toutes les mois, on en prépare un dans' paroisse ! J'[120]me prépare deux jours d'avance, chus t'énarvée chus pas tenable[121], j'pense rien qu'à ça. Pis[122] quand le grand jour arrive, j't'assez excitée que chus pas capable de rien faire dans' maison ! Pis là, là, quand le soir arrive, j'me mets sur mon trente-six[123], pis y'a pas un ouragan qui m'empêcherait d'aller chez celle qu'on va jouer ! Moé, j'aime ça, le bingo ! Moé, c'est ben simple, j'adore ça, le bingo ! Moé, y'a rien au monde que j'aime plus que le bingo ! Quand on arrive, on se déshabille pis on rentre tu-suite dans l'appartement ousqu'on va jouer. Des fois, c'est le salon que la femme a vidé, des fois, aussi, c'est la cuisine, pis même, des fois, c'est une chambre à coucher. Là, on s'installe aux tables, on distribue les cartes, on met nos pitounes[124] gratis, pis la partie commence ! (*Les femmes qui crient des numéros continuent seules quelques secondes.*) Là, c'est ben simple, j'viens folle ! Mon Dieu, que c'est donc excitant, c't'affaire-là ! Chus toute à l'envers, j'ai chaud, j'comprends les numéros de travers, j'mets mes pitounes à mauvaise place, j'fais répéter celle qui crie les numéros, chus dans toutes mes états ! Moé, j'aime ça, le bingo ! Moé, c'est ben simple, j'adore ça, le bingo ! Moé, y'a rien au monde que j'aime plus que le bingo ! La partie achève ! J'ai trois chances ! Deux par en haut, pis une de travers[125] ! C'est le B 14 qui me manque ! C'est le B 14 qui me faut ! C'est le B 14 que je veux ! Le B 14 ! Le B 14 ! Je r'garde les autres... Verrat[126], y'ont autant de chances que moé ! Que c'est que j'vas faire ! Y faut que je gagne ! Y faut que j'gagne ! Y faut que j'gagne !
LISETTE DE COURVAL — B 14 !
LES CINQ FEMMES — Bingo ! bingo ! J'ai gagné ! J'le savais ! J'avais ben que trop de chances ! J'ai gagné ! Que c'est que j'gagne, donc ?
LISETTE DE COURVAL — Le mois passé, c'était le mois des chiens de plâtre pour t'nir les portes, c'mois icitte[127] , c'est le mois des lampes torchères !
LES NEUF FEMMES — Moé, j'aime ça, le bingo ! Moé, c'est ben simple, j'adore ça, le bingo ! Moé, y'a rien au monde que j'aime plus que le bingo ! C'est donc de valeur[128] qu'y'en aye pas plus souvent ! J's'rais tellement plus heureuse ! Vive les chiens de plâtre ! Vive les lampes torchères ! Vive le bingo !
(*Éclairage général.*)

Michel Tremblay, *Les Belles-Sœurs* (1968)

---

[118] moi
[119] il n'y a rien (notez l'absence des négatifs en joual)
[120] le **e** de **je**, **de**, etc. n'est pas prononcé
[121] on ne peut pas me retenir
[122] puis
[123] je mets mes plus beaux vêtements
[124] jetons
[125] deux verticalement, une horizontalement
[126] juron
[127] ce mois-ci
[128] c'est dommage

VOCABULAIRE ET COMPRÉHENSION : *ODE AU BINGO*

MAÎTRISONS LE VOCABULAIRE

I. Expliquez l'ironie de l'expression « ode au bingo ».

II. Comment dirait-on en français standard :

1. deux jours d'avance
2. chus t'énarvée
3. j'pense rien qu'à ça
4. j't'assez excitée que chus pas capable de rien faire dans' maison !
5. chez celle qu'on va jouer

III. Remplacez les expressions suivantes par des expressions équivalentes :

1. chus toute à l'envers
2. j'comprends les numéros de travers
3. chus dans toutes mes états
4. la partie achève

COMPRÉHENSION

IV. Répondez aux questions suivantes.

1. Quels détails indiquent l'importance du bingo pour ces femmes ?
2. Pourquoi s'exclament-elles « Vive les chiens de plâtre ! Vive les lampes torchères ! » ?
3. Quel est l'effet produit par la répétition des phrases : « Moé, j'aime ça, le bingo ! Moé, j'adore le bingo ! » ?
4. Quels sont les éléments qui rendent cette scène amusante ?
5. À votre avis, quel commentaire social Tremblay fait-il à travers ces personnages ?

L'idéologie linguistique : quel français parler ?

Dans le texte suivant, l'écrivain québécois Roch Carrier présente une valorisation du français parlé au Québec et il jette un regard ironique sur l'idéologie linguistique canadienne, en particulier, l'attitude des Anglo-Canadiens envers le français québécois.

C'est pas comme à Paris, mais...

... ils parlent le français, mais non pas
le véritable français de France.

1.   J'étais, l'autre jour, l'invité de gens bien sympathiques de la ville de Victoria, en Colombie-britannique.

2.   « Ah ! Monsieur est québécois ! s'étonna une Dame rousse avec ce charmant accent anglais. J'étais au Québec il y a quelques années. Subitement, j'ai senti un petit problème, dans ma voiture. J'étais au nord de Montréal. Je me suis arrêtée à un garage. L'homme était tout couvert de cambouis. J'ai dit : " J'ai un petit râteau[129] dans l'arrière-train[130]." Il m'a regardé avec des yeux étranges et il m'a répondu : *"Yes Mam', what's you' problem?"* À son accent, j'ai reconnu un Québécois. Il ne m'avait pas comprise quand je lui avais parlé français. *They don't speak French, I mean the real French.* »

3.   Le garagiste avait été poli. Je sentais que je ne le serais pas autant que lui. Ce n'était pas la première fois que j'entendais le français de mon pays être mis en accusation par quelqu'un qui ne le connaissait pas parfaitement.

4.   « Alors, poursuivit un autre invité, en anglais, si les Canadiens français ne parlent pas français, pourquoi le bill 101 impose-t-il le français comme langue officielle ?

5.   — *Oh Dear !* dit la Dame rousse, ils parlent le français, mais non pas le véritable français de France. »

6.   Je ne pus me retenir de dire : « Madame, le général de Gaulle parlait-il le vrai français de France ?

7.   — Mais certainement, mon cher.

8.   — Lorsqu'il a parlé au balcon de l'Hôtel de Ville de Montréal[131], pensez-vous que les Canadiens français ont compris son français de France ? »

9.   J'ai cru que le bateau sur lequel nous discutions allait couler tant mes hôtes parurent secoués par mon argumentation un peu brutale.

10.   Moi qui suis timide, je me mis à plaider comme si j'avais à défendre ma vie... À bien y penser, c'était ma vie que je défendais. La vie d'un écrivain n'est que la vie des mots de sa langue.

11.   J'affirmais d'abord que la langue française au Canada est une langue d'avant-garde. Nous avons vingt ans d'avance sur la langue française parlée en France. [...]

12.   « Une langue vivante s'enrichit par l'emprunt de mots étrangers. Et comme nous vivons à proximité des États-Unis, il est normal que notre langue emprunte des mots américains.

13.   — Dites-moi, dit un autre invité, parlez-vous français ou parlez-vous joual ? »

14.   La Dame rousse remplit mon verre avec application.

15.   « Le joual n'est pas ce que vous pensez. C'est une langue de lettrés, une langue savante qui n'est parlée et écrite que dans les universités et les théâtres. Il faut connaître très bien le français pour apprécier le joual.

---

[129] outil qui sert à ramasser les feuilles
[130] partie postérieure du corps ; le derrière
[131] fameux discours dans lequel de Gaulle a dit : « Vive le Québec libre ! »

16.   — Mais le vrai peuple, l'homme de la rue, parle le joual, assura la Dame rousse. Je me souviens de m'être assise à une terrasse au Westmount Square et d'avoir écouté le peuple parler joual. C'était charmant.

17.   — C'est impossible, assurai-je. Le joual est une langue fabriquée, travaillée comme tout langage littéraire. Elle s'inspire du langage populaire, ce français un peu torturé par les ouvriers d'usines qui devaient travailler dans un milieu entièrement anglophone et dans une langue qui leur était étrangère. Mais ces gens ordinaires, lorsque Radio Canada présente un télé théâtre en joual, ils changent de chaîne car ils ne comprennent pas. Ce sont eux qui accusent Radio Canada de vulgarité, et non pas les professeurs d'université <u>qui prennent ce qu'ils croient être un bain de peuple</u>[132].

18.   — Vous avez des expressions bien particulières à vous, n'est-ce pas, *my dear* ? Vous allez me le concéder.

19.   — Quand j'habitais en France, je disais parfois : "<u>Je suis tanné</u>"[133]. J'étais sûr d'être québécois jusqu'à la racine des cheveux. Pourtant le mot se trouve chez Balzac[134]. Ou bien pour étonner les Parisiens, je mettais mes claques[135]. Le mot est dans <u>Flaubert. Maupassant</u>[136] emploie régulièrement des mots québécois, Madame ! Beaucoup de nos mots que vous croirez souvent québécois appartiennent à la très pure langue française. [...]

20.   — On ne m'avait jamais dit...

21.   — Il y a beaucoup de choses qu'on ne vous a pas dites, Madame. La langue française n'a pas eu la vie facile au Canada. Vous ignorez probablement que, pour des raisons politiques, les collèges francophones ont été fermés pendant des années ; vous ignorez que la première université francophone, pour les mêmes raisons politiques, n'a été autorisée qu'en 1852. Pour conserver sa langue française, le peuple a dû faire preuve de mémoire et aussi d'invention. Il fallait retenir les mots français de ce que nous connaissions. Il fallait inventer des noms pour ce que nous découvrions. Avant d'utiliser un mot, il n'était pas question de demander une autorisation à l'Académie française.

22.   — Pourquoi ne nous apprend-on pas cela à l'école ?

23.   — Parce que l'école sert souvent à voiler la réalité plutôt qu'à la dévoiler. Si je vous comprends bien, alors il n'est pas vrai que vous parlez l'ancien français <u>du Vieux Régime</u>[137].

24.   — Ce vieux français fait aussi partie de la langue française. Quand j'étais étudiant à la Sorbonne, je m'étais inscrit à un cours sur Montaigne[138]. À la première leçon, je m'aperçus que je comprenais plus facilement que mes collègues français. Montaigne écrivait avec des mots que j'avais entendus dans la bouche de ma grand-mère, qui n'avait jamais lu Montaigne, mais dont les ancêtres français étaient venus au Québec avec Champlain. Cette longue tradition a conservé vivant l'apport de plusieurs provinces de France à notre langue. »

25.   Mes hôtes avaient le regard de ceux qui ne comprennent pas. [...]

26.   « Oh ! Il me semble pourtant que c'est plus facile de parler anglais que de parler français, sur ce continent américain... »

---

[132]   qui pensent se plonger dans le milieu ouvrier
[133]   j'en ai assez ; je suis fatigué
[134]   écrivain français du XIXe siècle
[135]   snowboots
[136]   écrivains français du XIXe siècle
[137]   d'avant la Révolution française (1789)
[138]   écrivain français de la Renaissance

27.   Cette remarque aurait pu me paraître perfide, mais il y avait la mer, la gentillesse de mes hôtes, le bateau qui tanguait[139] doucement et ces verres qu'on ne réussissait pas à vider. Pourtant, malgré ma langueur, je dis : « Il vous est sans doute plus facile de parler votre anglais que celui de Londres...

28.   — comme il vous est plus facile de parler, mon cher, votre français canadien si particulier. »

29.   Ah! Cette Dame rousse! Que pouvais-je lui rétorquer ?

30.   À cet instant, un invité qui n'avait pas encore dit un mot, et que l'on m'avait présenté comme un courtier en immeubles, réclama la parole. Il se leva avec solennité, portant son verre bien haut, et il déclara, dans un français étonnant :

31   « Vous avez adapté le français à son nouvel environnement, comme nous avons adapté l'anglais à notre milieu. Savoir adapter, c'est le génie canadien. Si vous avez eu ce génie, c'est la preuve que vous êtes canadiens, que vous le vouliez ou non.

32.   — Américain du Nord, Canadien, Québécois, Beauceron[140], peu importe, ma langue est française et elle est comprise où l'on parle français.

33.   — Comprendre ou ne pas comprendre, dit un autre monsieur, un Torontois qui n'avait pas encore parlé français, ce n'est pas toujours une affaire de langue. »

34.   J'étais d'accord, et je demandai si on avait jamais étudié les effets positifs de l'alcool sur le bilinguisme dans ce pays...

35.   Je ne vous raconterai pas la suite de notre discussion. Cela devint de plus en plus confus. Cela commençait à ressembler à un texte de loi sur les langues officielles.

Roch Carrier, *Langue et Société* (printemps 1983)

---

[139]   se balançait
[140]   habitant de la Beauce, région du Québec

VOCABULAIRE ET COMPRÉHENSION : *C'EST PAS COMME À PARIS, MAIS...*

MAÎTRISONS LE VOCABULAIRE

I. Dans chacune des phrases suivantes, il y a un mot qui fausse le sens de la phrase. Corrigez l'erreur en remplaçant le mot fautif par un mot de la liste à la forme voulue.

perfides ; revenir ; secoués ; paraître ; apercevoir ; réclamer ; appartenir ; couler ; faire preuve de ; l'emprunt ; connaître ; se retenir ; plaider ; ignorer ; tanguer ; ajouter.

1. Quand la Dame rousse commence à critiquer le français du Québec, l'auteur ne peut pas s'exprimer, donc il lui dit ouvertement ce qu'il pense.
2. Il a expliqué qu'une langue devient riche par le refus des mots étrangers.
3. Le narrateur remarque avec ironie que les hôtes anglophones sont inspirés par ses commentaires sur le français du Québec.
4. Pour conserver leur langue, les Québécois ont manqué de résignation.
5. Cela explique pourquoi les Québécois ne demandent pas le droit de parler leur langue aujourd'hui.

COMPRÉHENSION DU TEXTE

II. Indiquez si les affirmations suivantes sont vraies (V) ou fausses (F) selon l'article.

1. Le narrateur trouve que le garagiste a bien fait d'être poli avec la Dame rousse.
2. Les Québécois comprennent très bien le français de France.
3. Le français parlé au Québec n'est pas aussi moderne que la langue parlée en France.
4. Le narrateur croit que l'emprunt de mots étrangers ne menace pas la langue française.
5. L'Académie française a toujours aidé les Québécois à développer leur langue.

III. Trouvez dans le texte :

1. une métaphore utilisée par le narrateur pour dire que le ton léger de la conversation est devenu sérieux lorsqu'on a soulevé un sujet qui porte à controverse.
2. une phrase ironique où le narrateur se moque gentiment de la Dame rousse.
3. une phrase qui explique pourquoi, dans les écoles anglophones, les élèves n'étudient pas la vraie histoire de la langue française au Québec.
4. une remarque contre la présence du français en Amérique du Nord.
5. une remarque ironique sur le bilinguisme officiel au Canada

IV. À vous la parole ! Répondez aux questions suivantes.

1. Pourquoi l'écrivain commence-t-il son article par l'histoire du garagiste racontée par la Dame rousse ?

2. Que pensez-vous de l'image du bilinguisme et du biculturalisme canadien présentée par Roch Carrier dans cet article ?

3. La lecture de cet article a-t-elle changé votre image du français parlé au Québec ?

La lutte pour la séparation du Québec continue

> **Vive le Québec libre !**
> **Charles de Gaulle**

Le mouvement séparatiste québécois a donné naissance à un parti politique dont l'objectif était la souveraineté du Québec : le Parti québécois. Le 20 mai 1980, le gouvernement péquiste a donné aux Québécois la possibilité de se prononcer sur l'avenir du Québec. Lors d'un référendum, les Québécois ont choisi de demeurer dans la confédération canadienne.

En octobre 1995, la question de la souveraineté du Québec a de nouveau été soulevée dans un deuxième référendum et encore une fois, les Québécois ont rejeté, bien que de justesse (51 %), l'option de devenir un pays indépendant.

Dans l'article suivant, « Seule la langue justifie le combat pour la souveraineté », tiré du quotidien montréalais *Le Devoir*, Jean-Marc Léger soutient que l'identité du Québec, c'est sa langue. La survivance du Québec est intimement liée à celle du français. Et seul un Québec indépendant serait vraiment à même de protéger sa langue.

Seule la langue justifie le combat pour la souveraineté

Premier facteur de la survivance des francophones d'Amérique, le français est notre patrie et les concessions en ce domaine sont l'antichambre de la démission.

1.   Comme notre peuple, la langue française a été victime de la Conquête ; comme lui, elle en porte les traces, les cicatrices[141]. Elle aura été le premier facteur de notre survivance ; elle reste <u>la donnée centrale</u>[142] de notre identité et le facteur premier de notre avenir.

2.   Dans son *Esthétique de la langue française*, Rémy de Gourmont écrivait : « Diminuer l'utilité d'une langue, c'est diminuer son droit à la vie. Lui donner sur son propre territoire des langues concurrentes[143], c'est amoindrir son importance dans des proportions incalculables. »

3.   C'est pourquoi la résurgence puis la rapide extension du bilinguisme dit institutionnel, à Montréal et même en province, ne laissent pas d'être préoccupantes. Chaque fois qu'une institution, un organisme, public ou parapublic, décide de se « convertir » au bilinguisme, pareille décision, quels qu'en soient les motifs, contribue à affaiblir objectivement les positions du français. Dans le contexte où nous sommes, le français ne peut survivre que si les non-francophones ressentent concrètement et éprouvent quotidiennement la nécessité de le connaître, que s'il se révèle indispensable. Et pareille condition ne peut être assurée que par les institutions du secteur public.

4.   N'ayant que notre langue comme patrie profonde (dans l'incertaine attente de l'autre, dont la perspective paraît s'éloigner), nous risquons de nous retrouver tous apatrides[144] <u>du train où vont les choses</u>[145]. C'est à la fois la qualité qui ne cesse de se dégrader (les médias en sont à la fois le reflet et l'une des causes) et le statut qui ne cesse de s'affaiblir. Nous serons bientôt revenus à la situation d'avant la loi 101[146] [...]. Il va falloir <u>tout reprendre à pied d'œuvre</u>[147].

5.   Chez nous plus qu'ailleurs, plus que chez aucun autre peuple, la question de la langue est au cœur de l'aventure collective. Si nous cessons d'être authentiquement de langue française, de nous penser comme francophones nous perdons notre raison d'être. C'est pourquoi le combat pour la langue s'est toujours identifié au combat pour le Québec ; c'est pourquoi, hier comme aujourd'hui, le problème de la langue fut et reste le premier problème politique et celui, finalement, dans lequel se résument tous les autres. Qui donc, au reste, aurait envie de lutter pour la souveraineté d'un Québec multiculturel et bilingue ?

6.   Lorsque j'entends dire qu'il faut « rassurer les anglophones », <u>je pressens comme tout un chacun</u>[148] que <u>de nouveaux reculs</u>[149] se préparent en matière de politique linguistique. Certains des nôtres ont une curieuse prédilection pour <u>le chemin de Canossa</u>[150]. De même, lorsque je lis qu'il importe d'éliminer les « irritants » de la loi 101 (pauvre loi, désormais orpheline,

---

141   marques d'une blessure
142   l'élément principal
143   rivales
144   sans nationalité
145   si les choses continuent comme maintenant
146   loi qui vise à rendre le Québec une province francophone unilingue
147   recommencer dès le début
148   je prévois comme tout le monde
149   de nouvelles concessions
150   le fait de reconnaître ses torts, demander pardon, s'humilier devant l'adversaire

réduite à des lambeaux[151]), j'observe non sans ironie qu'on a engagé la fameuse chasse aux « irritants » voici bientôt vingt ans. Au fond, pour tous ces contempteurs de[152] la loi 101, le véritable « irritant », c'est la langue française elle-même. Finirons-nous par comprendre que chaque concession, loin d'apaiser la grogne[153], ne fait que susciter de nouveaux appétits ? Le compromis en la matière[154] nourrit la revendication[155] permanente.

7.　　Il n'est sans doute pas de peuple chez qui le rapport à la langue soit aussi intime, aussi prégnant[156], aussi éloquent que chez le peuple québécois. La langue française est notre patrie profonde, elle nous a définis, nous a nommés, elle nous permet le dialogue avec ce qui, dans le monde, est de langue française. Elle nous fait notre identité et notre dignité, nous permet de penser l'avenir et nous presse de nous redonner un pays au sens plein du terme. Elle nous a fait héritiers d'une longue et somptueuse histoire, un bon millénaire[157] et davantage, qui s'est accomplie sur tous les continents.

8.　　La lutte pour la langue française se confond avec l'histoire du Québec depuis la Conquête : en vérité, on peut tenir[158] que le combat pour la survivance a été essentiellement le combat pour la langue. Il ne pouvait guère en aller autrement puisque la langue nous définit et nous situe, il en ira ainsi jusqu'au jour de l'émancipation ou hélas jusqu'au crépuscule, celui de la langue, qui serait aussi inéluctablement le nôtre.

9.　　Les langues ont besoin d'une assise[159] solide non seulement pour leur expression mais pour leur maintien : quelle est l'assise possible et nécessaire du français au Québec, aujourd'hui, sinon l'indépendance ? Il n'en est point d'autre. La langue est une tradition, la plus haute, et une mémoire, la plus ancienne. Elle transmet, entretient, enrichit le patrimoine et l'imaginaire de même qu'un savoir millénaire. La tradition appelle le renouvellement et l'enrichissement. La défense de la langue, et par là même[160] de la culture dont elle est le fondement et l'expression, apparaît comme la première forme et la plus pressante du combat national. Il est vrai que la survivance d'une communauté de langue française en Amérique du Nord n'ira jamais de soi[161] ; il n'est pas moins vrai que les mesures qu'appelle[162] cette survivance supposent que le Québec dispose de la plénitude des moyens d'une véritable politique linguistique, ce qui implique naturellement la souveraineté nationale.

10.　　Nous ne prenons pas suffisamment en compte le fait[163] que le combat mené ici pour la défense de la langue nationale a vertu exemplaire et valeur universelle. Non seulement rejoint-il[164] les luttes menées ailleurs mais il peut contribuer à enrayer[165] le glissement vers la tyrannie

---

[151]　en morceaux
[152]　toutes ces personnes qui méprisent
[153]　de calmer le mécontentement
[154]　en ce qui concerne cette question
[155]　réclamation
[156]　significatif, important
[157]　pendant un millier d'années
[158]　dire
[159]　base
[160]　du même coup, par conséquent
[161]　ne sera jamais toute naturelle
[162]　exige
[163]　n'accordons pas suffisamment d'importance au fait
[164]　a-t-il des points communs avec
[165]　arrêter

de la loi du marché, vers la profanation de la culture par les industries culturelles. Comme l'a justement écrit Henri Gobard : « La politique au service de l'économie, c'est la destruction de la culture. L'analyse exclusivement économique aboutit à la suppression de toutes les cultures » (*L'Aliénation linguistique*, Paris, Flammarion, 1976).

11.   Un peuple comme le nôtre défend sa langue, mais en même temps, c'est sa langue qui le défend, et il arrive qu'il puise[166] dans la reconnaissance de la fragilité de sa langue un regain de vigueur pour lui assurer les conditions minimales de la survie. Pour le peuple québécois, sa langue, toujours menacée dans sa qualité comme dans son usage, est à la fois blessure et armure. C'est dans sa langue et par elle que notre peuple renoue[167] avec son histoire et noue avec le monde : elle seule le justifie, lui permet de créer la patrie et d'inventer l'avenir dont il rêve et qu'il fait advenir[168], surgir, en les nommant et en les voulant. Ce passé fait irruption[169] dans le présent pour le féconder et ensuite l'absorber, le présent presse le passé de l'aider[170] à inventer l'avenir.

12.   Encore faut-il que nous ayons vraiment envie de durer et que nous ayons dès lors[171] le courage de nous en donner les moyens. Le courage, aussi, de récuser[172] tout compromis et de reconnaître dans les concessions en matière de politique linguistique ce qu'elles sont vraiment : l'antichambre de la démission[173]. En somme, le devoir sacré de l'intransigeance, quant à l'essentiel.

Jean-Marc Léger, *Le Devoir* (3 mars 1997)

---

[166]   trouve
[167]   rétablit des liens brisés
[168]   arriver
[169]   entre brusquement
[170]   pousse le passé à l'aider
[171]   à partir de ce moment
[172]   refuser
[173]   le début de la renonciation, l'abandon

EXPLOITATION DU TEXTE : *SEULE LA LANGUE JUSTIFIE LE COMBAT POUR LA SOUVERAINETÉ*

TECHNIQUES DE LECTURE

Quelques techniques de pré-lecture : un rappel

I. Analysez le titre.

    a) À partir du titre et du sous-titre, anticipez le contenu de l'article.
    b) Qu'est-ce que le titre vous révèle quant à la fonction de l'article ? Le but de l'auteur est-il de persuader ? de critiquer ? d'informer ?
    c) Le titre réussit-il à capter votre attention ? Dites pourquoi.

II. Tenez compte du contexte culturel, historique et politique.

Que savez-vous :

    1. de la Conquête ?
    2. de la loi 101 ?
    3. du multiculturalisme ?
    4. du bilinguisme institutionnel ?
    5. de la défense de la langue française ?
    6. de la notion d'une langue nationale ?
    7. de la souveraineté ?

III. Repérez les grandes lignes du texte. Lisez attentivement le premier paragraphe de l'article et indiquez quelles idées seront reprises et développées par la suite.

MAÎTRISONS LE VOCABULAIRE

L'analyse lexicale

IV. Dans ce texte où il présente sa vision politique, l'auteur se sert de termes qui sont explicitement ou implicitement nationalistes. Repérez les expressions qui font partie du discours nationaliste et classez-les dans les catégories suivantes.

    Exemple : Termes associés au bilinguisme
                le français, les anglophones, les francophones, les non-francophones, la langue française, la politique linguistique, le problème de la langue, etc.

1. Termes associés au mouvement séparatiste
2. Termes qui évoquent les conséquences de la perte de la langue

3. Termes qui évoquent la fierté nationale
4. Termes à connotation positive associés à la lutte
5. Termes à connotation négative associés à la lutte

V. Choisissez deux verbes de la liste B qui s'associent logiquement à un nom de la liste A. Ajoutez des articles ou des adjectifs si c'est nécessaire. Le même verbe peut être utilisé plus d'une fois. Ensuite, rédigez des phrases qui illustrent bien le sens des expressions.

A	B	
identité	préserver	affirmer
autonomie	réclamer	éviter
langue	apprendre	mener
combat	accepter	chercher
patrie	récuser	perdre
compromis	faire	créer
	revendiquer	refuser
	défendre	entreprendre

COMPRÉHENSION DU TEXTE

VI. Rapportez, en vos propres mots, les opinions de l'auteur sur les sujets suivants. (Donnez au moins 3 idées pour chaque sujet.)

1. le bilinguisme
2. la langue
3. les moyens d'assurer la survivance
4. les conditions nécessaires à la survivance

RAPPEL GRAMMATICAL

Le comparatif

Afin de mieux exprimer ses pensées, on recourt souvent à la comparaison. Celle-ci nous permet d'établir des correspondances et de rapprocher deux réalités différentes pour mettre en relief un aspect qui leur est commun. Ainsi, la comparaison utilisée dans une description, une argumentation, une démonstration peut aider à préciser, nuancer ou concrétiser une idée.

Le comparatif peut marquer des rapports entre deux ou plusieurs éléments (personnes, choses, idées, actions, etc.). Il y a trois sortes de comparatifs :

1) l'égalité

aussi + adjectif ou adverbe + que

*Il n'est sans doute pas de peuple chez qui le rapport à la langue soit **aussi intime, aussi prégnant, aussi éloquent que** chez le peuple québécois.* (adjectif)

*Il y a des Québécois qui parlent **aussi bien** l'anglais **que** le français.* (adverbe)

autant de + nom + que

*Y a-t-il **autant de neige** au Québec **qu'**au Vermont ?*

2) la supériorité

plus + adjectif ou adverbe + que

*Au Québec, les francophones sont **plus convaincus que** les anglophones de l'importance de la séparation.* (adjectif)

*L'auteur se plaint que les Québécois parlent anglais **plus fréquemment qu'**ils ne devraient.* (adverbe)

plus de + nom + que

*Dans une région bilingue, il y a **plus de décisions** à prendre quant à l'aménagement linguistique **que** dans une région monolingue.*

3) l'infériorité

moins + adjectif ou adverbe + que

*Selon les nationalistes, la survie du français est **moins sûre** dans un Québec bilingue **que** dans un Québec unilingue.* (adjectif)

*Ils croient qu'on parlera **moins souvent** français dans un Québec bilingue **que** dans un Québec unilingue.* (adverbe)

moins de + nom + que

*En Amérique du Nord, on parle **moins de langues qu'**en Inde.*

Tableau récapitulatif des comparatifs

comparatif	d'infériorité	d'égalité	de supériorité
adjectifs adverbes	moins ... que	aussi ... que	plus ... que
noms	moins de ... que	autant de ... que	plus de ... que
verbes	moins que	autant que	plus que

Le comparatif irrégulier de quelques adjectifs	
bon	meilleur
mauvais	plus mauvais ou pire
petit	plus petit (sens concret)
	moindre (sens abstrait)

Le comparatif irrégulier de quelques adverbes	
beaucoup	plus
bien	mieux
mal	plus mal ou pis
peu	moins

*Le **meilleur** parti a gagné parce qu'il a **mieux** compris les électeurs.*
      (adjectif)   **(adverbe)**

Attention ! Il faut répéter l'adverbe ***plus/moins*** devant chaque adjectif.

*La population du Québec est **plus** nombreuse et **plus** cosmopolite **que** celle du Nouveau-Brunswick.*

Le superlatif

Le superlatif permet d'indiquer la supériorité ou l'infériorité d'un élément par rapport à un groupe d'éléments (personnes, choses, idées, actions, etc.). Il y a deux sortes de superlatifs :

1) le superlatif de supériorité
      le plus (la plus, les plus) + adjectif
      *Souvent, **les plus beaux** paysages se trouvent dans les régions **les plus isolées**.* (adjectifs)

le plus + adverbe
De tous les défenseurs de la patrie, ce sont les poètes qui parlent le plus passionnément. (adverbe)

le plus de + nom
Quel est le pays où il y a le plus d'habitants ?

2) le superlatif d'infériorité

le moins (la moins, les moins) + adjectif
Selon l'auteur, accepter des compromis est le comportement le moins acceptable. (adjectif)

le moins + adverbe
Ce député est celui qui assiste aux séances parlementaires le moins fréquemment. (adverbe)

le moins de + nom
C'est l'année où il y a eu le moins de chômage depuis longtemps.

Attention !
• Dans la forme superlative, **de** correspond au mot anglais *in*.
Les restaurants les plus chic de Montréal se trouvent dans le vieux quartier.

Le superlatif régulier et irrégulier de quelques adjectifs		
bon	le meilleur	le moins bon
mauvais	le plus mauvais ou le pire	le moins mauvais
petit	le plus petit ou le moindre	le moins petit

VII. Complétez les phrases suivantes par un superlatif ou un comparatif.

1. La question de la langue pour le peuple québécois... (superlatif)
2. Les anglophones qui vivent au Québec... (comparatif)
3. Pour le reste du Canada, les problèmes linguistiques des Québécois... (comparatif)
4. Le combat pour la souveraineté du Québec... (superlatif)
5. Défendre sa langue... (comparatif)

VIII. Traduisez.

1. This timetable suits me the best. It is better than last week's schedule.
2. She is the strictest professor in the department. I received the worst marks in the class.
3. There is not as much rain this year as last year. However, the winter will be harsher.
4. This employee works as hard as her boss, but she earns less.
5. Our economy is stronger than that of many countries, but it is not the most stable economy in the world.

IX. Faites des comparaisons en utilisant les éléments donnés.

1. L'hiver russe est ... que l'hiver canadien (rigoureux). Par conséquent, les Russes doivent faire face à ... que les Canadiens (tempêtes de neige).
2. Quand on est au régime, on ... que normalement (manger). On mange ... que de gâteaux (fruits).
3. Un emploi judicieux du dictionnaire nous permet de ... (écrire) et de faire ... d'orthographe (fautes).
4. Elle ... que sa camarade de chambre (réussir). Évidemment, elle ... que son amie (ne pas étudier).
5. Quand on est motivé, on travaille ... (assidûment) et on manque ... (cours).

X. Comparez les éléments suivants :

1. chercher de l'information à la bibliothèque et consulter Internet
2. le Canada et les États-Unis
3. se marier dans la vingtaine et se marier dans la trentaine
4. les études universitaires et les études techniques
5. le début et la fin du XXᵉ siècle

ÉCRIVONS

XI. Écrivez une rédaction sur l'un des sujets suivants.

1. Partagez-vous l'opinion que l'auteur exprime dans cet article ? Pour quelles raisons êtes-vous ou n'êtes-vous pas de son avis ?
2. Pensez-vous que votre identité soit étroitement liée à votre langue ?

ÉLARGISSONS NOS HORIZONS

Au cours de l'histoire, différentes nations ont réclamé leur indépendance. Parfois elles voulaient se séparer de la mère-patrie, parfois il était question d'une rupture au sein d'un seul pays. Quelles sont, selon vous, les motifs qui justifient la séparation ? Quelles sont les conditions nécessaires pour que la séparation réussisse ? (Pensez à la situation au Québec, dans l'ex-Yougoslavie, en Algérie, dans les colonies françaises d'Afrique, etc.)
Organisez une table ronde où chaque étudiant se fait le porte-parole d'un de ces pays.

Le Québec : une société pluraliste

Le patrimoine[174] « *un capital*[175] *pour s'élancer vers l'avant dans la conquête de l'avenir* »

Dans son livre *Passer à l'avenir, histoire, mémoire, identité dans le Québec d'aujourd'hui*, dont nous présentons ici des extraits, l'historien québécois Jocelyn Létourneau s'oppose à la construction d'une histoire du Québec basée uniquement sur le concept du passé douloureux des Québécois d'origine canadienne-française. Il faut admettre dit-il, que le Québec est depuis longtemps une société pluraliste. L'histoire détermine l'acquisition d'une conscience civique et d'une identité. L'historien du Québec doit trouver dans le passé des ressources émancipatrices qui permettront aux Québécois de passer à l'avenir et donneront aux communautés culturelles une place digne du rôle qu'elles ont joué dans l'histoire de la province.

Passer à l'avenir

Se souvenir d'où l'on s'en va

1.   Le problème qui est au cœur de notre interrogation touche plutôt à la relation que les Québécois d'héritage canadien-français entretiennent avec leur passé, un passé réputé douloureux, plein d'épreuves et de sacrifices qui, apparemment, commandent un souvenir impérissable de tourmente exigeant réparation ou rachat[176] [...].
2.   Mais l'on vit maintenant. [...] Comment conjuguer au présent et au futur la mémoire d'hier ? [...] Comment construire l'avenir sans oublier le passé [...] ?

Les fatigues de l'inconsolable endeuillé[177]

3.   [Le Québécois est-il] endeuillé pour toujours [...] ou désireux d'échapper à cette prescription mémorielle : « Je me souviens », qui inspire son rapport au monde ? Que faire de cette devise qui rappelle constamment au porteur de la plaque (d'immatriculation) qu'il doit se souvenir de ce qu'il est [...] ?

Se souvenir d'où l'on vient

4.   Dans son documentaire intitulé « Le Sort de l'Amérique » [...], Jacques Godbout[178] s'attaquait à cette même question, pris au piège entre l'héritage mémoriel particulièrement lourd à porter de son père mourant (« Mais n'oublie pas, Jacques, que les Anglais ont brûlé nos fermes, ont brûlé nos maisons ») et le souvenir historique faiblard de ses enfants et petits-enfants (« Mes enfants, mes petits-enfants encore moins, tu comprends bien, les plaines d'Abraham, ils

---

174   biens que les ancêtres nos ont légués en héritage culturel
175   ensemble de richesses possédées
176   compensation
177   individu plongé dans le deuil, rempli de tristesse
178   romancier, essayiste, poète et cinéaste québécois (1933-)

s'en tapent[179], ils sont dans les jeux Nintendo. Ils ne sont pas en train de se poser des questions sur les Anglais, les Français en formation, qui a tiré sur qui ? »), ce qui lui faisait craindre le pire à propos de la mémoire à venir des siens[180] [...] « Étrangement, les plaines d'Abraham c'est devenu un mythe [...] qui a fondé le Canada, puisque les deux généraux [Wolfe et Montcalm] sont allés mourir en même temps. Parce qu'il y a deux héros, étrangement. Il n'y en a pas un qui domine l'autre. Et c'est cette tension entre les Anglais et les Français qui fait le pays. Et si cette tension disparaît parce qu'on en oublie l'histoire, qu'est-ce qui arrive ? » [...]

5.   Or, le défi que doivent relever les Québécois n'est pas d'opter pour une mémoire fondée sur la démission[181] ou le mépris envers le passé[182]. Ce défi est plutôt de discerner ce qui, dans l'ayant-été[183], doit être réassumé ou désassumé[184] au nom des valeurs et des contextes du présent. Au chapitre de[185] la mémoire, c'est en effet l'avenir qui doit être dans la mire[186] des contemporains. À défaut de quoi[187] ceux-ci restent d'éternels endeuillés, incapables de s'extirper[188] des échos du passé, un passé qui leur pèse à ce point qu'ils n'arrivent bientôt plus à envisager de nouvelles solutions aux histoires dans lesquelles on les a empêtrés[189] [...].

6.   Essentiellement, il s'agira de s'attaquer à la question suivante : comment se souvenir en oubliant et comment oublier en se souvenant, avec en tête l'idée que, à la fin, la tension entre l'ancien et le nouveau doit être résolue au bénéfice de l'avenir. Pour permettre aux héritiers d'avancer et de vivre, le passé doit être en effet tremplin[190] et source de motivation. Surtout, il doit se faire rappel positif, sans quoi il devient[191] fardeau écrasant ou spleen paralysant[192]. Le rôle de la mémoire, on l'oublie souvent, est d'enrichir l'expérience, non pas de retarder l'action.

L'art d'hériter

7.   Qui n'a pas entendu prononcer cette formule emblématique et universelle, apparemment pleine de sagesse et incontestable par sa logique : « Le rejet du passé laisse démuni[193] » ? [...] En pratique, les héritiers ont, au regard de[194] leurs pères, la charge particulièrement lourde de faire fructifier un legs[195] initial, c'est-à-dire de tirer parti de l'apport[196] des ancêtres en vue d'accroître

[179]   s'en moquent, s'en fichent (langue familière)
[180]   des futures générations de sa famille
[181]   l'abandon, l'oubli
[182]   l'absence de respect du passé
[183]   le passé
[184]   accepté ou refusé
[185]   en ce qui concerne
[186]   la cible
[187]   S'ils ne pensent pas à l'avenir
[188]   sortir
[189]   emprisonnés, immobilisés
[190]   moyen
[191]   pour ne pas devenir
[192]   mélancolie paralysante
[193]   sans ressources
[194]   en ce qui concerne
[195]   un héritage
[196]   profiter de la contribution

le bénéfice accumulé de bonté. Nous parlons ici de bonté dans le sens de ce qui enrichit, de ce qui est profitable au devenir humain, de ce qui ouvre l'horizon plutôt qu'il ne le ferme, de ce qui est admirable et illumine l'obscurité. […] La responsabilité des héritiers est précisément de profiter du capital de bonté amassé par les anciens, d'en faire le point de départ de leur quête[197] particulière et de chercher à leur tour à l'augmenter pour le bénéfice des descendants. [...]

8.   Là réside d'ailleurs en partie le drame des Québécois d'héritage canadien-français comme groupement mémoriel et historial. Ceux-ci, inspirés par leurs grands intellectuels-savants et poètes par[198] trop nostalgiques [...] ont en effet tendance à se souvenir de ce qu'ils ont fait de mal ou du tourment qui leur a été causé, de ce qu'ils n'ont pas fait ou de ce qu'ils auraient pu faire, plutôt que d'insister sur ce qu'ils ont fait ou font de bien et de bon. En pratique, ces Québécois portent leur passé comme une croix. [...] Pour grandir, leur a-t-on dit et leur répète-t-on encore, il faut souffrir. [...] Voilà pourquoi le passé, plutôt que d'être une source de motivation et d'espérance, demeure pour la majorité d'entre eux le lieu d'une insupportable aliénation dont ils ont été victimes et qui demande réparation.

9.   Or le passé, c'est-à-dire le résultat de l'action des ancêtres, est un capital que les contemporains doivent se mettre en position d'exploiter, un patrimoine sur lequel ils doivent prendre appui[199] pour s'élancer vers l'avant dans la conquête de l'avenir. [...] Sinon, la mémoire devient nostalgie, ressentiment, ou, pis encore, elle engendre l'empêchement[200].

Jocelyn Létourneau,
Passer à l'avenir, histoire, mémoire, identité
dans le Québec d'aujourd'hui (2000)

VOCABULAIRE ET COMPRÉHENSION : *PASSER À L'AVENIR*

MAÎTRISONS LE VOCABULAIRE

I. Le mot « cœur » fait partie de nombreuses expressions idiomatiques. Remplacez les mots en caractères gras par des expressions équivalentes.

1. Ce problème est **au cœur** de notre interrogation.
2. Quand il voyage en avion, il **a mal au cœur.**
3. Je l'admire parce qu'elle **a le cœur sur la main.**
4. Il **prend à cœur** la relation entre les Québécois et leur passé.
5. Le père **a le cœur serré** de voir le manque d'intérêt de ses enfants pour leur passé.
6. Lisez le livre de Jocelyn Létourneau si **le cœur vous en dit.**

---

[197]   recherche
[198]   vraiment
[199]   s'appuyer, compter
[200]   empêche d'agir

II. Un mot peut changer de sens selon le contexte. Indiquez le sens du mot « entretenir » dans les phrases suivantes.

1. Les Québécois **entretiennent** une relation avec le passé.
2. Comme il gagne un bon salaire, il est à même **d'entretenir** ses enfants qui étudient à Montréal.
3. Le conférencier **a entretenu son** public de la mémoire au Québec.
4. Dans une grande ville, il est important **d'entretenir** les rues.
5. Selon l'article, la majorité des Québécois **entretiennent** des sentiments de tristesse.

III. Repérez dans le texte 5 expressions qui décrivent la relation des Québécois avec leur passé.

IV. L'auteur utilise des expressions qui, généralement, s'inspirent de l'économie ou du commerce, comme par exemple la comparaison du patrimoine à un capital. Trouvez d'autres expressions dans le passage qui sont associées au commerce ou à l'argent.

COMPRÉHENSION DU TEXTE

V. Répondez aux questions suivantes.

I. Quelle est la question principale traitée dans ce passage ?
2. Le documentaire de Jacques Godbout présente deux points de vue divergents. Quels sont ces points de vue ?
3. Pourquoi la bataille des Plaines d'Abraham est-elle d'une importance capitale pour le Canada, selon Jacques Godbout ?
4. Quelle devrait être l'attitude des Québécois envers le passé ?
5. Quelles seront les conséquences si les Québécois ne se tournent pas vers l'avenir ?
6. Êtes-vous d'accord avec la déclaration « Le rejet du passé laisse démuni » ?
7. Selon le texte, quelle est la responsabilité de la génération contemporaine ?
8. Résumez le « drame » des Québécois d'héritage canadien-français.
9. Que représente le passé pour la plupart des Québécois ?
10. Comment l'auteur, Jocelyn Létourneau, voit-il le passé ?

CHAPITRE 5

LA CULTURE POST-COLONIALE : LE CAS DE L'ALGÉRIE

LANGUE ET CULTURE AU MAGHREB À L'ÈRE POST-COLONIALE

Le Maghreb comprend trois pays de l'Afrique du Nord : la Tunisie, le Maroc et l'Algérie. Ces pays ont tous été des colonies ou protectorats de la France (l'Algérie 1830-1962, la Tunisie 1891-1956, le Maroc 1912-1957). Pendant la période de la colonisation, le français était la langue dominante dans ces pays et souvent, la classe instruite, les universitaires, les cadres[1] et la bourgeoisie, parlaient le français mieux que l'arabe. Depuis leur indépendance, ces ex-colonies françaises pratiquent une politique d'**arabisation** qui vise à redéfinir l'importance du français et à donner un rôle plus central à la langue arabe. Dans l'article suivant, André Nouschi, sociologue de l'Université de Nice-Sophia Antipolis, examine les problèmes paradoxaux posés par la restauration de l'arabe comme langue de base de la collectivité maghrébine. L'auteur <u>fait l'inventaire des problèmes</u>[2] politiques, culturels et administratifs qui découlent de cet **aménagement linguistique**. Comment décider du degré de bilinguisme dans la situation post-coloniale ? Refuser le français, c'est refuser la culture de l'Autre, mais en même temps, le français apporte des outils intellectuels et un contact indispensable avec le monde moderne. Nous ne présentons que des extraits de l'article, qui est le fruit d'une étude approfondie, mais les passages choisis permettent de suivre l'argumentation de base de l'auteur.

Culture et décolonisation au Maghreb

Le choix entre deux cultures

1. Le temps de l'indépendance pose aux Maghrébins toutes sortes de problèmes difficiles ; l'un des plus délicats est sans doute celui de la culture. En effet, la langue populaire est l'arabe parlé dont on sait qu'il diffère sur de nombreux points dans chacun des trois pays ; tandis que l'arabe classique est le privilège d'une minorité. Mais la culture [...] embrasse une foule d'aspects qui touchent autant à la langue qu'à la littérature, à la philosophie, à l'éthique ou à la façon d'être et de vivre. [...] Les Maghrébins se trouvent au moment de l'indépendance devant deux cultures : l'une arabe et islamique, l'autre française, puisque la France a occupé la région.

2. La France a imposé sa langue, puisque c'était celle de l'administration, même si l'arabe a été utilisé à Rabat[3] ou Tunis[4] comme langue officielle ; de plus, les Français ont introduit leur système d'éducation et d'instruction, leur mode de vie et cela a laissé des traces profondes. Les écoles, les lycées, les universités ont eu des élèves français, européens et maghrébins ; ces derniers n'ont été qu'une minorité à suivre les

---

[1] dirigeants d'une entreprise
[2] décrit, évalue les problèmes
[3] capitale du Maroc
[4] capitale de la Tunisie

enseignements en français : ainsi, seules des minorités sont aptes à manier l'une ou l'autre des deux langues officielles. En revanche, une majorité écrasante <u>est analphabète</u>[5] aussi bien en arabe qu'en français ; mais ces hommes et ces femmes véhiculent avec eux une culture originale dont il faudrait faire l'inventaire. [...]

3.   La culture et la décolonisation sont aux prises avec une série de paradoxes : le premier est que le fond[6] de la culture des Maghrébins est arabe, mais l'arabe de Tunis n'est pas celui d'Alger et encore moins celui de Rabat ou de Marrakech. Quelle langue arabe adopter pour retrouver son identité : sera-ce l'arabe dialectal ? sera-ce l'arabe classique ? [...] Mais qui le parle et surtout qui le comprend ? Le second est que le français est la langue de la colonisation, mais aussi celle de la modernité, celle qui permet de communiquer avec une partie du monde technique et des relations internationales ; les Maghrébins, et surtout les Algériens, la récusent[7] justement du fait qu'elle a été la langue de la domination coloniale. Le troisième paradoxe est que chacun de ces États veut ardemment sortir du sous-développement lié au passé immédiat ou lointain. Or, comment en sortir si l'on n'adopte pas une langue de la modernité, celle de la domination du passé colonial. Le plus grave des paradoxes est que le développement <u>s'accommode mal</u> ou pas du tout <u>de</u>[8] l'analphabétisme qui touche une majorité écrasante de Maghrébins et surtout les femmes. Or, les dirigeants maghrébins doivent [...] choisir ; et leur choix conditionne l'avenir à moyen et long termes, non seulement sur le plan culturel, mais aussi sur celui du développement dans les décennies à venir. [...]

La culture arabe

4.   À l'époque coloniale, apprendre l'arabe pour un Maghrébin c'était d'abord renouer le fil avec le passé arabe et islamique ; c'était aussi affirmer son identité, comme nous disons aujourd'hui, par rapport aux occupants français. Rien d'étonnant donc que les nationalistes aient affirmé hautement leur souci de donner à l'enseignement dans l'avenir de l'indépendance une place privilégiée à l'arabe. Mais la question est de savoir : quel arabe ? sera-ce l'arabe dialectal ? celui des grandes époques du classicisme (ce que les arabes nomment *loghat al fousha*) ? l'arabe de presse moderne ? Si la majorité comprend et parle le dialectal, qui parle celui de la modernité (celui de la presse et de la radio) ? qui comprend l'arabe classique et surtout qui peut le parler ? L'**arabisation** soulève des problèmes graves.

5.   De plus, arabiser l'enseignement exige des maîtres en nombres <u>susceptibles d'accueillir</u>[9] tous les enfants analphabètes (entre 75 et 90 % des enfants scolarisables) ; où les trouver ? Et puis cette culture arabe débouche-t-elle sur la modernité du monde contemporain ? [...]

---

[5]   n'a pas appris à lire et à écrire
[6]   la base
[7]   rejettent
[8]   est peu favorisé par
[9]   qui peuvent recevoir, admettre

La culture française

6. Elle est le fait de l'occupant colonial qui a imposé son ordre, sa langue, ses façons de vivre et d'être, sa morale (ou son absence de morale, selon l'Islam) mais aussi tout un lot d'inégalités et d'injustices qui ont alimenté la revendication nationaliste dans chacun des trois pays. [...]

7. Pour un Maghrébin, l'univers français est radicalement différent du sien dans tous les domaines ; d'abord parce qu'il est étranger à la tradition française, ensuite parce que sa culture quotidienne tourne le dos à la façon de vivre des Français : quoi de commun entre les costumes masculins ou féminins des uns et des autres ? entre leur façon de considérer le temps, l'argent, l'honneur, la dignité ? Cependant, comme rien avant les années 50 n'indique que les États seront indépendants, nombreux sont les Maghrébins qui, pour progresser se sont tournés vers la culture française. [...] Certaines familles de notables marocains ou algériens ont encouragé un de leurs garçons à se tourner vers la culture française, pour des raisons évidentes de stratégie familiale et politique.

L'enseignement du français

8. En Algérie, les Français ont introduit dans le pays progressivement tous les types d'enseignement dispensé en France, y compris celui de l'université, sans oublier les enseignements professionnels et techniques. Mais, ostensiblement ils ont refusé que tous les enfants algériens puissent en bénéficier. En revanche, les enfants européens d'abord, et juifs ensuite, ont été scolarisés très largement ; d'où un déséquilibre tel qu'avec la Deuxième Guerre mondiale, les responsables français lancent en 1944 un plan destiné à <u>combler le retard</u>[10] des Algériens sur le plan scolaire. [...]

9. La scolarisation en français concerne surtout les garçons même si l'administration française recommande inlassablement d'envoyer les filles à l'école. En effet, en Algérie comme dans les deux autres États, les parents retirent leurs filles dès qu'elles ont atteint l'âge de douze ans ; seules les filles des familles que l'on peut considérer comme « bourgeoises » continuent d'aller en classe, soit à l'école primaire, soit dans les lycées et collèges. Mais l'écrasante majorité ignore le chemin de l'école même élémentaire, surtout dans les campagnes ; il y a à cela différentes raisons : médiocrité des voies et moyens de communications, éloignement, rareté des écoles, insuffisance du nombre de places, qui s'ajoutent aux traditions familiales. [...]

10. L'acquisition de la langue et de la culture française a donné naissance à une littérature maghrébine de langue française : maghrébine, parce qu'elle touche au Maghreb, à la vie et aux problèmes de ses hommes et de ses femmes, à ses mythes ; de langue française, parce que les écrivains se sont exprimés en français. Bien avant l'indépendance, on ne compte plus le nombre d'écrivains algériens, marocains ou tunisiens qui se sentent déchirés entre d'une part cette langue, étrangère à leur pays, mais qu'ils maîtrisent jusque dans ses finesses les plus délicates et la culture qui <u>a baigné</u>[11] leur jeunesse ou leur enfance, mais dont la langue est incapable, à leurs yeux, de traduire l'univers imaginaire qui nourrit leurs œuvres.

---

[10] remédier au retard
[11] a exercé une grande influence sur

La véritable oppression

11.   Certains historiens, à propos du bilinguisme, ont parlé d'« oppression culturelle » ; mais la reconquête de l'indépendance nationale n'a-t-elle pas été menée par et avec la langue française ? Et les meilleurs plaidoyers[12] n'ont-ils pas été menés en français ? Certes, du fait qu'il a été langue officielle, le français a permis d'imposer <u>la tutelle française</u>[13] à une majorité de Maghrébins, durant des décennies : il a donc été la langue de l'oppression. En Algérie, l'arabe n'a pu être enseigné du fait que les *habous*[14] ont été supprimés, et dans ce sens, on peut parler d'une « oppression culturelle », mais sans doute pas en Tunisie ou au Maroc où les *habous* ont été maintenus. Il ne dépendait que des Tunisiens ou des Marocains qu'ils encouragent la langue et la culture arabes. La véritable oppression est celle de l'analphabétisme qui a crû, autant en arabe qu'en français.

12.   En revanche, ceux qui ont eu le privilège [d'étudier] en français, de le posséder à fond, risquaient d'être déchirés et de souffrir d'une véritable schizophrénie culturelle. Il fallait donc qu'ils assument la double culture et s'en enrichissent ; mais combien l'ont pu ? [...]

13.   On peut toujours imaginer qu'un enseignement de type français plus largement dispensé aurait signifié un bouleversement socio-politique du Maghreb. Il reste qu'au moment de l'indépendance, une minorité de Maghrébins <u>se trouve au milieu du gué</u>[15], avec tout ce que cela comporte de problèmes ; en particulier celui de déchirement entre les deux cultures dominantes et au delà, celui de l'alphabétisation de millions d'hommes et de femmes et d'enfants. Les Maghrébins soulèvent ainsi le devenir et la nature de leur personnalité, de leur identité arabo-islamique ; et au delà leur insertion dans le monde arabe auquel farouchement[16] ils veulent se rattacher. [...]

14.   *« La culture ne sera florissante que si notre vie sociale et économique l'est également. Aujourd'hui, nous souffrons d'un complexe d'infériorité quant au niveau intellectuel et culturel. Si nous voulons être sincères, en face de ce qui est vraiment notre situation présente, nous devons reconnaître que nous éprouvons ce complexe. [...] Ce complexe d'infériorité relativement au niveau culturel n'a d'autre origine que l'existence d'une infériorité sociale et économique : dans ces conditions, ce complexe d'infériorité qui est en nous ne cessera que quand auront cessé ces causes sociales et économiques. L'intellectuel continuera à se sentir en état d'infériorité tant qu'il vivra dans un pays sous-développé et tant que les circonstances ne permettront pas la mobilisation de toutes les forces intellectuelles pour la révolution contre le sous-développement. »*
At-Tajdid, militant du FLN (Front de Libération nationale), 1962

André Nouschi, *The Maghreb Review* (vol. 19, n°s 1-2, 1994)

---

[12]   discours en faveur de l'indépendance
[13]   l'administration de la France
[14]   écoles où l'on enseigne en arabe
[15]   sont au milieu de la rivière, ne sachant pas de quel côté aller : vers la culture française ou la culture arabe
[16]   ardemment

EXPLOITATION DU TEXTE : *CULTURE ET DÉCOLONISATION AU MAGHREB*

MAÎTRISONS LE VOCABULAIRE

I. Trouvez dans le texte les phrases ou expressions qui véhiculent les idées exprimées par les mots en caractères gras.

1. Les musulmans accusent les Européens **d'un manque de valeurs.**
2. Sous le régime colonial, **la plupart des enfants juifs et européens ont reçu une formation scolaire.**
3. **Beaucoup d'Algériens n'ont pas l'occasion de faire des études scolaires.**
4. **La langue française a joué un rôle clé dans l'émancipation du pays.**
5. Les Arabes francisés **ont dû accepter le fait qu'ils avaient deux cultures.**

COMPRÉHENSION DU TEXTE

II. Vérifiez votre compréhension de l'article en indiquant si les déclarations suivantes sont vraies ou fausses.

1. Sous le régime français au Maghreb, la langue arabe ne jouait aucun rôle officiel.
2. Peu de Maghrébins sont analphabètes en arabe.
3. L'administration française en Algérie ne s'est pas préoccupée de l'analphabétisme des filles.
4. Avant l'indépendance, il y avait beaucoup d'auteurs maghrébins qui écrivaient en français.
5. Sous le régime français, l'arabe était enseigné davantage en Tunisie qu'en Algérie.

III. Répondez brièvement aux questions suivantes en montrant que vous avez compris l'article.

1. Pourquoi l'auteur dit-il que les problèmes des sociétés maghrébines actuelles sont paradoxaux ?
2. Actuellement, quel est le problème social le plus grave de ces sociétés ?
3. Expliquez la signification des expressions « schizophrénie culturelle » (par. 12) et « complexe d'infériorité » (p. 14) dans le contexte de l'article.

RAPPEL GRAMMATICAL

Le futur

• Le futur est utilisé pour indiquer une action, une condition, ou une situation dans l'avenir.

> *L'auteur croit que le rôle de l'arabe au Maghreb **se modifiera** dans les prochaines années.*
> *... **sera**-ce l'arabe dialectal ? **sera**-ce l'arabe classique ?*

• Le futur est parfois utilisé au lieu de l'impératif pour donner un ordre.

> *Vous **éviterez** de parler français dans le cours d'arabe.*

• Pour parler d'une action qui aura lieu bientôt, on utilise **le futur proche** formé du présent du verbe **aller + infinitif**.

> *L'année prochaine, les autorités maghrébines **vont faire** face à des problèmes paradoxaux.*

Le futur dans les phrases hypothétiques

Le futur n'est pas utilisé après le **si** de condition dans les phrases hypothétiques. Par contre, dans la proposition principale de ces phrases on utilise le futur, le présent ou l'impératif.

> *Si j'**ai** le temps, j'**irai** à Marrakech pendant mon séjour au Maroc.*
> *Si une ville me **plaît**, j'**essaie** de visiter tous ses sites historiques.*
> *Si la ville de Tunis vous **intéresse**, **restez**-y un peu plus longtemps !*

Attention ! Il ne faut pas confondre le **si** de condition et le **si** d'interrogation indirecte qui équivaut à *whether* en anglais. Au discours indirect on peut utiliser le futur après **si**.

> *Je ne sais pas **si** j'**aurai** le temps d'aller au Maroc cette année.*

Le futur antérieur

• Le futur antérieur permet de préciser qu'une action future se terminera avant qu'une autre action future ne commence.

> *... ce complexe d'infériorité qui est en nous ne **cessera** que quand **auront cessé** ces conditions sociales et économiques.*
> *Quand la fin du siècle **arrivera**, les Maghrébins **auront vécu** une longue période d'indépendance.*

• Le futur antérieur peut aussi indiquer un fait passé supposé ou imaginé.

*Elle a l'air soulagé. Elle **aura reçu** les résultats de son examen.*

Les conjonctions de temps qui entraînent le futur ou le futur antérieur

Le futur ou le futur antérieur sont utilisés après **quand, lorsque, dès que, aussitôt que, après que** et **tant que**, s'il s'agit effectivement d'action future.

*Quand il n'y **aura** plus d'analphabétisme, le pays **avancera** rapidement.*
*L'intellectuel **continuera** à se sentir en état d'infériorité **tant qu'il vivra** dans un pays sous-développé.*
*Dès qu'il **aura terminé** son cours d'arabe classique, il **se mettra** à étudier les grandes œuvres de la littérature arabe.*
*Lorsque j'**aurai** le temps, j'**étudierai**, moi aussi, l'arabe.*

Attention ! Il ne faut pas utiliser le futur après ces conjonctions s'il ne s'agit pas d'action future. Comparez les deux exemples suivants :

*Quand je **vais** au Maroc, j'**aime** bien visiter les musées. (action habituelle)*
*Quand j'**irai** au Maroc l'été prochain, je **visiterai** les musées. (action future)*

La préposition dans + le futur

• La préposition **dans + une période de temps** s'utilise pour indiquer une action au futur, une action qui aura lieu après cette période de temps.

*L'avion **partira dans deux heures.***

Attention ! La préposition **en** est utilisée pour indiquer la durée, le temps nécessaire pour accomplir une action.

*Le trajet Robat/Paris se fait **en trois heures.***

IV. L'avenir du Maghreb. En mettant les verbes entre parenthèses au futur ou au futur antérieur, imaginons la situation dans les pays maghrébins en 2050.

1. Il y (avoir) des écoles pour tous les enfants.
2. Les jeunes (jouir) d'autant de scolarisation que les Européens.
3. Aussitôt qu'on (régler) le problème de l'analphabétisme, le développement (s'accélérer).
4. Le Maghreb (devenir) une région de développement industriel.

5. Le Maghrébin moyen (faire) tout pour garder sa langue maternelle.
6. Mais tant que l'anglais (se répandre) dans le monde, il (falloir) défendre l'arabe.
7. Les filles (être) aussi instruites que les garçons.
8. Après que les filles (terminer) leurs études, elles (pouvoir) faire partie du marché du travail.
9. Grâce à la floraison de la culture maghrébine, une nouvelle littérature (naître) au cours du XXIe siècle.
10. Bien sûr, les Maghrébins (tenir) toujours à leur ancienne culture classique.

V. Répondez aux questions suivantes en utilisant les conjonctions entre parenthèses.

Exemple : Quand ferez-vous votre maîtrise ? (**dès que**)
Je ferai ma maîtrise **dès que j'aurai terminé** mon baccalauréat.

1. Quand saurez-vous votre note finale en français ? (lorsque)
2. Quand êtes-vous à l'aise pour parler français ? (tant que)
3. Quand irez-vous dans un pays francophone ? (aussitôt que)
4. Quand prendrez-vous le temps d'étudier la grammaire ? (dès que)
5. Quand serez-vous bilingue, à votre avis ? (quand)

VI. Terminez les phrases hypothétiques suivantes par une proposition conditionnelle ou une proposition principale selon le cas.

1. Si les étudiants s'ennuient en classe
2. Lisez ce livre sur les Berbères si
3. J'essayerai d'étudier trois heures par jour si
4. Si vous n'assistez pas au cours demain
5. Si le livre n'est pas à la bibliothèque

VII. Complétez les phrases par un des verbes suivants tirés du texte. Attention au choix du temps !

éprouver	s'accommoder	exiger
différer	ignorer	se rattacher
maîtriser	affirmer	croître

1. D'après l'auteur, les Maghrébins ... leur identité arabe quand ils se sentiront plus confiants.
2. Dans les années à venir, l'arabisation de l'enseignement ... l'embauche d'un grand nombre de maîtres.
3. Grâce à ce projet d'aménagement linguistique, on espère que le nombre de Maghrébins bilingues ... .
4. Dans le village global, les Maghrébins qui ... plusieurs langues pourront accéder aux meilleurs postes.
5. Selon l'article, les Maghrébins à l'avenir ... au monde arabe.

VIII. Traduisez les phrases suivantes.

1. When I leave Lebanon, I will visit Syria and then I will have seen all of the Middle East.
2. When you think about illiteracy, you never think about North America.
3. In the global village, Third World countries will be torn between tradition and modernity.
4. They will keep their traditions as long as the economic situation permits it.
5. The President is not in Rabat. He must have stayed in Fez.

TECHNIQUES D'ÉCRITURE

Reformuler

La reformulation vise à exprimer autrement, souvent plus simplement, des idées complexes, obscures ou imagées d'un texte. Reformuler une déclaration en termes plus clairs ou plus simples tout en respectant son contenu est une technique qui exige une bonne maîtrise de la lecture et de la rédaction. Il faut d'abord saisir le sens exact de la déclaration avant de pouvoir la reconstituer de façon précise.

Examinons quelques techniques efficaces pour reformuler.

Alléger la syntaxe

• Remplacer la proposition par un participe passé, un adjectif ou une expression adjectivale

> *Le français est la langue de l'époque **où le pays était une colonie**...*
> (proposition relative)

> **Reformulation :** *Le français est la langue de l'époque **coloniale**...* (adjectif)

• Remplacer une forme passive par une forme active

> *La majorité des Maghrébins ont **été privés** d'une formation professionnelle.*

> **Reformulation : On a privé** *la majorité des Maghrébins d'une formation professionnelle.*

IX. Reformulez les phrases suivantes en allégeant la syntaxe.

1. Les jeunes qui ne savaient pas lire ne trouvaient pas d'emplois.
2. Toutes les études de l'élite ont été faites en français.
3. L'administration n'accepte pas les documents qui sont écrits en français.
4. Je ne connais pas les mots arabes que cet article utilise.
5. Des mesures ont été prises par le gouvernement pour promouvoir l'usage de l'arabe.

• **Simplifier l'expression au moyen de synonymes**

On peut simplifier une déclaration en remplaçant des expressions longues ou complexes par des synonymes ou des expressions ayant plus ou moins le même sens. Notez les synonymes proposés pour remplacer les expressions suivantes (en caractères gras) extraites du texte :

> *... sa culture quotidienne **tourne le dos** à la façon de vivre des Français*
> *... sa culture quotidienne **rejette** la façon de vivre des Français*
>
> *... seules les minorités **sont aptes à manier** l'une ou l'autre des deux langues officielles*
> *... seules les minorités **maîtrisent** l'une ou l'autre des deux langues officielles*

X. En tenant compte du contexte de l'article, exprimez autrement les mots en caractères gras.

1. **Une majorité écrasante** est analphabète. (par. 2)
2. La culture et la décolonisation sont **aux prises avec** une série de paradoxes. (par. 3)
3. Apprendre l'arabe pour un Maghrébin, c'était d'abord **renouer le fil** avec le passé arabe et islamique. (par. 4)
4. L'occupant colonial [...] a imposé [...] **tout un lot d'**inégalités. (par. 6)
5. Ceux qui ont eu le privilège d'étudier en français, de le **posséder à fond,** risquaient d'être déchirés. (par. 12)

• **Simplifier l'expression au moyen de mots de la même famille**

Une autre technique de reformulation est de remplacer un mot par un autre mot de la même famille. On peut simplifier l'expression d'une idée en remplaçant un verbe ou un adjectif par un substantif et ainsi de suite. La reformulation de la phrase suivante extraite du texte, est faite au moyen de mots de la même famille.

> *La France **a imposé** sa langue... les Français **ont introduit** leur système d'éducation... et cela a laissé des **marques profondes**.*
>
> **Reformulation :** *L'**imposition** de la langue française et l'**introduction** du système d'éducation français ont **profondément** marqué la société.*

XI. Trouvez dans le texte des mots de la même famille que les mots suivants et placez-les dans la colonne appropriée.

	Mot de la même famille	Catégorie grammaticale
enseigner		
le privilège		
revendiquer		
las		
acquérir		
opprimer		
la suppression		
la croissance		
le déchirement		
fleurir		

XII. Reformulez les phrases suivantes en utilisant les procédés suggérés entre parenthèses.

1. La culture **embrasse une foule d'**aspects qui touchent autant à la langue qu'à la littérature. (synonyme)
2. À cause **du fait qu'ils sont loin** des écoles, beaucoup d'enfants ne savent pas lire. (mot de la même famille)
3. Leur choix **conditionne** l'avenir à moyen et à long termes. (synonyme)
4. **Les gens qui dirigent** les pays maghrébins doivent prendre des décisions difficiles (mot de la même famille)
5. ... cette culture arabe **débouche-t-elle sur** la modernité du monde contemporain ? (synonyme)

ÉCRIVONS

XIII. Écrivez une rédaction au futur sur un des sujets suivants.

1. Votre vie dans vingt ans
2. L'avenir de la génération qui vient de naître
3. L'identité nationale de votre pays au XXIe siècle

ÉLARGISSONS NOS HORIZONS

Faites des recherches sur un des pays du Maghreb (le Maroc, l'Algérie ou la Tunisie) et présentez à la classe un aspect de la culture de ce pays (histoire, éducation, traditions, langues parlées, etc.).

L'ALGÉRIE : UNE SOCIÉTÉ POST-COLONIALE PRISE AU PIÈGE DE SON HISTOIRE

L'Algérie fut colonisée par la France à partir de 1830 et obtint son indépendance en 1962. À la fin du XXe siècle, après plus de quarante ans d'indépendance, l'Algérie doit faire face aux problèmes classiques des ex-colonies, pays du Tiers-Monde : la restructuration d'une société indépendante et la restauration de la culture indigène s'accomplissent dans des conditions économiques et politiques désastreuses pour ce pays encore sous-développé et pour sa population encore en grande partie analphabète.

L'héritage culturel de la colonisation : la double culture

Pendant des générations, l'Algérie a subi l'influence de la culture française, qui s'installait à côté de la culture traditionnelle. Au moment de l'indépendance, après une guerre tragique avec la France (1954-1962), le pays a obtenu son indépendance, et le français, langue de l'élite, a perdu sa place dominante. De nos jours, les nouvelles générations manient moins facilement le français que leurs aînés.

Des écrivains algériens comme Assia Djebar[17], qui ont été éduqués en français et écrivent généralement en français, ont décrit le schisme[18] culturel qu'éprouve celui qui porte en lui deux cultures. Ce schisme est d'autant plus profond, étant donné le décalage[19] entre la tradition musulmane et la culture européenne et chrétienne. La langue et la culture françaises font partie de l'héritage culturel de l'Algérie : lorsque les Français ont quitté ce pays en 1962, ils ont laissé derrière eux une infrastructure éducative et administrative qui l'avait fortement marqué. L'Algérien **francisé**, tout en voulant garder sa culture algérienne, hésite à tourner le dos à sa culture française. Lors d'un entretien portant sur la double culture, Assia Djebar décrit les deux mondes dans lesquels elle a grandi.

L'enfant juxtapose les domaines...

1.   Au fond j'étais dans l'enseignement de deux langues mais, avec la différence de langue, venait une différence de pédagogie et de maintien. Dans la même journée, j'étais dans cette école française ; puis dès que je rentrais à la maison, je prenais mon goûter et je courais chez le maître coranique[20]. Là, j'apprenais comme si j'étais au XIIe siècle. [...] Mais l'enfant juxtapose les domaines, les différences aussi criantes, et les conséquences de cela, on ne les mesure que bien après. Ce n'est qu'à partir de onze ans, quand je suis allée au collège — le collège n'était pas au village mais dans la ville voisine — que je n'ai été que dans l'enseignement français. J'apprenais très vite. L'enseignement du Coran m'avait donné une agilité de la mémoire. J'avais mes cours en latin, en grec, en anglais mais jamais en arabe. Le seul point commun entre l'école coranique et l'école secondaire, c'est que [...] j'ai toujours été la seule Arabe parmi des Français d'origine. Il

---

[17]   Nouvelliste, romancière et cinéaste née à Cherchell en 1936.
[18]   la division
[19]   l'écart, la distance
[20]   celui qui enseigne le Coran, livre sacré des musulmans, contenant la doctrine islamique

y avait donc toute l'atmosphère coloniale où le rapport aux autres était forcément une sorte de rapport nationaliste. Je me suis dit : « Le français n'est pas ma langue mais je vais être la meilleure. Si je suis la meilleure dans cette langue, ce sera une manière de montrer qu'à travers moi tous les miens sont aussi bons que vous ». Quand mon père arrivait pour la distribution des prix, si j'avais les trois-quarts ou les quatre cinquièmes des premiers prix, son contentement était un contentement d'Algérien.

2.   Mais ça introduisait aussi autre chose. C'est qu'en réalité, aussi bien à l'école primaire qu'à l'école secondaire, les rapports d'amitié que j'avais avec mes condisciples n'avaient comme territoire que l'école. Quand j'étais au village, il était impensable que je rentre dans la maison de Jacqueline ou d'une autre, assise auparavant à côté de moi pendant des heures. Si jamais elle-même devait avoir besoin de moi, elle appelait de la porte mais on ne la faisait pas rentrer. Les deux sociétés coexistaient sans se côtoyer dans les intérieurs. Quand une fille du village me disait « Je vais chez ma marraine », cela me paraissait étrange. Tout ce qui est coutumes, habitudes, rapports à la religion, restait du domaine des intérieurs, d'un domaine secret, donc forcément mystérieux. Je n'osais pas poser les questions. Le jeudi, nous allions au stade et, de onze ans à je ne sais quel âge, je passais mon temps à faire de l'athlétisme, à faire du basket, etc. Mais si mon père devait arriver, brusquement, pour une visite, je n'allais pas au match. Je n'arrivais pas à dire que si mon père me voyait sur un stade avec un short, ce serait le grand drame. [...]

3.   Quand vous êtes en colonisation, il est évident que si vous continuez vos classes, la langue dominante, c'est celle qui va vous ouvrir des portes... Ce n'est pas un choix que vous faites.

Lise Gauvin, *L'Écrivain francophone à la croisée des langues* (1997)

VOCABULAIRE ET COMPRÉHENSION : *L'ENFANT JUXTAPOSE LES DOMAINES...*

MAÎTRISONS LE VOCABULAIRE

I. Complétez les phrases suivantes à l'aide d'une expression tirée du texte.

1. Évidemment, il y avait des divisions ... entre les deux cultures. (adjectif)
2. Étant donné l'inégalité imposée par la situation coloniale, les rapports entre les deux groupes étaient ... difficiles. (adverbe)
3. Quoique la majorité des Français aient eu des ... amicaux avec les Algériens, beaucoup de pieds-noirs ont quitté le pays après la reconquête de l'indépendance. (substantif)
4. Les enfants arabes et français fréquentaient la même école, mais ils ne pouvaient pas ... ailleurs. (verbe)
5. Selon l'auteur, la vie familiale de ses amis français était ... dont elle était exclue. (substantif)

COMPRÉHENSION DU TEXTE

II. Qu'est-ce que l'auteure nous révèle sur sa formation bi-culturelle ? Répondez aux questions suivantes.

1. Êtes-vous d'accord avec l'idée que les enfants qui grandissent dans deux milieux ou dans deux cultures différents peuvent « juxtaposer les domaines » ?
2. Selon l'auteure, quelle était la valeur de sa formation chez le maître coranique ?
3. Pourquoi dit-elle que lorsqu'elle gagnait des prix à l'école, le contentement de son père était un « contentement d'Algérien » ?
4. Pourquoi l'expression « Je vais chez ma marraine » lui paraissait-elle étrange ?

L'assimilation culturelle

La nouvelle suivante d'Assia Djebar décrit les effets de **l'assimilation** à la culture coloniale et du rejet des aspects primordiaux de la culture traditionnelle.

Mon père écrit à ma mère

1.   Ma mère, comme toutes les femmes de sa ville, ne désignait[21] jamais mon père autrement que par le pronom personnel arabe correspondant à « lui ». Ainsi, chacune de ses phrases, où le verbe, conjugué à la troisième personne du masculin singulier, ne comportait pas de sujet nommément désigné, se rapportait-elle naturellement à l'époux. Ce discours caractérisait toute femme mariée de quinze à soixante ans...

2.   Très tôt, petits et grands, et plus particulièrement fillettes et femmes, puisque les conversations importantes étaient féminines, s'adaptaient à cette règle de la double omission nominale des conjoints[22].

3.   Après quelques années de mariage, ma mère a appris progressivement le français. Propos hésitants[23] avec les épouses des collègues de mon père ; ces couples pour la plupart étaient venus de France et habitaient, comme nous, le petit immeuble réservé aux enseignants du village.

4.   Je ne sais exactement quand ma mère se mit à dire : « Mon mari est venu, est parti... Je demanderai à mon mari », etc..... Je retrouve aisément le ton, la contrainte de la voix maternelle. Je sens combien il a dû coûter à sa pudeur[24] de désigner, ainsi directement, mon père. Une écluse s'ouvrit en elle peut-être dans ses relations conjugales... Des années passèrent. Au fur et mesure que le discours maternel évoluait, l'évidence m'apparaissait à moi, fillette de dix ou douze ans déjà : mes parents devant le peuple des femmes, formaient un couple, réalité extraordinaire !

5.   Un jour, mon père, au cours d'un voyage exceptionnellement lointain (d'un département à l'autre, je crois), mon père donc écrivit à ma mère — oui, à ma mère ! Il envoya une carte postale avec, en diagonale, de sa longue écriture appliquée, une formule brève, du genre « meilleur souvenir de cette région lointaine », ou bien « je fais un beau voyage et je découvre une région pour moi inconnue », etc., et il ajouta, en signature, simplement son prénom. Mais, sur la moitié de la carte réservée à l'adresse du destinataire, il avait écrit « Madame », suivi du nom d'état civil, avec en ajout — mais je n'en suis pas sûre — « et ses enfants », c'est-à-dire nous trois, dont moi l'aînée, âgée de dix ans environ...

6.   La révolution était manifeste : mon père, de sa propre écriture, et sur une carte qui allait voyager de ville en ville, qui allait passer sous tant et tant de regards masculins, y compris pour finir celui du facteur de notre village, un facteur musulman de surcroît[25],

---

[21]   appelait, nommait
[22]   ne jamais prononcer le nom de leur époux
[23]   conversation hésitante
[24]   modestie
[25]   en plus

mon père donc avait osé écrire le nom de sa femme qu'il avait désignée à la manière occidentale : « Madame Untel »... ; or, tout autochtone[26], pauvre ou riche, n'évoquait femme et enfants que <u>par le biais</u>[27] de cette vague périphrase : « la maison ».

7. Ainsi mon père avait « écrit » à ma mère. Celle-ci, revenue dans la tribu, parla de cette carte postale avec un ton et des mots très simples, certes. Mais les femmes s'étaient écriées devant la réalité nouvelle, le détail presque incroyable :

 — Il t'a écrit à toi ?

 — Il a mis le nom de sa femme et le facteur a dû ainsi le lire ? Honte ! ...

 — Il aurait pu adresser tout de même la carte à ton fils, pour le principe, même si ton fils n'a que sept ou huit ans !

8. Ma mère se tut. Sans doute satisfaite, flattée, mais ne disait rien. Peut-être soudain gênée, ou rosie de confusion ; oui, son mari lui avait écrit à elle en personne ! ... L'aînée des enfants, la seule qui aurait pu lire la carte, c'était sa fille : alors fille ou épouse, quant au nom du destinataire, où se trouve la différence ?

 — Je vous rappelle que j'ai appris à lire le français maintenant !

C'était, de fait, la plus audacieuse des manifestations d'amour...

9. J'ai été effleurée[28], fillette aux yeux attentifs, par ces bruissements[29] de femmes reléguées[30]. Alors s'ébaucha[31], me semble-t-il, ma première intuition du bonheur possible, du mystère, qui lie un homme et une femme.

10. Mon père avait osé « écrire » à ma mère. L'un et l'autre, mon père par l'écrit, ma mère dans ses nouvelles conversations où elle citait désormais sans fausse honte son époux, se nommaient réciproquement, autant dire s'aimaient, ouvertement.

Assia Djebar, L'Amour, la fantaisia (1992)

VOCABULAIRE ET COMPRÉHENSION : *MON PÈRE ÉCRIT À MA MÈRE*

MAÎTRISONS LE VOCABULAIRE

Les définitions

I. Les définitions permettent de déterminer par une formule précise. Repérez dans la nouvelle les mots qui expriment précisément les notions suivantes.

1. propos que l'on tient, langage que l'on utilise
2. une personne jointe à une autre par les liens du mariage
3. une personne à laquelle une lettre est adressée
4. enfant né le premier
5. une expression qui permet de dire en d'autres termes ce que l'on ne veut pas dire directement

---

[26] personne indigène, native du pays
[27] au moyen
[28] touchée légèrement
[29] murmures, bruits faibles
[30] confinées, qui ne sortent pas beaucoup
[31] a commencé

COMPRÉHENSION DU TEXTE

II. Expliquez, dans le contexte de la nouvelle, le sens des citations suivantes.

1. Ce discours caractérisait toute femme mariée. (par. 1)
2. Je retrouve aisément le ton, la contrainte de la voix maternelle. (par. 4)
3. Une écluse s'ouvrit en elle. (par. 4)
4. La révolution était manifeste. (par. 6)
5. Celle-ci, revenue dans la tribu, parla de cette carte postale. (par. 7)

Le refus de l'Occident

Au cours de la dernière décennie, la réaffirmation des valeurs de l'Islam en Algérie s'est exprimée dans des conflits violents entre les forces fondamentalistes (les intégristes), qui refusent toute influence occidentale, et les forces progressistes. Ainsi, les intégristes voudraient imposer au pays les anciennes lois islamiques (rendant, par exemple, le port du voile obligatoire pour toutes les femmes). La réforme conservatrice en politique et en religion se fonde sur l'exclusion des valeurs occidentales et laïques. Le refus de l'Occident est un phénomène qui se retrouve dans l'ensemble du monde islamique au début du XXIe siècle et qui provoque des conflits, notamment dans les anciennes colonies européennes, qui ont subi une forte influence occidentale.

Nous rapportons ici les propos de Mohamed Arkoun, professeur d'histoire de la pensée islamiste à l'Université Paris-III, interviewé par le journal français, *Le Monde*, sur les rapports tendus entre l'Islam et l'Occident.

L'Islam — mouvement religieux ou phénomène politique ?

Le Monde : *Jusqu'où faites-vous remonter <u>les racines du contentieux</u>[32] entre l'Islam et l'Occident ?*

1.   — Un siècle après la mort du Prophète en 632, l'Islam, né de façon précaire[33] en Arabie, devient un empire rival de Byzance et contrôle le vieux monde méditerranéen. Pour parler de ce moment impérial, les historiens utilisent le terme « Islam », contribuant jusqu'à nos jours à maintenir une confusion entre un mouvement religieux, [...] et un phénomène d'**hégémonie**[34] politique, économique, intellectuelle et culturelle, qui dure jusqu'à la prise de Bagdad par les Mongols en 1258. La langue arabe accompagne cette

---

[32]   les sources du conflit
[33]   incertaine, instable
[34]   domination, pouvoir total

expansion : elle s'impose comme langue de civilisation dans l'aire[35] méditerranéenne jusqu'aux XIe et XIIe siècles.

2.   L'**hégémonie** de l'Empire « musulman » alimente la rivalité née de l'exploitation, par chaque communauté monothéiste[36] (chrétienne, juive, musulmane) d'une révélation qui repose sur une symbolique religieuse identique. Cette rivalité séculaire[37] a été ravivée, amplifiée, radicalisée politiquement depuis les années cinquante par les luttes anticoloniales et le conflit israélo-arabe. [...]

Le Monde : *Mais, dans la période moderne, où et quand situez-vous les principaux nœuds de ce contentieux ?*

3.   — J'en vois trois. Il y a d'abord la phase connue de la colonisation, légitimée par le discours sur le caractère universel, humaniste, de la civilisation occidentale et chrétienne. Elle va déboucher sur les guerres de libération, dont l'exemple type est la guerre d'Algérie de 1954 à 1962.

4.   Puis, après les indépendances, vient la phase de ce que j'appellerai la « coopération » économique et culturelle. [...] Sous-développés sur les plans économique, social et culturel, les musulmans acceptent mal la grande rupture entre leur passé glorieux (l'Islam classique des historiens) et leur cruel dénuement d'aujourd'hui. Ils ont le sentiment que les Occidentaux veulent leur imposer, clés en main, une modernité pour laquelle ils ne sont pas prêts, parce qu'<u>ils sont demeurés</u>, depuis le XVIe siècle, <u>à l'écart de son élaboration</u>[38]. Dans les années 50 à 70, les relations entre l'Occident et le monde islamique sont dominées par le postulat[39] (et la réalité) de la supériorité de l'Occident. [...]

5.   Le troisième <u>temps fort</u>[40] du contentieux entre Islam et Occident [...] est lié au discours sur la démocratie et les droits de l'homme. [...] Les droits de l'homme pervertis[41] en discours idéologique de disqualification[42] de l'ennemi séculaire deviennent paradoxalement un outil de négation du premier droit de l'homme : celui de reproduire librement <u>l'ordre symbolique de sa société</u>[43].

6.   Nous atteignons ainsi le point nodal[44] d'un combat inégal entre les cultures depuis le triomphe de la civilisation matérielle [...]. L'Occident a transformé son ordre symbolique par un lent travail <u>de soi sur soi</u>[45] des grandes sociétés européennes comme l'Angleterre, la France, l'Allemagne, l'Italie, l'Espagne. En revanche, aucune société musulmane n'a produit son histoire par <u>le seul jeu</u>[46] de ses forces internes depuis le XIXe siècle.

---

[35]   la région, la zone
[36]   qui croit en un Dieu unique
[37]   qui dure depuis des siècles
[38]   ils n'ont pas participé au développement de la modernité
[39]   idée préconçue
[40]   aspect ou moment important
[41]   déformés, corrompus
[42]   discrédit, exclusion
[43]   sa propre civilisation
[44]   central
[45]   grâce aux efforts individuels assidus
[46]   la seule impulsion

7.	C'est ce déséquilibre qui perdure[47] aujourd'hui. Au complexe de supériorité — ou perçu comme tel — de l'Occident, correspond un discours défensif, de plus en plus agressif, du monde musulman. Des deux côtés, tout se passe désormais dans un imaginaire qui nourrit une exclusion réciproque.

Propos recueillis par Henri Tincq,
Le Monde (Documents et dossiers) (février 1997)

VOCABULAIRE ET COMPRÉHENSION : *L'ISLAM — MOUVEMENT RELIGIEUX OU PHÉNOMÈNE POLITIQUE ?*

MAÎTRISONS LE VOCABULAIRE

Les mots de la même famille

I. Dans les phrases suivantes tirées du texte, a) trouvez un mot de la même famille que les mots en caractères gras. Ensuite, b) expliquez le sens du mot dans le contexte de l'article.

1. L'hégémonie de l'Empire « musulman » **alimente** la rivalité. (par. 2)
2. Cette rivalité séculaire **a été ravivée, amplifiée**. (par. 2)
3. Il y a d'abord la phase connue de la colonisation, **légitimée** par le discours sur le caractère universel, humaniste, de la civilisation occidentale et chrétienne. (par. 3)
4. Elle va **déboucher sur** les guerres de libération. (par. 3)
5. Les musulmans acceptent mal la grande rupture entre leur passé glorieux [...] et leur cruel **dénuement** d'aujourd'hui. (par. 4)

COMPRÉHENSION DU TEXTE

II. Tâchez de suivre l'argumentation du professeur Arkoun en répondant aux questions suivantes.

1. Comment la langue arabe s'est-elle imposée comme langue de civilisation de la région méditerranéenne jusqu'aux XIe et XIIe siècles ? (par. 1)
2. Quels facteurs intensifient les conflits entre l'Islam et les autres communautés monothéistes depuis les années cinquante ? (par. 2)
3. Comment les chrétiens ont-ils justifié la colonisation des pays arabes ? (par. 3)
4. Qu'est-ce qui est particulièrement difficile à accepter pour les pays musulmans sous-développés ? D'après eux, quelle est l'attitude de l'Occident envers leurs pays ? (par. 4)
5. Avec la domination de l'Occident dans le monde, quel droit essentiel de l'homme est enlevé aux pays arabes ? (par. 5 et 6)

---

[47]	dure toujours

6. Quelle est la réaction des pays musulmans face à la domination des pays occidentaux ? (par. 7)

7. Quelle est la perception du professeur Arkoun en ce qui concerne les relations futures entre les pays arabes et l'Occident ?

Le retour aux valeurs islamiques

... et déjà vous reniez l'Occident... fini Voltaire

Le conflit entre les valeurs traditionnelles et le désir d'entrer dans la modernité est un thème privilégié de la littérature algérienne. Dans son roman, *Cette haine qui ressemble à l'amour*, l'Algérien Jean Brune (1912-1973) évoque les attitudes inflexibles qui divisent la société algérienne. Ici, il est question des difficultés d'un couple mixte, franco-algérien, au moment de l'indépendance, alors que certains Algériens européanisés prenaient la décision de retourner aux traditions islamiques.

J'avais cru une synthèse possible

1. Lucienne avait déposé le paquet sur une commode. Intriguée, elle le reprit... le retourna encore une fois... Pourquoi cette livraison d'un chapelier[48] ?... Mohand n'avait jamais porté de coiffure[49]... et d'ailleurs le paquet était trop petit pour contenir un chapeau.

2. La clé tournait dans la serrure. Mohand Benallal entra.

3. Lucienne n'avait pas eu le temps de déposer le paquet. Mohand le saisit un peu brusquement.

4. — Laissez, dit-il. C'est pour moi.

5. Lucienne le suivit dans le salon.

   — Qu'est-ce que c'est ?

   — Une coiffure, dit négligemment Benallal.

   — Une coiffure ?... vous n'en avez jamais porté ! ...

   — Dorénavant, j'en porterai ! ...

   — Et quelle coiffure avez-vous choisie ?

   — Un fez[50] !

6. Le mot tomba entre eux comme une charge d'explosif et Lucienne comprit qu'il n'en finirait jamais de les déchirer. [...]

---

[48]   personne qui fait ou vend des chapeaux

[49]   ce qui sert à couvrir la tête

[50]   coiffure portée par les musulmans dans certains pays

7.   Benallal dénouait les cordelettes qui liaient le paquet. Le fez apparut dans sa boîte de papier de soie... fleur pourpre au pistil noir qui coulait du sommet le long de l'étoffe et presque collé à elle, s'étalait parfois comme un soyeux éventail.

8.   Une panique s'empara de Lucienne. Elle comprit brusquement le sens de l'événement. Mohand avait choisi... Il revenait aux siens... il cessait d'être un homme frontière... il rejoignait l'un des deux clans affrontés[51] et rentrait dans l'Islam.

9.   Un mot de sa mère s'imposa brusquement à sa mémoire :
        — Tu verras, il retournera à sa race un jour ou l'autre...

10.   Elle cria :
        — Vous n'allez pas vous affubler de cela[52] !
        — Si, dit-il.

11.   Il ajouta :
        — Je vais vous expliquer...

12.   Elle se laissa emporter par une indignation teintée de colère.
        — M'expliquer ? dit-elle. Mais cela me paraît superflu ! ...

13.   Il insistait :
        — Si... je vous dois une explication.
        — Je n'ai que faire[53] d'une explication... tout est clair et simple... J'ai compris.

14.   Elle eut un rire grêle, à la fois douloureux et blessant.
        — J'ai compris, dit-elle. Vous avez peur de perdre votre clientèle électorale... alors vous donnez des gages[54]... vous jugiez le fez le symbole d'un monde périmé[55] que vous rêviez de réveiller, mais voilà que d'autres font justement du fez un autre symbole... celui de la croisade religieuse... et voilà qu'ils appellent à la guerre... et qu'ils égorgent ceux qui refusent de suivre... Et vous... vous vous soumettez... Non parce que vous avez peur d'être égorgé, mais parce que vous craignez de n'être plus rien... hein ?... c'est cela ?... La vanité l'emporte sur la peur ! ... Vous affronteriez même peut-être le risque d'être égorgé pour satisfaire votre ambition...

15.   Benallal se taisait, surpris par tant de véhémence.
        — Je vais vous dire ce qu'il vous reste à faire, reprit Lucienne. Il vous reste à observer le jeûne du ramadan[56] et à aller vous prosterner à la mosquée avec les Oulémas[57]...

16.   — Justement, dit Benallal. J'ai rendez-vous avec eux !

17.   Elle éclata d'un rire insolent puisé aux sources de l'amour blessé. Elle cria :
        — Mais vous ne saurez pas... vous ne saurez pas ! ... Vous êtes incapable de lire le Coran[58] dans le texte arabe... vous ne saurez pas ! ...

---

[51]   groupes qui s'opposaient
[52]   porter ce chapeau ridicule
[53]   je n'ai pas besoin
[54]   des garanties
[55]   démodé
[56]   mois pendant lequel les musulmans ne peuvent rien prendre entre le lever et le coucher du soleil
[57]   religieux
[58]   livre sacré des musulmans

18.   Elle montra du doigt le fez, qui dans ce salon où tout évoquait l'Europe jetait une tache agressive... insolite :

19.   — Et c'est pour cela que vous avez acheté un fez... parce que ça se voit de loin... hein ?... ça se voit de loin ! ... C'est un drapeau que vous planterez sur votre tête... un drapeau destiné à faire comprendre aux gens que vous avez fait votre soumission... que vous avez renié l'Occident... et rallié[59] votre clan ! ...

20.   Benallal avait pris le fez dans la boîte et le tournait gauchement entre ses doigts. Il regardait cette femme d'Europe qui avait percé à jour ses plus secrètes pensées... et qui les lui jetait au visage comme des insultes. Il eut envie de la gifler. Il se retint... Il froissa le papier de soie. Le bruit parut insupportable à Lucienne.

21.   Elle dit :

        — Renégat[60] !

22.   Il cria :

        — Quoi ?

        — Renégat... Vous êtes deux fois renégat ! ...

23.   Il planta le fez sur sa tête et de ses deux mains brusquement libérées il la prit à la gorge.

24.   ... Deux fois ! ... Deux fois ! ... La première fois, vous avez renié l'Islam parce que vous pensiez que l'avenir s'ouvrait sur l'Occident... et vous n'avez pas eu assez de sarcasmes pour les vieilles barbes, assez de railleries pour <u>les diseurs de chapelets</u>[61]... La mode était à Voltaire... et à Rousseau... Hein ?... vous étiez démocrate et laïc[62] ! ... Mais voilà que le destin semble hésiter... Et déjà vous reniez l'Occident... fini Voltaire... finie la démocratie... vous ralliez les égorgeurs ameutés par les vieilles barbes au nom de toutes les sornettes[63] dont vous vous gaussiez[64]...

25.   Elle répéta :

        — Renégat... deux fois renégat...

26.   Il l'avait lâchée... effrayé par le feu qui semblait brûler en elle... par cette fureur qui l'embrasait tout entière. Elle s'approcha de lui, essaya d'atteindre le fez sur la tête de Mohand.

27.   Il recula. Il dit :

        — Vous êtes devenue folle !

28.   — Oui, dit-elle, folle... peut-être... folle parce que vous n'avez pas compris qu'en reniant ce que je voulais vous aider à faire, c'est moi que vous reniez... J'avais cru une synthèse possible entre les deux races... et notre mariage voulait en apporter la preuve... mais cette preuve ne vaut qu'autant que nous nous refusons l'un et l'autre à retourner à notre race, à nous soumettre au fanatisme des clans... La coiffure que vous portez la détruit... Je sais maintenant que je me suis trompée.

Jean Brune, *Cette haine qui ressemble à l'amour* (1962)

---

[59] rejoint
[60] traître
[61] ceux qui prient
[62] indépendant de toute confession religieuse
[63] bêtises
[64] moquiez

EXPLOITATION DU TEXTE : *J'AVAIS CRU UNE SYNTHÈSE POSSIBLE*

TECHNIQUES DE LECTURE

Déduire les idées implicites

Dans un texte littéraire, la psychologie des personnages peut être évoquée de façon explicite (directe, ouverte) ou implicite (tacite). Dans le deuxième cas, l'auteur présente les événements et les déclarations de façon à permettre au lecteur de faire certaines suppositions et de déduire les motivations et les sentiments des personnages. Reconnaître les idées implicites permet d'approfondir la compréhension du texte. Par exemple, au début de l'extrait à l'étude, la phrase « *Mohand n'avait jamais porté de coiffure* » nous permet d'entrevoir un aspect du comportement de Mohand, aspect autour duquel tournera la querelle qui est au centre du texte.

I. D'après votre lecture du récit, lesquelles des présuppositions suivantes sont vraies dans chaque groupe de phrases ? Indiquez le passage du texte qui justifie votre choix.

1.   a) Quand il a décidé de porter le fez, Benallal n'a pas tenu compte des sentiments de sa femme.
       b) Il pensait que le Fez plairait à sa femme.

2.   a) Lucienne avait des soupçons depuis un certain temps.
       b) L'achat du fez la surprend complètement.

3.   a) Benallal va se consacrer à l'Islam.
       b) Il va continuer à essayer de faire la synthèse des deux cultures.

4.   a) Lucienne continuera à refuser d'écouter les explications de son mari.
       b) Elle l'écoutera en essayant de comprendre son point de vue.

5.   a) Lucienne est fâchée parce qu'elle n'a pas de respect pour l'Islam.
       b) Elle est fâchée parce qu'elle pense que son mari est motivé par l'ambition.
       c) Elle est fâchée parce qu'elle se sent rejetée.

Le style littéraire : la langue imagée

Ce texte est écrit dans une langue très imagée. Des expressions colorées véhiculent les sentiments des personnages et révèlent les points de vue qui les divisent. L'auteur fait abondamment appel à la comparaison et à la métaphore.

La comparaison établit un rapprochement de deux éléments ou de deux domaines en mettant en évidence un aspect qu'ils ont en commun à l'aide d'un outil de comparaison (**comme, ainsi que, pareil à**, etc.) :

*Le mot tomba **comme** une charge d'explosif.*

La métaphore permet le rapprochement de deux termes et établit une équivalence directe entre les deux termes sans l'aide d'une expression comparative. Au lieu de dire qu'une chose est comme une autre, on dit que la chose est une autre.

*C'est **un drapeau** que vous planterez sur votre tête.*

II. Après avoir situé les expressions suivantes dans le texte, expliquez dans vos propres mots les idées véhiculées par les métaphores, comparaisons ou expressions imagées en caractères gras.

1. Le mot tomba **comme une charge d'explosif**
2. **fleur pourpre au pistil noir**
3. il cessait d'être un homme **frontière...**
4. un rire insolent **puisé aux sources de l'amour blessé**
5. le fez, qui **dans ce salon jetait une tache agressive...**
6. **C'est un drapeau que vous planterez sur votre tête...**
7. qui avait **percé à jour ses plus secrètes pensées**...
8. Vous n'avez pas eu assez de sarcasmes pour **les vieilles barbes**
9. **La mode était à Voltaire...**
10. **le feu** qui semblait **brûler en elle...**

MAÎTRISONS LE VOCABULAIRE

Le champ sémantique

Ce passage raconte une querelle entre une femme et son mari. L'auteur utilise beaucoup de mots colorés pour décrire leur colère (*Cette fureur qui l'embrasait tout entière*). Ces mots, qui servent tous à exprimer la même idée, appartiennent au même **champ sémantique**.

III. Relevez dans le texte tous les mots qui décrivent la colère et indiquez si ce sont des verbes, des substantifs, des adjectifs ou des adverbes.

RAPPEL GRAMMATICAL

Le plus-que-parfait : l'antériorité

J'avais cru une synthèse possible.

• Le plus-que-parfait indique une action qui s'est produite avant une autre action passée exprimée par l'imparfait, le passé composé, le passé simple :

> Ils **étaient** un couple heureux parce ils **s'étaient parlé** honnêtement avant de se marier.

> Ils **se sont mariés** sans se faire de soucis parce qu'ils **avaient déjà discuté** des problèmes culturels d'un mariage mixte.

> Il **quitta** sa femme, croyant qu'elle l'**avait trompé**.

• Le plus-que-parfait est parfois utilisé pour exprimer un regret :

> Si seulement j'**avais pris** le temps de réfléchir avant d'acheter ce chapeau !

• Le plus-que-parfait est également utilisé dans les phrases conditionnelles après **si,** quand le verbe de la proposition principale est au conditionnel passé : (voir chapitre 6)

> Si j'**avais compris** qui tu étais, je ne t'**aurais** pas **épousé**.

IV. Rétablissez la chronologie des événements du récit en mettant les verbes au passé composé ou au plus-que-parfait selon le sens. Faites les accords voulus.

> **Exemple** : *Quand son mari (arriver) à la maison, elle (voir déjà) le paquet sur la commode.*

> **Réponse** : *Quand son mari **est arrivé** à la maison, elle **avait déjà vu** le paquet sur la commode.*

1. Elle (trouver) le paquet que le facteur (déposer).
2. Son mari la (découvrir) en train de regarder le fez qu'il (commander) la veille.
3. Elle (commencer) à parler des valeurs culturelles sur lesquelles ils (se mettre d'accord) avant de se marier.
4. La femme (critiquer) toutes les décisions que son mari (prendre) la semaine précédente sans la consulter.

5. Elle lui (dire) qu'il voulait embrasser des traditions auxquelles il (ne jamais penser) par le passé.

V. Le paragraphe suivant présente un résumé du récit. Mettez les verbes entre parenthèses à l'imparfait s'il s'agit d'une description, au passé composé s'il s'agit d'une action qui fait avancer l'intrigue ou au plus-que-parfait s'il s'agit d'une action antérieure. N'oubliez pas que le choix du temps dépend du contexte dans lequel l'action est racontée.

Hier, quand elle (rentrer), elle (remarquer) qu'il y (avoir) sur la table un paquet que quelqu'un (livrer) pendant son absence. Il lui semblait qu'il y avait un fez dans la boîte. Elle (être) perplexe puisque son mari (ne pas porter) de coiffure arabe de sa vie. Alors, quand il (arriver), elle lui a demandé pourquoi il (acheter) ce fez. Au cours de cette conversation, elle s'est rendu compte de certaines choses qu'elle (ne jamais comprendre). Elle (se fâcher) quand elle a appris que son mari avait l'intention de suivre des rites que, jusqu'alors, il (ne jamais respecter). Elle lui a rappelé qu'il n'avait jamais été religieux, et que, par exemple, il (ne pas apprendre) à lire le Coran en arabe pendant son enfance. Son mari lui (répondre) qu'elle (avoir) tort de se mettre en colère. Elle lui a rétorqué qu'elle n'aurait pas dû l'épouser, qu'elle (se tromper).

VI. Inventez des phrases à partir des éléments suivants. Indiquez clairement qu'une action a eu lieu avant une autre en combinant le plus-que-parfait et le passé composé ou l'imparfait. Faites les changements voulus.

1. Elle / avouer / qu'avant de se marier, / ils / ne pas avoir / l'occasion de se bien connaître / parce que / les fiançailles / être / trop courtes.
2. Tandis que son mari / crier / elle / penser / à tous les hommes / qu'elle / fréquenter / dans sa jeunesse.
3. Ils / se rendre compte / que la querelle / détruire / leur bonheur conjugal.
4. Elle / s'étonner de / la violence de son mari. Même si par le passé il / la / insulter, / il / la / ne jamais frapper.
5. Quand / les enfants / rentrer / les parents / ne pas encore se réconcilier / et les jeunes / se demander même si ce couple, autrefois si heureux / décider de / divorcer.

TECHNIQUES D'ÉCRITURE

Le discours indirect

Quand on rapporte les paroles de quelqu'un, on peut citer les paroles exactes entre guillemets :

« Je vais vous expliquer », dit-il.

ou on peut rapporter les paroles indirectement en utilisant le discours indirect sans guillemets :

> *Il a dit qu'il allait lui expliquer.*

Les verbes au discours indirect

Si le verbe de communication (dire, répondre, etc.) est au présent, il n'y a aucun changement à faire au temps des verbes dans le discours indirect :

> *Il déclare : « Je ne comprends pas. »*
> *Il déclare qu'il ne comprend pas.*

Mais si le verbe de communication est au passé, les changements suivants s'imposent :

> *« Je vous **dois** une explication. »* (**présent**)
> *Il a dit qu'il lui **devait** une explication.* (**imparfait**)

> *« Mais vous ne **saurez** pas. »* (**futur**)
> *Elle a dit qu'il ne **saurait** pas.* (**conditionnel**)

> *« Vous **êtes devenue** folle. »* (**passé composé**)
> *Il a dit qu'elle **était devenue** folle.* (**plus-que-parfait**)

Si le verbe est à l'impératif, il faut mettre *de + infinitif* au discours indirect :

> *« **Laissez** ! » dit-il.* (**impératif**)
> *Il a dit **de laisser**.* (**de + infinitif**)

Les pronoms et les adjectifs possessifs au discours indirect

Dans le discours indirect il est essentiel de changer la forme des pronoms (et donc de la personne des verbes) et des adjectifs possessifs. Observez les changements des pronoms et du verbe dans l'exemple suivant :

Il a dit :
« *Je vous dois une explication.* »
Il a dit qu'il lui devait une explication.

Elle a dit :
« *Je ne suis pas d'accord avec ta décision* »
Elle a dit qu'elle n'était pas d'accord avec sa décision.

Les adverbes au discours indirect

Au discours indirect, les adverbes de temps doivent changer pour se conformer à la logique de la situation :

aujourd'hui	⇔	ce jour-là
hier	⇔	la veille
demain	⇔	le lendemain
après-demain	⇔	le surlendemain
maintenant	⇔	à ce moment-là
l'année dernière	⇔	l'année précédente

Il a dit : « Demain, je partirai. »
Il a dit que le lendemain, il partirait.
Elle a déclaré : « Le paquet est arrivé hier. »
Elle a déclaré que le paquet était arrivé la veille.

L'interrogation au discours indirect

Pour poser une question indirecte, il faut faire un des deux changements suivants :

1. Éliminer l'inversion ou *est-ce que* et ajouter « si » :

Il a demandé : « Êtes-vous devenue folle ? »
Il a demandé si j'étais devenue folle.

2. Remplacer les pronoms interrogatifs par des pronoms relatifs :

qu'est-ce que	⇔	ce que
qu'est-ce qui	⇔	ce qui
qui est-ce qui	⇔	qui

*Elle m'a demandé : « **Qu'est-ce que** tu fais ? »*
*Elle m'a demandé **ce que** je faisais.*

VII. Mettez les déclarations suivantes au discours indirect.

Elle a dit :
1. Tu te tais parce que tu n'as pas d'explication.
2. Demain, tu auras déjà oublié notre vie ensemble.
3. Je vais te quitter parce que tu n'as pas tenu tes promesses.
4. Je sais que déjà l'année dernière, tu m'as menti plusieurs fois.
5. Je regrette de t'avoir fait confiance.

Il lui a répondu :
6. Arrête de crier ! La panique s'empare de toi.
7. Hier, tu n'as pas parlé avec tant de véhémence.
8. Tu sais bien que j'n'ai pas voulu te blesser.
9. Tu verras que j'ai raison d'avoir pris cette décision.
10. Après-demain, j'irai à la mosquée et je porterai mon fez.

VIII. Mettez les dialogues du récit au discours indirect.

IX. Traduisez les phrases suivantes.

1. She said she had forgotten to read the article but that she would read it the next day.
2. Would you ask them if they had already finished when we arrived?
3. They did not say what they had done in Algiers, or what was happening there during their visit.
4. He told the professor that he needed the books the day before the exam.
5. The professor replied that he could not lend him the books at that time because he had given them to another student.

ÉCRIVONS

X. Écrivez une rédaction sur un des sujets suivants.

1. Un couple discute des conflits qui les empêchent de s'entendre. Rapportez leurs propos en ayant recours aux discours direct et indirect.

2. Vous avez eu une dispute avec votre meilleur(e) ami(e). Racontez les circonstances qui ont causé le malentendu et dites comment vous avez résolu le problème. Vous utiliserez le passé composé, le plus-que-parfait et l'imparfait.

ÉLARGISSONS NOS HORIZONS

1. Cherchez dans les journaux francophones différents articles sur la situation actuelle en Algérie et présentez-en les différentes interprétations à la classe.

2. Faites des recherches sur les traditions islamiques et leur survivance dans les sociétés musulmanes modernes.

L'Algérie postcoloniale : de l'indépendance à la guerre civile, à la violence sociale

L'histoire postcoloniale de l'Algérie se résume dans les deux articles qui suivent. Le premier extrait, tiré de *l'Express*, présente une brève histoire du cheminement vers l'indépendance et de la guerre civile que le pays a subie entre 1992 et 2005. Le deuxième article, tiré du *Monde diplomatique*, fait le bilan de la situation actuelle en Algérie.

La lutte pour l'indépendance

1.   [...] C'est en 1830 que la France, selon le mode de l'époque, met le pied en Algérie et entame[65] la colonisation du pays. Jusqu'en 1962 donc, les Algériens voient débarquer chez eux non seulement des Français, mais aussi des Italiens, des Espagnols, etc. On appellera ces immigrés « pieds-noirs », qui seront au nombre d'un million à la veille de la guerre.

2.   Résidant dans leurs propres quartiers, possédant leurs écoles, ils bénéficient d'un niveau de vie beaucoup plus élevé que les « indigènes » qui forment pourtant la plus vieille communauté du pays, et à neuf millions d'individus, constituent la vaste majorité de la population.

3.   En 1954, le couvercle de la marmite explose ; c'est la Guerre d'Algérie qui oppose le gouvernement français (et par ricochet[66] les pieds-noirs) aux premiers occupants du pays. Guerre de guérilla, le conflit s'éternise. La France ne vient pas à bout du FLN[67] (Front de libération nationale) [...].

4.   Parole est donnée à l'ensemble du peuple par le biais d'un referendum. Résultat : oui à l'indépendance de l'Algérie. La suite est l'histoire classique d'un mouvement populaire qui tourne mal. Maître de l'Algérie en 1962, le FLN est l'organisation libératrice, devenue parti politique et recevant l'aval[68] de la majorité des Algériens.

5.   [Au cours des années], une mafia politico-militaire s'est assurée le monopole du pouvoir en Algérie, tandis que le peuple, désillusionné, confronté à une économie en panne (due en bonne partie à la chute des prix du pétrole), a perdu espoir. En conséquence, des formations d'opposition ont vu le jour, ou se sont consolidées, dont certaines à tendance islamiste (à divers degrés) telles le FIS (Front islamique de Salut) et le GIA (Groupe islamique armé).

---

[65]   commence, entreprend
[66]   par suite
[67]   n'arrive pas à vaincre le FLN
[68]   appui

La guerre civile

6.   [...] Confrontés à un taux de chômage officiel dépassant allègrement les 20 %, les jeunes surtout perdent espoir ; de fait, les mouvements islamistes attirent beaucoup de cette génération. À partir de 1992, l'Algérie commence à sombrer dans un conflit armé qui oppose les fondamentalistes islamiques et les forces armées du gouvernement. Le pays est déchiré par une longue et sanglante période de violence et de terrorisme – attentats à la bombe, viols, kidnapping, familles exécutées <u>à l'arme blanche</u>[69]. Entre 1992 et 2005, il y a plus de 50 000 morts dans le pays.

Yanick Duchesne, *L'Express* (de Toronto) (semaine du 8 au 14 avril 1997)

Le retour à la paix civile en Algérie : la violence sociale

La réconciliation nationale : l'interdiction de porter plainte

1.   [...] Le conflit meurtrier opposant l'armée aux islamistes est bel et bien terminé, remporté par les militaires, qui n'avaient pas <u>lésiné sur</u>[70] les moyens pour écraser leurs adversaires. Avant de tourner la page définitivement, les autorités ont soumis à un référendum le 29 septembre 2005 un projet de « réconciliation nationale », officiellement approuvé par une majorité écrasante d'électeurs. [...] Pourtant, les associations de familles de disparus et des organisations de défense des droits de la personne ne cessent de rappeler que les crimes contre l'humanité commis durant la guerre civile ne peuvent être effacés par un référendum. Une ordonnance promulguée en février 2006 avait deux objectifs : la prise en charge financière des parents des victimes et l'amnistie des membres des services de sécurité accusés de violations des droits de la personne. [...]

2.   Le public a accueilli[71] avec indifférence la promulgation[72] de ces deux textes mais les opinions s'exprimant en privé sont partagées. Si certains souhaitent tourner la page du conflit, dont ils veulent effacer les atrocités de leur mémoire, d'autres estiment qu'il faut prendre en compte la douleur des familles et cesser de croire que celle-ci pourrait prendre fin avec des compensations financières. [...] En février 2006, des associations de femmes travaillant pour les victimes de la guerre civile tenaient une conférence de presse pour rejeter la réconciliation nationale approuvée par le referendum. [Une des femmes a déclaré :]

> « En promettant la paix aux Algériens, Bouteflika[73] met fin aux rêves de vérité et de justice de milliers de familles de disparus... Personne ne m'interdira de demander où se trouve mon fils, enlevé dès l'âge de 22 ans, et disparu depuis huit ans. » [...]

---

[69]   arme qui comporte une lame (épée, poignard, couteau)
[70]   épargné
[71]   reçu
[72]   publication officielle par le gouvernement
[73]   le président du pays

Les sujets de mécontentement sont innombrables

3.   Chaque semaine, plusieurs émeutes[74] éclatent dans différentes régions d'Algérie. Hausse de prix, chômage, corruption, les sujets de mécontentement sont innombrables. [...] Le retour à la paix civile et l'amnistie, décidée par le gouvernement de M. Abdelaziz Bouteflika malgré de nombreuses oppositions, n'ont pas permis au pays de sortir de la crise globale dans laquelle il s'est enfoncé depuis plusieurs années. [...] Le pays a des ressources pétrolières qui débordent mais la population est de plus en plus pauvre. Comment expliquer ces paradoxes ? Le grand écart entre la pluie de pétrodollars et un quotidien de plus en plus difficile fait enrager une partie de la population : des manifestations violentes tournant souvent à l'émeute se sont banalisées[75]. Pas d'eau, pas de courant, pas de logement, pas de travail, pas d'égouts, pas de routes. Les griefs sont les mêmes d'un bout à l'autre du pays. [...]

Faites du commerce et pas de politique

4.   L'armée est sortie politiquement affaiblie d'un conflit qui l'a coupée de la population. Les militaires sont arrivés à bout de l'islamisme armé, mais l'islamisme (le néofondamentalisme) est plus présent que jamais. Un islamisme bigot s'est installé dans la ville, visible dans le comportement et dans l'accoutrement[76] de certains jeunes. Il semble accompagner une « économie de bazar » qui s'est emparée des rues et des ruelles[77] des villes, grandes et moyennes, où se vendent et s'achètent des produits divers allant du sous-vêtement féminin au dernier-né des téléphones portables. Le discours officiel n'invoque plus le socialisme ni la justice sociale. [...] Une véritable frénésie commerciale agite le pays.

5.   Les islamistes semblent avoir capté le message et se sont reconvertis en masse dans le *business*. À Oran, un quartier entier, la ville nouvelle, s'est transformé en un immense *souk*[78] à ciel ouvert, envahissant trottoirs et chaussées. Des produits en tout genre, en provenance des pays Sud-Est asiatiques, y sont vendus. Pour s'y frayer un chemin[79], il faut jouer des coudes dans la foule compacte. « Faites du commerce et pas de politique » semble être le slogan du régime qui a trouvé dans le *trabendo* (commerce informel) un exutoire[80] pour occuper des milliers de jeunes [qui fuient le chômage].

Lahouari Addi, *Le Monde diplomatique* (avril 2006)

---

[74]   soulèvements populaires
[75]   arrivent fréquemment
[76]   les vêtements
[77]   a envahi les rues et les ruelles
[78]   marché
[79]   y passer
[80]   une façon de se débarrasser d'un problème, une issue

CHAPITRE 6

LE FRANÇAIS DANS
LE VILLAGE GLOBAL

LA MONDIALISATION : LE DÉBUT D'UNE ÈRE POST-ETHNIQUE ?

Les enjeux[1] du XXIe siècle : la bataille contre l'uniformisation de la planète

La mondialisation est un mouvement vers la création d'un seul marché économique homogène[2] dans le monde. Ce processus, qui ferait du monde un village global, est facilité par les autoroutes de l'information, qui permettent une transmission instantanée de l'information économique, mais qui ont également pour effet de répandre partout les produits, les images et les langues des cultures dominantes des pays occidentaux. Certains croient que ce « capitalisme électronique » pourrait nous entraîner[3] dans une ère « post-ethnique » d'uniformisation culturelle qui finirait par éliminer la pluralité des cultures minoritaires dans le monde et ainsi, par faire disparaître la pluralité des langues.

En 2100, les Terriens parleront 3 000 langues de moins

Le sort des langues menacées et les mesures à prendre pour contrer[4] la disparition des diverses langues de la planète ont été le sujet d'un article de la linguiste Colette Grinevald, qui est chercheuse à l'Institut des sciences de l'homme à l'Université Lyon-II. Spécialiste du monde amérindien, elle a aidé l'Unesco à définir les critères de vitalité des langues.

Environ 6 000 langues sont parlées sur Terre.
Combien en restera-t-il à la fin du siècle ?

1.   Le rythme de disparition s'accélère. D'ici un siècle, la moitié des langues parlées actuellement[5] dans le monde auront disparu. C'est une estimation basse. En Australie et sur le continent américain, cette proportion sera bien plus élevée, de l'ordre de 90 %.

2.   Avant l'arrivée des Blancs, 300 langues étaient parlées dans ce que sont aujourd'hui les États-Unis. En 1992, il n'y en avait déjà plus que 175 utilisées par au moins une personne. On estime que cinq seulement auront survécu à la fin du XXIe siècle. Même l'avenir du navajo est incertain, et pourtant c'est aux États-Unis la langue indigène qui a le plus de locuteurs, environ 120 000. Elle est de moins en moins apprise par les enfants.

Pourquoi cette accélération ?

3.   La globalisation économique entraîne[6] un exode rural des populations indigènes. Elles se perdent dans les villes et ne peuvent perpétuer leurs traditions et leur modèle familial.

[1]   les défis
[2]   uniforme
[3]   conduire
[4]   combattre
[5]   en ce moment. *Actuellement* est un faux ami.
[6]   cause, provoque

Dans le monde amérindien, les parents sont persuadés que parler une langue indienne est un handicap pour avoir un travail.

4.   Cette pression est aussi psychologique sur fond d'idéologie encore dominante du bienfait du monolinguisme[7] dans un État-nation. Certains « monolingues » voient dans le multilinguisme un signe de division des capacités intellectuelles.

Quelles langues risquent de disparaître ?

5.   Une langue est menacée, selon les linguistes, si elle n'a plus de locuteurs d'ici la fin du XXIᵉ siècle. C'est le cas d'une centaine de langues en Europe et autant en Amérique du Sud, selon l'Atlas publié par l'Unesco. Le breton, le franco-provençal ou le poitevin saintongeais[8] sont ainsi « sérieusement en danger » . Parfois, une langue paraît vivace car elle est utilisée par des millions de locuteurs, comme les langues quechua en Amérique du Sud. Mais celles-ci sont déjà, dans certaines régions en Équateur et au Pérou, comme des morts-vivants : aucune personne de moins de 20 ans ne les apprend ou ne veut les parler.

Quelles sont les conséquences ?

6.   De nombreuses connaissances captées par ces langues vont se perdre, comme les propriétés des plantes vénéneuses en Amazonie ou celles qui peuvent avoir un intérêt dans la pharmacopée[9]. Les langues apportent également une ouverture d'esprit. Elles permettent de voir différemment le monde et de montrer les facettes les plus diverses du génie humain. Au Guatemala, par exemple, je travaille sur le *popti*, en péril, qui classifie tous les objets par la matière dont ils sont faits.

Que dire des répercussions sociologiques ?

7.   Cela peut créer de réels problèmes identitaires. La langue permet de s'ancrer dans une histoire, un lieu. Beaucoup d'Amérindiens ont dû renier leur langue maternelle au profit de l'anglais ou de l'espagnol. Cela crée ce qu'on appelle de l'anomie, un entre-deux linguistique et culturel, où aucune des deux langues n'est maîtrisée. Cette situation peut devenir source de violence et entraîne chez les Amérindiens diverses formes d'autodestruction, comme l'alcoolisme et le suicide : j'ai observé le même phénomène aux États-Unis chez de jeunes Mexicains et Portoricains. Je reconnais parfois en France ce même type de malaise chez certains étudiants maghrébins qui ne connaissent pas l'arabe et chez des sourds qui revendiquent la langue des signes sans dominer le français écrit. On apprend mieux toute autre langue si on peut être fier et bien ancré au départ dans la sienne.

---

[7]   usage d'une seule langue officielle
[8]   langues régionales de France
[9]   l'art de préparer des médicaments

Quel rôle joue Internet ?

8.   Un rôle double, tout à la fois poison et antidote, facteur d'uniformisation mais aussi de diversité. Il existe par exemple de plus en plus de sites Internet de langues amérindiennes gérés par des Indiens, pour des Indiens. Au Guatemala, une collègue linguiste a passé plus de dix ans à former des Mayas qui sont devenus linguistes et s'occupent d'un site en espagnol et plusieurs langues mayas. Leur travail prolonge le combat de Rigoberta Menchu (Prix Nobel de la Paix en 1992) qui a permis une reconnaissance officielle des 28 langues mayas.

Quelles seront les langues majoritaires à la fin du siècle ?

9.   L'anglais bien sûr, l'espagnol, à cause de l'Amérique du Sud, l'arabe, puis des langues d'Asie, comme le chinois et l'hindi. Sur le continent africain, le swahili, le wolof sont en plein essor et avalent les langues de la région.

Y aura-t-il une langue mondiale ?

10.   Oui, probablement l'anglais, avec un statut de **langue véhiculaire** : une seconde langue relativement simplifiée, adaptée au commerce et aux échanges scientifiques, mais pas faite pour faire la cour, par exemple.

De nouvelles langues vont-elles apparaître ?

11.   Très peu je pense. La formation d'une langue est un processus lent, en plusieurs étapes. La première est la création d'un « pidgin », un code inventé généralement pour faciliter les échanges commerciaux. Il peut, au bout d'une ou deux générations, devenir un « créole », doté d'un vocabulaire mixte et d'une grammaire relativement simplifiée. Très peu ensuite se développent au point de devenir des langues officielles, comme ce fut le cas du *tok pisin*, en Mélanésie, ou de l'haïtien. Il existe d'ailleurs de plus en plus de formes créolisées de l'anglais, en Inde, par exemple, ou en Afrique.

Où en sera le français à la fin du siècle ?

12.   Le français ira bien, mais les Français devront parler plusieurs langues. Regardez le Danemark, où la moitié du cursus universitaire se fait en anglais : il n'y a pas de confusion, les Danois parlent danois entre eux et utilisent l'anglais car personne d'autre dans le monde ne parle leur langue. Le multilinguisme est parfaitement à la portée de l'intellect humain. Les enfants sont tous capables d'apprendre trois ou quatre langues.

Propos recueillis par Laure Belot et Hervé Morin
Le Monde (le 2 janvier 2006)

VOCABULAIRE ET COMPRÉHENSION : *EN 2100, LES TERRIENS PARLERONT*
3 000 LANGUES DE MOINS

MAÎTRISONS LE VOCABULAIRE

I. Dans les phrases suivantes, remplacez les expressions en caractères gras par des expressions contraires puisées dans le texte.

1. La vitesse avec laquelle les langues disparaissent **ralentit.**
2. Cette estimation est **basse.**
3. Il y a **de plus en plus** de langues qui survivent.
4. En renonçant à sa langue maternelle, on refuse de **faire disparaître** les coutumes de sa famille.
5. Les parents amérindiens manifestent **une fermeture** d'esprit en ce qui concerne l'apprentissage d'une autre langue.
6. Le programme offert par cette école **est au détriment de** l'anglais.

II. Remplacez les tirets par des expressions tirées du texte.

1. Beaucoup de langues dans ce pays ont disparu ; seules quelques-unes ont … .
2. On se demande si le monolinguisme est …ou si ses effets sont mauvais.
3. Les auditeurs écoutent ; … parlent.
4. Certaines langues africaines sont en train de connaître un développement rapide et une croissance importante, elles sont … .
5. Quand on aime quelqu'un, on veut lui plaire ; donc on tente de lui … .

III. a) Trouvez les noms de la même famille que les verbes suivants.

1. disparaître
2. détruire
3. former
4. créer
5. confondre

b) Trouvez les verbes de la même famille que les noms suivants.

1. la permission
2. l'ancre
3. le reniement
4. la maîtrise
5. la revendication

IV. Trouvez dans le texte l'expression qui signifie :

1. langue parlée par la population autochtone
2. un départ en masse de la population qui abandonne la campagne pour s'installer en ville
3. courir un risque
4. l'aptitude supérieure de l'homme ou de la femme
5. l'ensemble des études à poursuivre dans une matière donnée
6. être accessible à

COMPRÉHENSION DU TEXTE

V. Répondez aux questions suivantes.

1. Que prévoit-on d'ici cent ans ?
2. Comment peut-on expliquer la disparition des langues amérindiennes ?
3. Pourquoi certains s'opposent-ils au multilinguisme ?
4. Selen le texte, qu'est-ce qui permet de juger si une langue est : a) menacée ou b) capable de survivre ?
5. Quelles conséquences sont provoquées par la disparition des langues ?
6. Trouvez dans le texte des exemples qui illustrent « l'anomie » .
7. Expliquez et commentez la déclaration suivante : « [Internet joue] un rôle double, tout à la fois poison et antidote » . (par. 8)
8. À l'avenir, quel sera le rôle de l'anglais ?
9. Indiquez les étapes de la formation d'une langue.
10. Quel jugement l'article porte-t-il sur le multilinguisme ?

Le français menacé par l'anglais

Quoique le français demeure une langue internationale parlée par des millions de personnes, il est clair que l'anglais est la langue de la mondialisation, des produits culturels (musique populaire, cinéma, télévision), et surtout des « inforoutes » . Face à cette menace, les francophones résistent, écrivent, protestent pour défendre le français et son statut international. Notons, en exemple, la loi 101 du Québec (1977), qui rend la province officiellement unilingue. En France, la loi Toubon (1994) limite l'usage de mots anglo-saxons dans certains domaines (les médias, la publicité, la science).

La lutte pour la survie du français suscite des débats passionnés sur la nécessité des mesures prises pour contrecarrer[10] l'invasion de l'anglais. Le linguiste français Claude Hagège répond aux cris d'alarme de ceux qui craignent que le français ne soit sérieusement menacé par les anglicismes. Son explication du rôle des mots d'emprunt est plutôt optimiste pour la survie du français :

> Mais en trouvant droit de cité[11] dans la langue, ces emprunts, de *baby-sitter* à *unisex(e)* en passant par *clip, cool, hamburger, hot-dog, interview, jean, junkies, leader, look, must, outsider, punk, spot*, etc., créent, comme les objets qu'il désignent, de nouvelles images culturelles. Car la langue est aussi génératrice[12] de culture, tout autant qu'informée par la culture. Il faut en prendre conscience, bien qu'il n'y ait pas lieu[13] d'en concevoir d'inquiétude exagérée pour l'intégrité du français.

> *Le Français et les siècles* (1987)

L'article suivant, de *La Presse* canadienne, examine le phénomène de l'omniprésence de la culture anglo-américaine en France et la tendance, surtout chez les jeunes, à accepter les mots anglais et les modèles culturels américains.

« C'est vraiment fun. » « Bien sûr, c'est un joke... » Avec l'omniprésence de l'anglais dans la langue, les Français s'auto-assimilent

1.   De « prime time » en « reality shows » , les animateurs de la télévision française s'efforcent souvent de placer, au détour d'une phrase, un petit mot d'anglais, histoire d'être dans le coup[14].
2.   Ce n'est qu'illusion. Il suffit d'entendre certains présentateurs de variétés tenter de mener péniblement une interview avec une vedette américaine pour constater que (de façon générale) la fréquence des mots anglais dans leur bouche est inversement proportionnelle à leur connaissance de la langue de Shakespeare.
3.   Mais il n'y a rien à faire : la mode dans les médias est encore à l'anglo-américain. Cela est particulièrement vrai à la radio FM, où les quotas de chanson française étant inexistants, on entend presque exclusivement de la musique en anglais, du moins quand il n'y a pas les « news » .

---

[10]   faire obstacle à
[11]   étant admis, acceptés
[12]   créatrice
[13]   il ne soit pas nécessaire
[14]   à la mode

4.   Dans la publicité, l'Amérique fait toujours recette. Certaines pubs[15] montrent par exemple — sur fond musical anglais — des garçons portant des équipements de baseball ou de football[16], des sports que personne ne pratique en France. D'ailleurs, les bons « quarter-backs » sont introuvables... (Il en va autrement du basketball de rue qui connaît, depuis la « Dream Team », une popularité extraordinaire. Dans les banlieues, les « playgrounds » prolifèrent[17], où les jeunes « blacks » adeptes du[18] « streetball » rêvent à Michael Jordan ou Magic Johnson.)

5.   Même si elle n'est que de la « frime » [19], cette apparente anglophilie agace généralement les Québécois qui, arrivant à Paris, admettent difficilement de devoir commander un McChicken plutôt qu'un McPoulet chez MacDonald (qui produit de toute façon, en anglais ou en français, la plus américaine des nourritures).

6.   Il y a encore quelques années, cette réaction faisait sourire les Français, qui trouvaient leurs cousins d'Amérique bien frileux. La tendance semble s'infléchir[20] et il est désormais moins rare d'entendre des Français réclamer des mesures législatives pour stopper la progression de l'anglais, particulièrement dans le milieu du travail.

7.   L'écrivain Dominique Nogez, par exemple, a récemment dénoncé cette « auto-colonisation culturelle » . « La nécessité d'une loi linguistique ne fait plus de doute, a-t-il écrit dans le journal *Libération*. La bataille pour le français est la même que pour le breton ou l'italien, pour la couche d'ozone, contre le racisme. C'est la bataille contre l'uniformisation de la planète. »

8.   L'an dernier, plus d'une centaine de personnalités ont signé un « Manifeste pour la langue française » . Pendant un moment, il a même été envisagé de préciser dans la constitution que le français est la langue de la République, mais la mesure n'a pas été retenue. Un nouveau projet de loi protégeant la langue française a par contre été préparé par la secrétaire d'État à la Francophonie, Mme Catherine Tasca, mais il n'a jamais été adopté[21]. [...]

9.   Le parolier[22] Luc Plamondon a récemment invité la profession à se mobiliser. « Je trouve tout à fait scandaleuse l'invasion anglo-saxonne des ondes françaises, a-t-il lancé. Il est grand temps de réagir. »

10.   Sur cette question, qui refait régulièrement surface, on sent aussi un net changement. L'industrie, qui misait sur[23] la bonne volonté des radios, n'y croit plus et réclame à son tour des mesures. Il faut dire que la FM commerciale n'y a pas mis du sien[24] jusqu'ici : dans de grosses radios comme NRJ, la part de musique en anglais dépasse les 95 % « Je n'ai jamais été pour les quotas, explique le pdg[25] pour la France de

---

[15]   annonces publicitaires
[16]   sport pratiqué par les Américains (à ne pas confondre avec *soccer*)
[17]   se multiplient rapidement
[18]   qui se consacrent au
[19]   une chose futile, sans importance
[20]   changer
[21]   Depuis, il y a eu la loi Toubon qui vise à protéger la langue française.
[22]   auteur de paroles de chansons
[23]   comptait sur
[24]   n'a pas fait sa part, n'a fait aucun effort
[25]   président directeur général

la multinationale EMI, Gilbert Obayon, mais on n'a plus le choix. Il n'y a pas d'autres solutions. » […]

11.　　Certains Français réagissent de façon claire. Il y a un débat, des préoccupations dont on parle maintenant ouvertement, qui n'étaient abordés jusqu'ici qu'en dehors de la France. Cela montre que quelque chose a changé. Auparavant, la France, qui se trouvait dans une totale sécurité linguistique, n'avait pas à être préoccupée par cette question. Avec l'ouverture de l'Europe, elle est confrontée à un régime multilingue. Elle réagit et on ne peut que <u>s'en réjouir</u>[26]. […]

Michel Dolbec, *La Presse*
repris dans *L'Express* (de Toronto) (30 mars au 5 avril 1993)

VOCABULAIRE ET COMPRÉHENSION : *AVEC L'OMNIPRÉSENCE DE L'ANGLAIS DANS LA LANGUE, LES FRANÇAIS S'AUTO-ASSIMILENT*

MAÎTRISONS LE VOCABULAIRE

I. Les phrases suivantes sont fautives parce que chacune contient une expression qui ne respecte pas le sens du texte. Identifiez cette expression et remplacez-la par l'expression appropriée qui se trouve dans le texte.

1. L'usage de l'anglais en France fait plaisir aux Québécois qui essayent de protéger le français chez eux. (par. 5)
2. Les Français renoncent à une loi linguistique pour protéger leur langue. (par. 6)
3. Il y a des Français qui veulent protéger leur langue et ils défendent l'idée de se laisser coloniser par l'anglais. (par. 7)
4. Il y a encore beaucoup de musique américaine à la radio française parce que la radio commerciale fait tout son possible pour promouvoir la musique française. (par. 10)
5. Aujourd'hui, en France, on aborde des questions linguistiques secrètement. (par. 11)

---

[26]　éprouver de la satisfaction

COMPRÉHENSION DU TEXTE

II. Vrai ou faux selon l'article ?

1. Les présentateurs à la radio française parlent bien l'anglais.
2. Le football américain a envahi la France.
3. Les puristes français qui mangent du McChicken acceptent néanmoins la culture américaine.
4. Selon la constitution de la France, le français est la langue officielle du pays.
5. Dans la nouvelle Europe, la langue française aura une place privilégiée.

III. Expliquez dans vos propres mots en tenant compte du contexte de l'article.

1. L'Amérique fait toujours recette. (par. 4)
2. ... cette apparente anglophilie (par. 5)
3. Les Français trouvaient leurs cousins d'Amérique bien frileux. (par. 6)
4. ... cette « auto-colonisation culturelle » (par. 7)
5. ... la France, qui se trouvait dans une totale sécurité linguistique (par. 11)

La globalisation et la réinvention de la différence

Servir l'universel, désormais, c'est exalter la singularité.
Jean-Marc Léger

Contrairement à ce que craignent le plus grand nombre, certains croient que le processus de globalisation n'aura pas nécessairement pour effet d'uniformiser les cultures ; la globalisation pourrait même avoir un résultat positif : celui de pousser les cultures menacées à faire survivre ou à réinventer leurs traditions. Selon Jean-François Bayart, directeur du Centre d'études internationales de sciences politiques de France, c'est la nature même des sociétés de se décomposer et se réinventer. Il cite en exemple le cas de l'Iran, qui, face à l'influence culturelle américaine, a réinventé son identité primordiale islamique[27].

Dans cette vision moins pessimiste de la globalisation, la défense de la langue française passe par l'acceptation de l'anglais comme langue d'expansion mondiale, dans les sciences et surtout dans les communications, sur Internet, par exemple. L'effort doit plutôt porter sur l'utilisation de la technologie pour renforcer les cultures nationales et minoritaires francophones.

---

[27]   « Du culturalisme comme idéologie » , *Esprit* (avril 1996).

Le français dans le monde globalisé : oui à la solidarité linguistique ! oui à la diversité culturelle !

Dans l'article suivant, Mamadou Diop, professeur de lettres modernes au lycée Malak Sy de Thiès, Sénégal, découvre l'étendue des combats à mener pour la défense de la langue française dans le monde globalisé.

Langue française, les durs combats à venir

Le français doit mener un grand et vrai combat s'il ne veut pas disparaître...

Un voyage longtemps attendu

1.   Il m'a été donné de voyager pour la première fois vers l'Europe, précisément à destination de la France. <u>Comble de l'ironie</u>[28], à mon âge — 38 ans dont dix-sept passés à apprendre le français et quinze à l'enseigner, c'était la toute première fois que l'occasion m'était donnée après plusieurs tentatives infructueuses, de me rendre sur le territoire français. Le truchement[29] d'un gentil et généreux cousin établi à Paris m'a permis d'obtenir une invitation pour les vacances 2004. Et pourtant, que de temps passé à apprendre et/ou étudier la France, sa culture, sa civilisation et bien d'autres domaines (sport et politique notamment) qui m'intéressaient ! À apprendre le français à des élèves qui devinrent ensuite professeurs de lettres ou instituteurs par goût de cette langue que je leur ai inculquée !

2.   C'est dire que pour moi et jusqu'au moment de prendre l'avion, s'il devait y avoir une seule langue pour tout le monde entier, ce devait être la langue française pour sa beauté, sa finesse, sa souplesse, sa logique, sa solidité... et que sais-je encore. Pourtant, j'allais vite déchanter[30] et me rendre compte que le français doit mener un grand et vrai combat s'il ne veut pas disparaître et celui-ci est multiple.

Combat face à l'anglais

3.   Je n'ai rien contre la langue de Shakespeare, qui est belle et très commode. Elle a su occuper le terrain en s'internationalisant plus rapidement. Mais jugez-en vous-même !

4.   Allant à Paris par la compagnie Air Portugal avec escale à l'aéroport de Lisbonne où j'ai passé 24 heures de galère avec d'autres compatriotes pour avoir raté notre deuxième vol, j'ai difficilement ou mal communiqué avec mes **interlocuteurs** rencontrés au hasard. J'ai été obligé, avec la rage au ventre, d'abandonner mon français que je portais fièrement en bandoulière pour

---

[28]   suprême ironie
[29]   l'intervention, l'aide
[30]   perdre mes illusions

baragouiner un mauvais anglais[31] en convoquant de lointains souvenirs d'écolier. Les Portugais — comme les Italiens et les Espagnols chez qui je me suis rendu pour voir des parents — parlent très normalement leur langue en plus d'un bon ou mauvais anglais, mais presque jamais le français. J'étais sidéré[32], révolté et mesurais, impuissant, la distance que ma langue officielle avait à parcourir pour côtoyer, ou au moins talonner[33], l'anglais en tout lieu et en tout temps. Loin de moi l'idée de pointer un doigt accusateur sur les anglophones ou les anglophiles et de leur en vouloir[34]. Leur langue s'est déployée ; ils y sont sûrement pour quelque chose et à juste raison[35]. Hélas ! C'est dépité[36] que je constate que le combat doit également se faire contre l'anglais.

Aucune stratégie de déploiement

5.   Comment l'anglais a-t-il pu gagner tout ce terrain[37] sur l'échiquier international[38], par rapport au français ? Un premier exemple me porte à croire que c'est en spectateurs que les décideurs[39] francophones et francophiles ont regardé les anglophones faire faire à leur langue tout ce chemin. Chez nous au Sénégal, un programme anglais appelé « Fullbright » permet aux professeurs d'anglais d'aller aux États-Unis et d'échanger avec leurs collègues américains qui font le chemin inverse. À ma connaissance, il n'existe pas ce genre de programme pour le français. Déjà, ne serait-ce que pour visiter la France, virtuelle et théorique chez les professeurs que nous sommes et qui la maîtrisent parfois mieux que d'authentiques Français, c'est la croix et la bannière pour obtenir le visa[40]. […]

Le combat de la diversité linguistique

6.   La solution pour arrêter ou limiter cette agression extérieure et endogène[41] dont est victime la langue française est de mener un vrai combat pour la diversité linguistique du monde.

7.   Oui aux échanges culturels ! Oui à la fraternité et à la solidarité linguistique ! Oui à l'ouverture d'esprit, au respect de l'autre et de ses différences ! Non à l'exclusivisme linguistique car la meilleure façon d'installer la confiance chez un hôte, de se faire accepter et accueillir dans les meilleures conditions est de s'adresser à lui dans sa langue. Quel beau couple que celui franco-anglais ou et anglo-français ! La mondialisation ou globalisation sera mieux vécue par les bilingues, encore mieux par les plurilingues. La civilisation de l'universel, « du donner et du

---

[31]   parler mal l'anglais
[32]   stupéfié, très étonné
[33]   suivre de près
[34]   avoir du ressentiment contre eux
[35]   en partie grâce à leurs efforts pleinement justifiés
[36]   triste et fâché
[37]   faire tant de progrès
[38]   dans un univers où s'opposent des intérêts
[39]   ceux qui prennent des décisions
[40]   il est très difficile d'obtenir le visa
[41]   intérieure

recevoir » à laquelle Léopold Sédar Senghor[42] a toujours convié[43] tous les peuples de la planète Terre, relayé[44] en cela par Amadou Hampâté Bâ[45] qui parle de « dialogue des cultures », appelle au partage de ce banquet universel. Cependant, ces deux hommes de lettres recommandent fortement à chaque peuple de s'enraciner dans sa propre culture avant de s'ouvrir aux autres pour ne pas être phagocyté[46] et constituer ainsi une arête dans la gorge de l'autre.

8.   J'invite modestement les décideurs, tous les amoureux de la langue française avec en tête les Français dans toutes leurs composantes, à lancer la grande offensive de la langue. Comment ? En se déployant sur toute la planète, dans les coins les plus reculés pour faire que la séduisante langue française attire tous les peuples. Il se dit que les Vietnamiens préfèrent le français à l'anglais. Mais leur malheur est que rien n'est fait dans leur pays pour le vulgariser et le faire fructifier. Résultat : l'anglais gagne du terrain sans coup férir[47].

9.   Facilitez les échanges et les déplacements entre enseignants étant donné que c'est au sein[48] des peuples et dans le respect des diversités culturelles et linguistiques que ce combat-là se gagne ! À l'Onu[49] et dans les grandes rencontres internationales, le français côtoie l'anglais, mais ceci n'est qu'une rivalité et/ou une égalité de façade. Organisons-nous et mettons beaucoup plus à contribution de la Francophonie et des peuples francophones. Instituons un « cosmopolitisme de la langue française » qui se dressera[50] ainsi au firmament de toutes les autres langues. C'est là un cri du cœur qu'un petit et impuissant francophile lance à la face du monde...

Mamadou Diop,
Francophonies du sud (n° 10, 2006)

VOCABULAIRE ET COMPRÉHENSION : *LANGUE FRANÇAISE, LES DURS COMBATS À VENIR*

MAÎTRISONS LE VOCABULAIRE

I. Remplacez les termes en caractère gras par des mots qui expriment les mêmes idées.

1. J'ai essayé plusieurs fois **de me rendre** sur le territoire français. (par. 1)
2. J'ai passé 24h **de galère.** (par. 4)
3. Nous **avons raté** notre deuxième vol. (par. 4)
4. Le français n'arrive pas à **côtoyer** l'anglais. (par. 4)

---

[42]   un des fondateurs de la Négritude (1906-2001)
[43]   invité
[44]   suivi
[45]   écrivain et ethnologue malien (1900-1991)
[46]   dévoré
[47]   sans rencontrer la moindre résistance, sans difficulté
[48]   parmi, au milieu
[49]   l'Organisation des Nations Unies
[50]   s'élèvera

5. Leur langue **s'est déployée.** (par. 4)
6. Ils sont allés dans les coins les plus **reculés.** (par. 8)
7. Mamadou Diop se décrit comme **un francophile.** (par. 9)

II. Trouvez dans le texte les expressions qui correspondent à ces expressions en anglais.

1. *after several unsuccessful attempts…*
2. *Far be it from me to point an accusing finger.*
3. *to bear a grudge*
4. *gains ground*
5. *a heartfelt cry*

III. Repérez dans le passage cinq expressions qu'on pourrait utiliser pour parler d'un voyage en avion.

COMPRÉHENSION DU TEXTE

IV. Répondez aux questions suivantes.

1. D'après vous, l'auteur est-il qualifié pour se prononcer sur le sort du français ?
2. Selon le texte, pour quelles raisons pourrait-on apprécier la langue française ?
3. L'auteur constate que le français est menacé et il identifie plusieurs facteurs qu'il juge responsables du déclin du français. Quels sont ces facteurs ?
4. Quelles solutions recommande-t-il ?
5. Pourquoi s'oppose-t-il à « l'exclusivisme linguistique » ?
6. Expliquez en vos propres mots la notion de « la civilisation de l'universel » prônée par Senghor.
7. Quels conseils l'auteur donne-t-il aux francophiles et aux francophones pour défendre la langue française ?

L'immigration dans le village global — la France pluriculturelle

> ... il avait emporté avec lui une poignée de terre
> du pays
> il la sentait et s'en mettait sur la figure pour dissiper
> sa solitude
>
> Tahar Ben Jelloun[51]

Le monde est devenu un véritable village global où le déplacement se fait de plus en plus facilement. De nos jours, le phénomène de l'immigration a pris une importance considérable. Des milliers de gens d'origines différentes se voient obligés de quitter leur pays pour des raisons politiques, économiques et écologiques. Dans cette ère post-coloniale, les anciens pays colonisateurs accueillent maints immigrants et ce faisant, affrontent le problème de l'intégration de ces nouveaux arrivés à la culture nationale du pays. Aujourd'hui la France, autrefois **métropole** d'un empire qui s'étendait sur tous les continents, est une société multiculturelle composée non seulement de sa population de souche[52] gauloise mais de peuples venant de différentes parties du monde. La culture française, une vieille culture européenne, se trouve, selon certains, sur son propre territoire en crise d'identité à cause de la présence de ressortissants[53] de cultures diverses qui réclament, eux aussi, leur place dans la société française.

suivant, tiré de la revue hebdomadaire française, *Le Nouvel Observateur*, retrace l'histoire de la francisation des immigrants en France et fait le bilan de leur intégration à la culture française dans une nouvelle société plurielle.

Les couleurs de la France

Les quatre naissances de la France

1.   [...] La première naissance reconnue est gauloise : divisée jusqu'à la conquête romaine, la Gaule se forme en s'unissant contre l'envahisseur. [...] Or, dans notre mythologie nationale, Rome n'est pas considérée comme la puissance ennemie occupante, mais comme la coformatrice [...] d'une seconde naissance, celle d'une entité nommée justement gallo-romaine [...].

2.   À cette seconde naissance va succéder une troisième, au cœur du chaos d'invasions qui s'installe dans la décomposition de l'Empire romain. Clovis est l'opérateur mythique de cette troisième naissance. Ce roi franc va donner à la France le nom qui semble définir la francité face à la germanité [...]. En fait, Clovis opère la troisième naissance de la France en y intégrant la substance germanique et en y instaurant le christianisme.

3.   La quatrième et véritable naissance a lieu en 987, avec le règne d'Hugues Capet, qui va former la France monarchique. Cette naissance est paradoxale, car l'espace proprement royal ne couvre que l'Île-de-France, l'Orléanais et la région de Senlis. Le reste est divisé en plusieurs fiefs[54] en fait indépendants, ethniquement et linguistiquement très divers [...].

---

[51]   Né à Fès (Maroc) en 1944, cet auteur prolifique est connu pour ses poèmes, ses romans et ses essais.
[52]   d'origine
[53]   d'immigrés
[54]   domaines, territoires

La francisation continue

4.   La France s'est faite, à partir des rois capétiens[55], en francisant des populations non franciennes [...]. C'est-à-dire que la France s'est constituée par un processus multiséculaire[56] de francisation de peuples et d'ethnies beaucoup plus hétérogènes[57] que celles, par exemple, de l'ex-Yougoslavie. La francisation ne s'est pas seulement effectuée en douceur, mais elle ne s'est pas effectuée seulement par la force. Il y a eu brassages[58] et intégration dans la formation de la grande nation. [...]

La francisation par l'intégration d'immigrés

5.   La francisation se poursuivra au XIXe siècle, mais de façon toute nouvelle : non plus à partir de territoires annexés[59] ou ralliés[60], mais à partir d'immigrants venus des pays voisins. La France est alors le seul pays d'Europe démographiquement déclinant, où, de plus, les terres les moins fertiles sont abandonnées par leurs habitants. Cette situation attire les premières vagues d'Italiens et d'Espagnols. La IIIe République institue alors les lois qui permettent aux enfants d'étrangers nés en France de devenir automatiquement français et facilitent la naturalisation des parents. [...] Il y a certes eu des difficultés et de très grandes souffrances et humiliations subies par les immigrés, qui ont à la fois vécu accueil et refus, acceptation et rejet, amitié et mépris. [...]

De nouvelles difficultés

6.   Aujourd'hui, de nouvelles conditions semblent devoir appeler une mutation dans la francisation. Tout d'abord il y a l'exotisme de religion ou de peau chez de nombreux immigrés, venus des Balkans, du Maghreb, d'Afrique noire et d'Asie. [...] Nous sommes entrés dans une crise d'identité aux multiples visages. [...] D'où les réactions de défense linguistique, culturelle et économique : sauvegarder l'identité menacée. [...] Une société vouée au chômage et menacée de crise crée un climat apte à favoriser les rejets aveugles. Le processus de francisation peut-il se suivre au moment même où tant de conditions psychologiques, sociales et économiques sont défavorables ?

Le modèle français

7.   Les États-Unis disposent d'une culture forte, fondée sur les principes de leur Constitution, sur le rêve américain de réussite et sur l'unification des mœurs, goûts, gestes, façons de parler qu'ont répandus le cinéma et la télévision, ce qui leur permet, en dépit d'énormes désordres, violences et iniquités, de métaboliser[61] des immigrants de toutes origines et fabriquer des Américains.

---

[55]   de la dynastie d'Hugues Capet
[56]   qui dure depuis des siècles
[57]   diverses
[58]   mélanges
[59]   pris sous sa souveraineté
[60]   rassemblés
[61]   assimiler

8.   La France, qui s'est faite et développée dans et par la francisation permanente au cours d'une histoire millénaire, est différente. Son statut se trouve comme celui des autres pays européens, qui, longtemps pays d'émigrants, ne savent pas intégrer leurs immigrants. [...]

9.   Nous avons dit que la culture urbaine et l'éducation sont des facteurs fondamentaux de la francisation des immigrés. Mais la ville est en crise, l'éducation se sclérose. [...] Une culture forte peut intégrer, mais non pas dans des conditions de crise économique et morale, et c'est là qu'est le vrai problème posé par l'immigration. Tout est lié aujourd'hui : politique, économie, civilisation.

10   [...] Enfin, il est nécessaire de situer le problème de l'immigration dans son contexte européen. Tous les pays d'Europe sont aujourd'hui en crise démographique, tous les pays occidentaux et nordiques comptent des populations immigrées. Le modèle français de naturalisation et d'intégration scolaire pourrait donc devenir un modèle européen, qui permettrait à l'Europe de rajeunir démographiquement et d'assumer sa nouvelle et future condition de province planétaire. [...] Et, même au sein de cette conception européenne, l'originalité française demeurera, puisque l'histoire de France se confond avec l'histoire de la francisation. [...] D'où notre conviction : continuer la France millénaire, la France révolutionnaire, la France républicaine, la France universaliste, c'est aussi continuer la francisation. C'est continuer l'originalité française dans l'intégration européenne.

Edgar Morin,
Le Nouvel Observateur (29 août-19 septembre 1996)

VOCABULAIRE ET COMPRÉHENSION : *LES COULEURS DE LA FRANCE*

MAÎTRISONS LE VOCABULAIRE

I. Remplissez les blancs par une expression de la liste. Faites les changements nécessaires.

vouer au chômage	condition de province planétaire
métaboliser	être considéré comme
être nommé justement	appeler une mutation
se scléroser	crise démographique

1. L'auteur explique qu'il y a toujours eu une politique de francisation des immigrants en France, mais que les transformations sociales récentes ... dans la francisation.

2. Dans une société ... l'intégration de nombreux immigrants qui cherchent du travail crée des conflits.

3. Aux États-Unis, on essaie de ... les immigrants de maintes cultures différentes pour les transformer en Américains.

4. Pour accueillir les enfants de diverses cultures dans les écoles, il faudrait changer les programmes scolaires, mais selon l'auteur, le système d'éducation ... .

5. À cause de ..., la société française s'est beaucoup transformée ; la vieille culture de souche gauloise doit intégrer d'autres cultures de différents coins du monde.

COMPRÉHENSION DU TEXTE

II. Répondez aux questions suivantes en montrant que vous avez compris l'article.

1. Quelles sont les quatre naissances ethniques de la France ?
2. Pourquoi y a-t-il eu une vague d'immigrés en France au XIXᵉ siècle ?
3. Quels sont les facteurs qui expliquent le « rejet aveugle » d'immigrants dans les sociétés européennes contemporaines ?
4. Quelle est la perception américaine de la diversité ethnique dans la société ?
5. Quels aspects de la société française pourraient servir de modèles pour le développement de sociétés pluriculturelles en Europe ?

Le verlan, un précieux reflet de la diversité ethnique des banlieues françaises

La France possède une vieille tradition d'immigration. L'État français s'est toujours montré accueillant envers les réfugiés politiques et a toujours accordé des droits sociaux à ses immigrés. Aujourd'hui, les étrangers en France représentent entre six et huit pour cent de la population. Étant donné que les immigrants travaillent dans les secteurs de l'économie situés autour des grandes agglomérations, la plupart d'entre eux habitent dans le milieu urbain. Un des problèmes sociaux qui relèvent de cette concentration d'immigrants en regroupement est la ségrégation culturelle et économique d'une certaine partie de la population. Une nouvelle génération née en France, de parents immigrants, grandit en marge de la société.

L'article suivant traite d'un phénomène culturel qui, au cours des dernières années, s'est manifesté dans les quartiers ouvriers urbains de France : la naissance d'une nouvelle langue, le verlan. Ce langage, parlé principalement par les jeunes, reflète les diverses origines culturelles de ses locuteurs et provoque des réactions polémiques chez les Français. Le verlan enrichit-il la langue française ou la détruit-il ?

Le français de demain

1.   Attablés dans un café de Paris, Pascal Aguillou, 21 ans, et Nasser Saïki, 23 ans, sont plutôt fiers du succès de leur livre. Copains d'enfance, ils habitent L'Haÿ-les-Roses, dans un quartier de HLM[62] comme il en existe des centaines autour de Paris et des grandes agglomérations. Des « cités » souvent synonymes de chômage, d'exclusion sociale, voire de délinquance. C'est un peu pour changer cette image qu'ils ont écrit *La Téci à Panam* (traduction : *La Cité à Paris*), véritable manuel d'initiation à la langue des cités, qui, en France, envahit depuis quelques années le paysage linguistique. [...] Les deux jeunes apprentis « linguistes » songent d'ailleurs à

---

[62] habitations à loyer modéré

exploiter le filon[63]. Ils ont inventé un jeu de société sur la banlieue qu'ils espèrent commercialiser prochainement.

2.   Depuis plus d'un an, en effet, la France s'enthousiasme pour les **parlers** populaires qui fleurissent dans ses banlieues-ghettos. En peu de temps, ils ont été récupérés par les médias, la publicité, la télévision et le cinéma. Depuis quelques mois, Jamel Debouzze, 21 ans, un « tchatcheur » des cités françaises qui s'exprime dans la langue fleurie et inventive de la rue, est la nouvelle coqueluche[64] de la télévision. Ses sketches en verlan sont diffusés à l'émission la plus branchée[65] du moment, *Nulle part ailleurs* [...]. Preuve que le langage des banlieues est présent partout, en janvier les lecteurs du *Figaro magazine* ont assisté, sur plusieurs pages, à un débat linguistique plutôt surprenant entre Maurice Druon, le très conservateur secrétaire perpétuel de l'Académie française, et MC Solaar, le pape du rap français, qui triture[66] avec talent la langue de Flaubert.

3.   La langue des cités a désormais sa place à l'université, où elle est l'objet de très sérieux colloques et de thèses en sociolinguistique. Son apprentissage fait même partie de la formation de certains professeurs appelés à enseigner dans les banlieues les plus dures. L'édition n'est pas en reste[67] : les livres qui décryptent ce que certains désignent déjà comme le « néo-français » connaissent un succès indéniable.

4.   L'expérience la plus sérieuse est sans doute celle menée par deux professeurs de français du collège Jean-Jaurès, à Pantin, dans la banlieue est de Paris. Boris Seguin et Frédéric Teillard ont entrepris, avec leurs élèves de 11 à 14 ans, la rédaction d'un dictionnaire répertoriant les mots et expressions employés à l'école et dans la rue.

5.   « Il existe un véritable lexique des banlieues, dit Boris Seguin. Plutôt que de le nier, autant l'étudier avec les jeunes. Ceux-ci ont fait un travail consciencieux, s'interrogeant sur l'origine des mots, les équivalents en français, l'orthographe, etc. Saviez-vous qu'un gâteau n'est pas seulement une pâtisserie ? On emploie aussi ce mot comme interjection quand quelqu'un fait une plaisanterie pas drôle. » [...]

6.   De nombreux parents se sont plaints qu'on apprenne à leurs enfants des « gros mots » et autres expressions de la rue ; des professeurs ont alerté l'administration de l'école, mais sans succès. « Notre but n'est pas d'encourager l'utilisation de ce langage, dit Boris Seguin, mais de le considérer comme un objet d'étude. Le risque, reconnaît-il, c'est que cette langue populaire devienne un ghetto. »

7.   Nombre d'enseignants et de spécialistes craignent en effet qu'une partie de la société n'ait bientôt plus le français comme langue commune. Dans *Une saison en banlieue*, le sociologue Adil Jazouli cite un adolescent d'une banlieue bétonnée[68] pour montrer l'étendue du problème : « On n'est pas comme eux et on ne parle pas non plus leur langue ; ils parlent en vieux français, nous en verlan. » Les auteurs du très commercial *Dico de la banlieue* qui proposent « 1 000 définitions pour tchatcher mortel » (traduction : parler branché[69]), n'invitent-ils pas le lecteur à partir à la rencontre « de ceux qui inventent la langue française de demain » ?

---

[63]   la bonne idée
[64]   personne aimée, admirée
[65]   à la mode
[66]   manie brutalement, maltraite
[67]   en retard
[68]   où il y a peu de verdure
[69]   parler la langue à la mode

8.   Le phénomène hexagonal[70] a pris une telle ampleur que l'hebdomadaire allemand *Die Zeit* posait clairement la question de la balkanisation[71] linguistique qui menacerait la France : « La langue des banlieues va-t-elle détruire le français ? » Le linguiste Claude Hagège semblait vouloir y rassurer les plus alarmistes, tels l'écrivain Jean-Marie Rouart, directeur du *Figaro littéraire*. Nouvellement élu à l'Académie française, il parle volontiers du français comme d'« un chef-d'œuvre en péril ». Même s'il concède que le français se transforme à un rythme accéléré, Claude Hagège remarque: « C'est la vie du français. La manipulation de la langue par la masse est un phénomène archivieux[72]. » Le sujet passionne Jean-Pierre Goudailler, professeur à la Sorbonne et directeur du Centre de recherches argotologiques[73]. Depuis plusieurs années, il décrypte avec ses étudiants du monde entier « ces nouvelles langues tribales » qui émergent à la périphérie des villes et envahissent la langue de tous les jours, et son ouvrage *Comment tu tchatches ! Dictionnaire du français contemporain des cités* fait aujourd'hui autorité.

9.   « Le moule[74] est souvent français, mais on constate de nombreux emprunts à l'étranger, à l'arabe, au manouche (la langue des gitans), au créole. Car ce langage est un précieux reflet de la diversité ethnique des banlieues françaises. Il ne faut pas refaire l'erreur du début du siècle et l'interdire comme on avait interdit le breton, le corse ou l'occitan », dit-il. [...] Il considère l'apparition du langage des banlieues comme une fatalité linguistique : « Dès qu'il y a institution d'une langue officielle, il y a détournement[75] de cette langue par la marge[76]. »

10.   Dans son étroit bureau de la rue des Saints-Pères, au cœur du Paris de l'édition, Yves Berger tempête[77] contre « les traîtres qui sabotent la langue nationale ». Le président de l'Observatoire national de la langue française et directeur littéraire des éditions Grasset a été chargé par l'ancien ministre de la Culture de faire un rapport sur l'état de la langue dans l'Hexagone[78]. Il parle de « la dégénérescence[79] » de la langue française polluée par l'anglo-américain, facteur actif qui provoque sa déchéance ». Et il fustige avec la même passion « le français dégénéré ou le verlan, phénomène méprisable qui n'a aucune valeur linguistique ».

11.   Il craint qu'à force de mettre en valeur « ces sous-langues des banlieues défavorisées », une frange grandissante de la société ne sache plus s'exprimer dans la belle langue léguée par Racine et Victor Hugo: « Il y a quelque chose d'affreux dans l'attitude de ces universitaires dégénérés qui trouvent le **dialecte** des banlieues merveilleux et l'enseignent à leurs étudiants. » Réplique de Jean-Pierre Goudailler : « Les gens qui refusent cette langue se cachent derrière un repli nationaliste frileux[80] qui n'a pas lieu d'être linguistiquement[81]. » En France, la guerre des langues aura bien lieu.

---

[70] français
[71] division, morcellement
[72] très vieux
[73] sur l'argot (langue orale des différents groupes sociaux)
[74] la structure de base
[75] changement
[76] les marginaux
[77] manifeste son mécontentement en protestant, fulmine
[78] en France
[79] du déclin, de la dégradation
[80] sont, en réalité, motivés par la peur
[81] qui ne se justifie pas au point de vue linguistique

Pour s'y retrouver... un peu : petit abécédaire du français des cités

> **Antennes**, n. f. : cheveux en épi.
> **Baltringue**, n. f. : peureux, trouillard.
> **Bedave**, v. tr. : fumer ou faire l'amour.
> **Chooses**, n. f. : chaussures.
> **Cradose**, adj. : être sale ou avoir mal à la tête.
> **Fatal**, adj. : très bien (synonymes : mortel, puissant).
> **Galérien(ne)**, n. : quelqu'un qui s'ennuie tout le temps et reste enfermé chez lui.
> **Intourie !** (du malien) : très fou !
> **Misquine** (de l'arabe *miskin* : pauvre) : exclamation marquant la pitié.
> **Ouallah !** (de l'arabe « par Dieu ») : je te jure !
> **Photocopie**, n. f. : personne qui ressemble à une autre.

Achmy Halley, *L'actualité* (15 octobre 1998)

EXPLOITATION DU TEXTE : *LE FRANÇAIS DE DEMAIN*

TECHNIQUES DE LECTURE

Lire un récit pour en faire le résumé

Le résumé, qui vise à saisir les idées essentielles d'un récit, permet d'approfondir la compréhension d'un texte et de développer des techniques d'analyse et de synthèse. Distinguer entre l'information principale et l'information secondaire est un procédé indispensable à tout étudiant universitaire qui prend des notes en classe, fait des recherches et écrit des dissertations.

Avant d'entreprendre le résumé d'un récit, il faut d'abord lire le texte attentivement. Cette lecture analytique se fait par étapes logiques. Dans le premier chapitre, nous avons présenté les techniques de base nécessaires à la lecture efficace. Il s'agit maintenant d'élaborer ces techniques en vue de la rédaction du résumé.

La préparation du résumé

Le balayage

- Lisez rapidement le texte intégral en faisant **le bilan** de ses grandes lignes :
le contexte, le genre, le domaine, le ton, le style, le thème général, etc.
- Notez en passant les **idées** ou les **mots** qui vous semblent **importants**, mais ne vous attardez pas sur les détails.

La lecture globale

- Lisez le récit une deuxième fois en soulignant les **idées directrices** et en donnant un titre aux différents paragraphes. Chaque paragraphe n'introduit pas nécessairement une nouvelle idée.

- Déterminez la **structure globale** du texte en indiquant les étapes qui en constituent **l'introduction, le développement, la conclusion**.

- Identifiez **l'objectif** de l'auteur (convaincre, plaire, réfuter, etc.).

La lecture analytique

- Faites une troisième lecture pour établir un schéma du **déroulement des idées** dans le texte. Distinguez entre les **idées essentielles** et les **idées secondaires qui ne seront pas nécessairement retenues pour le résumé** : digressions, clarifications, comparaisons, exemples, illustrations, élaborations, etc.
- Une fois la hiérarchie des idées établie, faites un plan du texte qui indique clairement les étapes à retenir pour le résumé.

- Déterminez maintenant les **liens logiques** entre les idées essentielles. Précisez le rôle des **mots de liaison**. Il s'agit de saisir comment l'auteur a construit son argument, comment une idée mène à l'idée suivante.

- Ayant établi le cheminement des idées dans le texte, tâchez ensuite de préciser **le thème principal**.

Voici l'analyse du premier paragraphe de l'article qui traite du verlan, langage des jeunes des banlieues françaises. Les parties en caractères gras représentent les idées essentielles à retenir pour le résumé. Les autres détails ajoutent des renseignements supplémentaires et constituent donc des étapes secondaires dans le récit.

Attablés dans un café de Paris, Pascal Aguillou, 21 ans, et Nasser Saïki, 23 ans, sont plutôt fiers du succès de leur livre. Copains d'enfance, **ils habitent** L'Haÿ-les-Roses, dans **un quartier de HLM** comme il en existe des centaines autour de Paris et des grandes agglomérations. **Des « cités » souvent synonymes de chômage, d'exclusion sociale,** voire de délinquance. C'est un peu pour changer cette image qu'ils ont écrit *La Téci à Panam'* (traduction : *La Cité à Paris* ; éd. Michel Lafon), véritable manuel d'initiation **à la langue des cités, qui, en France, envahit depuis quelques années le paysage linguistique.** [...] Les deux jeunes apprentis « linguistes » songent d'ailleurs à exploiter le filon. Ils ont inventé un jeu de société sur la banlieue qu'ils espèrent commercialiser prochainement.

I. En suivant les techniques de lecture proposées ci-dessus, soulignez, dans l'article, *Le Français de demain,* **les passages à retenir dans un résumé.**

MAÎTRISONS LE VOCABULAIRE

Les faux amis

II. Traduisez les phrases suivantes. La traduction du premier mot en caractères gras se trouve dans le texte. À l'aide du dictionnaire trouvez la bonne traduction du deuxième mot en caractères gras.

1. At the **conference** on gypsy culture she gave a **paper** on social change.
2. The attitude of children towards French is a problem of **education**. They receive a lot of **training** in sports but they do not study sociolinguistics.
3. **Publishing** is an interesting field, but I would prefer to be the **editor** of a newspaper.
4. The **experiment** was a success. It was the most exciting day I have ever **experienced**!
5. Students should not use **bad words** in their essays; it is **gross** to use such words in academic papers.

III. L'article affirme qu'en France il existe trois points de vue très nets en ce qui concerne le verlan : on en fait l'éloge, on le critique ou on le voit tout simplement comme un phénomène linguistique normal. Cherchez dans le texte les expressions qui véhiculent ces différentes attitudes.

Exemple : Le verlan, phénomène méprisable (par. 10) (critique)

COMPRÉHENSION DU TEXTE

IV. Montrez que vous avez compris le texte en complétant les phrases suivantes.

1. L'ouvrage *La Téci à Panam'* vise à...
2. Les médias et la télévision ont contribué à...
3. Plusieurs facteurs attestent la popularité du verlan : ...
4. Un projet important réalisé dans un collège de la banlieue de Paris entreprend...
5. Les détracteurs du langage des banlieues craignent...
6. Les défenseurs du verlan considèrent ce langage...

RAPPEL GRAMMATICAL

La négation

La négation en français est généralement formée de deux mots : **ne** et **pas** (ou un autre mot négatif :
plus, jamais, rien, personne, etc.).

> *Je **ne** parle **pas** le verlan.*
> *Il **n**'a **jamais** visité L'Haÿ-les-Roses.*
> ***Personne ne comprend** le mot « cradose » .*

Les adverbes négatifs

> *L'Académie française **ne** s'est **pas encore** prononcée sur le verlan.*

adverbes affirmatifs	adverbes négatifs
	ne ... pas
	ne ... point (style soutenu)
	ne ... pas du tout
toujours, quelquefois, souvent,	ne ... jamais
parfois, de temps en temps,	
des fois, de temps à autre	
encore, toujours (dans le sens de encore)	ne ... plus
toujours	ne ... pas toujours
déjà	ne ... pas encore
	ne ... toujours pas
partout, quelque part	ne ... nulle part
souvent	ne ... pas souvent
aussi	ne ... pas ... non plus
beaucoup, très	ne ... guère
	ne ... que

- Le mot **pas** n'est jamais utilisé dans une négation avec : **jamais, plus, rien, nulle part**, etc.
  > *On **n**'étudie **jamais** l'argot parisien dans les cours de français.*

- On peut employer **ne** seul avec les verbes suivants : **cesser, oser, pouvoir, savoir**.
  > *Je **n**'oserais contredire ce linguiste renommé.*

• **Ne ... que** a le même sens que l'adverbe **seulement**. Ce n'est pas une négation, mais une expression de restriction. **Que** précède immédiatement les mots qui subissent la restriction.

Il n'y a qu'une partie de la population française qui parle le verlan.

• **Ne ... guère** est employé dans le sens de : **peu, peu de, à peine, presque pas, pas beaucoup, pas très**.

Cette étudiante ne travaille guère parce qu'elle est paresseuse.

Attention !

• L'article partitif (**du, de la, de l'**) et l'article indéfini (**un, une, des**) deviennent **de** dans une phrase négative.

Il y a du chômage dans ce quartier, car il n'y a pas de travail pour ces jeunes.

• **Si** (réponse affirmative) remplace **oui** lorsqu'on répond à une question ou à une déclaration négative.

Il n'y a pas de dictionnaires du verlan. — Si, on vient d'en publier un.

Place des adverbes négatifs

• Le **ne** est placé devant le verbe et le **pas** (ou un autre mot négatif) est placé après le verbe ou l'auxiliaire dans un temps composé.

Ce linguiste n'a pas apprécié l'importance de la langue populaire.

• Quand l'infinitif est négatif, on met la négation (**ne pas, ne jamais**, etc.) devant l'infinitif présent ou généralement devant l'auxiliaire pour l'infinitif passé.

Il est important de ne pas oublier ses origines.
Je regrette de ne pas avoir appris une deuxième langue.

• Les pronoms objets (directs et indirects) sont placés entre **ne** et le verbe ou l'auxiliaire.

Je ne vous l'expliquerai pas.
Lui a-t-il exprimé ses objections ? — Non, il ne les lui a pas exprimées.

• Aux temps composés, **nulle part** et **non plus** sont placés après le participe passé.

Avez-vous trouvé la définition de ce mot ? — Je ne l'ai trouvée nulle part.
Tu n'as rien dit et moi je n'ai rien dit non plus.

Les adjectifs négatifs

Les adjectifs négatifs s'accordent avec le nom qu'ils qualifient et sont généralement employés au singulier.

*Autrefois la langue populaire **n'**avait **aucune** place à l'université.*

adjectifs affirmatifs	adjectifs négatifs
plusieurs, quelques, tous, un	aucun(e) ... ne (sujet)
	nul(le) ... ne (sujet)
	ne ... nul(le) (objet)
	pas un(e)... ne (sujet)
	ne ... pas un(e) (objet)

Les pronoms négatifs

***Personne n'**a ri quand il a fait cette plaisanterie.*

pronoms affirmatifs	pronoms négatifs
plusieurs, tous, quelques-uns, un	aucun(e) ... ne (sujet)
	ne ... en ... aucun(e) (objet)
	nul(le) ... ne (sujet)
	pas un(e) ... ne (sujet)
	ne ... en ... pas un(e) (objet)
quelqu'un , tout le monde	personne ... ne (sujet)
	ne ... personne (objet)
quelque chose, tout	rien ... ne (sujet)
	ne ... rien (objet)
	pas grand-chose ... ne (sujet)
	ne ... pas grand-chose (objet)

• Aux temps composés **personne** et **aucun(e)** (objet) sont placés après le participe passé.
   *Je **n'**ai rencontré **personne**.*
   Avez-vous visité quelques banlieues de Paris ?
   *— Non, nous **n'**en avons visité **aucune**.*

• L'adjectif qui qualifie **rien** et **personne** est invariable et il est toujours précédé de la préposition **de**.
*Selon Hagège, il n'y a **rien de nouveau** dans la manipulation de la langue par la masse.*

• Lorsque **personne** et **rien** sont suivis d'un infinitif, il faut ajouter la préposition **à**.
*Les jeunes qui viennent du centre ville trouvent qu'il n'y a **rien à faire** dans les banlieues.*

• **Ne ... pas grand-chose** a le sens de « peu de chose ». Quand cette expression est suivie d'un adjectif, l'adjectif est invariable et il faut ajouter la préposition **de**. Quand elle est suivie d'un infinitif, il faut ajouter la préposition **à**.
*Vous n'avez pas fait **grand-chose d'important** pendant mon absence.*
*Les jeunes chômeurs trouvent que la société n'a pas **grand-chose à** leur offrir.*

Les conjonctions négatives

conjonctions affirmatives	conjonctions négatives
et, ou, et ... et	ni ... ni ... ne (sujet)
ou ... ou, soit ... soit	ne ... ni ... ni (objet)
	ne ... pas (de) ... ni (de) ... (objet)

Les conjonctions négatives servent à réunir dans une phrase négative des séries de noms, de pronoms, d'infinitifs ou de verbes conjugués.
*__Ni__ les cours de langue, **ni** les manuels de grammaire **ne** valent l'expérience de vivre dans le milieu où la langue est parlée.*

*__Ni__ lui **ni** elle **ne** sera élu président du comité.*

*Ceux qui vivent en marge de la société **ne** peuvent **ni** s'intégrer **ni** survivre en isolement.*

*Il n'a **ni** assisté au cours, **ni** étudié, **ni** fait de recherches avant de passer l'examen.*

Négation multiple

On peut combiner plusieurs mots négatifs (à l'exception de **pas**) dans la même phrase.
*Il n'a **plus rien** à dire sur ce sujet.*
*On **ne** rencontre **jamais personne** à la bibliothèque le dimanche matin.*
*Elle **ne** va **jamais nulle part** depuis qu'elle rédige sa thèse.*

V. Répondez négativement aux questions suivantes.

1. Suit-elle toujours le cours de sociolinguistique ?
2. Est-ce que quelqu'un a présenté un sketch en verlan ?
3. Est-ce qu'ils habitent encore un HLM ?
4. Parle-t-il la langue des banlieues ? Est-ce que vous aussi parlez cette langue ?
5. Je ne trouve pas le dictionnaire. Est-ce que tu l'as mis quelque part ?
6. Ce linguiste a-t-il écrit quelque chose dans le *Figaro magazine* ?
7. Les universités donnent-elles déjà des cours sur la langue des cités ?
8. As-tu consulté *La Téci à Panam'* et *Dico de la banlieue* ?
9. Ont-ils parlé à quelqu'un de leur projet linguistique ?
10. Est-ce qu'il y a plusieurs centres de sport dans ce quartier ?

VI. Mettez les phrases suivantes à la forme négative. Utilisez la négation qui correspond au mot en caractères gras en faisant tous les changements nécessaires.

1. Ils se retrouvent **toujours** dans un café de Paris. Ils préfèrent se voir à la bibliothèque.
2. Après avoir rencontré les jeunes, cet académicien a **encore** critiqué l'emploi de ce langage dans les écoles.
3. On entend **partout** ces expressions « branchées » du verlan.
4. Ce linguiste est perfectionniste. **Tout** lui semble acceptable.
5. **De nombreux** parents se sont plaints de l'enseignement de gros mots dans les cours de langue.
6. **Tout le monde** aime étudier la grammaire.
7. On va trouver la réponse à cette question **quelque part**.
8. Ces jeunes gens cherchent **quelque chose** de nouveau.
9. Il y a **beaucoup** d'erreurs dans cette traduction.
10. J'ai **toujours** envie de débattre cette question épineuse.

VII. Combinez les deux phrases négatives pour en former une seule avec une négation multiple.

1. Le journaliste a promis de ne plus écrire dans cette revue militante. Il a promis de ne rien écrire.
2. Cet étudiant voudrait faire un stage de formation dans une banlieue parisienne. Il n'a pas encore fait de projet. Il n'a fait aucun projet.
3. Ce chercheur mène une vie solitaire. Personne ne vient le voir. On ne vient plus le voir.
4. Ce professeur et cet écrivain se sont disputés. Ils ne se sont plus revus. Ils ne se sont jamais revus.
5. Cette lettre est confidentielle. Il ne faut rien dire. Il ne faut en parler à personne.

TECHNIQUES D'ÉCRITURE

Le résumé

Ayant fait la lecture analytique du récit, nous pouvons maintenant procéder à la rédaction du résumé en nous laissant guider par les principes suivants :

• **Réduire le texte d'un quart environ** : il faut retenir seulement les idées et thèmes essentiels.

• **Reformuler avec précision et concision** les idées essentielles : il ne faut pas donner de longues explications, élaborations ou clarifications. Il faut surtout éviter de répéter les phrases du texte.

• **Respecter l'unité du récit** : votre résumé doit reproduire l'ordre logique dans lequel l'auteur a présenté ses idées, car ce cheminement reflète le fond de sa pensée.

• **Éviter de donner votre opinion personnelle** ou d'utiliser des mots qui véhiculent des émotions ou points de vue qui ne sont pas représentés dans le texte.

Voici le résumé du premier paragraphe de l'article. Notez que seules les idées clés ont été retenues, que la langue utilisée est concise et précise et qu'il n'y a aucun commentaire personnel.

> *Le verlan, langage des jeunes qui habitent les banlieues populaires, est un sujet qui suscite depuis quelque temps beaucoup d'intérêt en France.*

VIII. Faites le résumé de l'article *Le Français de demain* en suivant les règles proposées ci-dessus.

ÉCRIVONS

IX. Traitez un des sujets suivants en utilisant les stratégies pour la rédaction du résumé.

1. Interviewez quelqu'un appartenant à un groupe qui se considère exclu de la société. Ensuite faites le résumé de ses commentaires.

2. Relisez les notes que vous avez prises récemment dans un des vos cours et faites-en le résumé.

ÉLARGISSONS NOS HORIZONS

Choisissez un domaine qui requiert un vocabulaire spécialisé (l'informatique, Internet, le cinéma, etc.) et tâchez de dresser un fichier lexical.

Le Sénégal dans le village global

L'article suivant traite du phénomène du rap sénégalais — l'art politisé des jeunes musiciens africains qui se libèrent de leur passé colonial pour construire une nouvelle identité africaine. Leurs chansons, de vrais produits du village global, parlent de métissage culturel, de jeunes qui doivent fuir la pauvreté de l'Afrique pour tenter leur chance en Europe, et du refus d'une interprétation coloniale de leur histoire comme étant la seule valable. Tout comme les jeunes Africains-Américains, ils veulent conter leur véritable histoire, une histoire d'oppression et d'esclavage.

La nouvelle Afrique se construit au rythme du rap

« ... une nouvelle prise de parole noire »

1.   Sur le débarcadère[82] de Dakar[83], gros marché aux pacotilles[84] d'osier et tissus imprimés, les touristes africains-américains <u>compostent leur ticket</u>[85]. Quinze minutes de navette maritime pour rejoindre Gorée, l'île aux esclaves, où des millions d'Africains ont été emprisonnés avant de partir pour les Amériques.

Enflammés par une nouvelle scène musicale, les jeunes Sénégalais rompent avec l'histoire officielle

2.   Outre-mer. Dans les journaux, on discute encore beaucoup la décision du Sénat français de maintenir une loi qui contraint les manuels scolaires à valoriser « le rôle positif de la présence française outre-mer ». Le texte concerne d'abord les anciennes colonies d'Afrique du Nord. Mais, au Sénégal, on s'est aussi senti interpellé[86], injurié, parfois. La jeunesse, surtout. [...] C'est l'une des jeunesses les plus politisées d'Afrique noire, enflammée, notamment, par une nouvelle scène musicale qui a rompu avec la logique des griots[87], le soutien inconditionnel au chef[88] et l'histoire officielle.

---

[82]   quai où arrivent les bateaux
[83]   capitale et port du Sénégal
[84]   marchandises
[85]   valident le billet en le mettant dans une machine avant de monter dans le bateau
[86]   mis en cause
[87]   chanteurs africains traditionnels
[88]   dans ce cas, le président du pays

La piraterie de CDs pour en arriver à l'indépendance artistique

3.   À quelques roues de taxi du débarcadère, Didier Awadi soigne sa Mercedes, un palais cabossé[89] qui lui sert de poste de contrôle. Il a un peu plus de 30 ans. [...] Sur la terrasse d'un studio qui lui sert aussi de logis, un rappeur béninois[90] cause avec des Congolais. Il y a ici, derrière ces consoles, une petite internationale panafricaine de <u>scandeurs qui fomentent des albums</u>[91]. Didier Awadi les produit. Avec l'explosion de la piraterie sur le marché sénégalais, il rentabilise[92] son affaire en faisant des enregistrements de spots publicitaires pour la radio. « *Cela nous assure une indépendance artistique* », explique Didier Awadi. [...] Didier Awadi passe devant son diplôme de chevalier de l'ordre des Arts et des Lettres, une distinction pratiquement masquée par une gigantesque photo de Thomas Sankara[93], le leader burkinabé[94] assassiné.

L'inspiration de Sankara : oser vivre africain

4.   Le studio lui-même porte le nom de Sankara. Pourquoi Sankara plutôt que Senghor, le premier président sénégalais ? « [...] *Sankara nous demandait d'oser vivre africain* », affirme Awadi. C'est là le paradoxe local. Un pays dont l'indépendance a été accordée à un président francophile[95] « *trop complaisant* », disent certains, un pays qui a gardé avec l'ancien colonisateur les apparences d'une forte proximité. [...] Mais un pays qui ne fait plus de cet attachement une allégeance. Le rap a donné à cette génération d'après l'indépendance une syntaxe et un vocabulaire neufs.

Le hip-hop sénégalais : une nouvelle relation avec la politique française

5.   « *Dans les années 1980, quand j'ai commencé à pratiquer le hip-hop, nos parents nous battaient. Une expression libre, décomplexée, et des prises de position explicites contrariaient notre tradition africaine du consensus* », poursuit Awadi. Il faut bien le dire, le langage n'a pas changé partout. Des grandes stars du *mbalax*, le genre musical le plus populaire du côté de Dakar, acceptent encore contre de supposées faveurs d'écrire des chansons pour le président. Chez Didier Awadi, on s'abstient. Dans le rap en général, on évite de trop <u>se frotter au trône</u>[96]. Alors, les rappeurs se sentent libres d'argumenter autour des <u>émeutes en France</u>[97] [...]. Ils ont tous des frères, des amis, qui vivent dans les banlieues françaises. Ils ont tous des frères, des amis, qui ont tenté

---

[89] qui a des bosses, des marques de coups
[90] du Bénin, État de l'Afrique occidentale
[91] musiciens qui produisent des CDs illégaux
[92] rend financièrement avantageuse
[93] Figure de la politique africaine et mondiale (1949-1987), radicalement insoumis à la politique post-coloniale, Thomas Sankara a légué aux générations futures la conscience historique de la lutte contre toutes oppressions.
[94] du Burkina Faso, État de l'Afrique occidentale
[95] qui aime la France, qui soutient la politique française
[96] parler du gouvernement
[97] manifestations des jeunes de familles immigrantes pour protester contre la marginalisation sociale et économique

aussi de faire le mur — d'accéder à l'Europe par les enclaves de <u>Ceuta et Melilla</u>[98]. « *Nous vivons au tempo de la vie politique française,* insiste Didier Awadi. *Alors, les bénéfices de la colonisation, nous avons eu le temps d'y réfléchir. Il y en a certainement, une langue commune par exemple. Mais* <u>*il est hors de propos*</u>[99] *de trop en parler.*

Le métissage culturel : la vraie identité africaine

6.   *Aujourd'hui, l'Afrique est malade. Et quand le docteur vient vous voir, ce n'est pas pour diagnostiquer ce qui va bien.* » ajoute-t-il. Didier Awadi se revendique « *métis culturel* ». [...] Scandé en français, et surtout dans les langues africaines, dont le wolof, le hip-hop sénégalais se cherche depuis ses premières proses un accent identitaire. [...] Les groupes de Dakar choisissent des instruments traditionnels, puisent dans les chants d'antan[100]. Ils invoquent Gorée de la même manière que la conscience américaine s'est choisi les champs de coton du Mississippi comme mythe fondateur. Il y a dans cette poésie de combat, un travail constant, subtil, sur la mémoire et sur l'histoire. [...]

L'Afrique : non pas en marge du monde mais engagée dans le monde

7.   La chance de la France, l'idéal républicain sur lequel elle a grandi, c'est la diversité ethnique, lancent les rappeurs. Ensemble, ils ont bâti leur réputation sur un hymne, *Exodes*, qui traite[101] d'un voyage dont on revient. [...] Aujourd'hui on fait la queue dans les ambassades ou alors <u>on finit sur les barbelés</u>[102]. Il s'agit de rétablir un équilibre économique dans une relation qui est née sur l'inégalité. Alors, dans cet appartement dakarois où l'on peaufine[103] les slogans qui bientôt seront répercutés par la jeunesse sénégalaise, le « *rôle positif* » de la colonisation, on le cherche encore. L'économie africaine, les échanges entre régions sont nés bien avant <u>le débarquement français</u>[104]. Aujourd'hui, ils se réjouissent que l'histoire noire, longtemps construite par des mains blanches, soit réexaminée. Les rappeurs chantent de <u>petites prouesses carambolées</u>[105], qui ne stigmatisent même plus la colonisation, mais voient l'Afrique, non pas en marge du monde, mais engagée dans le monde.

Arnaud Robert, *Courrier international* (n° 798 - du 16 au 22 février 2006)

---

[98]   deux villes au Maroc par où passent les Africains qui essayent d'accéder à l'Europe
[99]   il n'est pas convenable
[100] du passé
[101] parle
[102] on est tué en tentant de traverser illégalement les frontières protégées par des fils barbelés
[103] perfectionne
[104] la colonisation du pays par les Français
[105] une série d'actions extraordinaires

VOCABULAIRE ET COMPRÉHENSION : *LA NOUVELLE AFRIQUE SE CONSTRUIT AU RYTHME DU RAP*

MAÎTRISONS LE VOCABULAIRE

I. Trouvez dans le texte :

1. des mots et des expressions qui évoquent la libération chantée par les jeunes musiciens africains. (Exemple - *une nouvelle prise de parole noire*)

2. des mots et des expressions qui évoquent le colonialisme. (Exemple — *une relation qui est née sur l'inégalité*)

II. Trouvez des synonymes des mots suivants dans le texte.

1. service de transport entre deux centres
2. a interrompu les relations avec, a cessé de respecter
3. aide, appui
4. servile, obligeant
5. éprouvent de la joie, de la satisfaction

COMPRÉHENSION DU TEXTE

III. Expliquez les expressions suivantes dans le contexte de l'article.

1. l'histoire officielle (par. 2)
2. l'Afrique est malade (par. 6)
3. Awadi se revendique « *métis culturel* » (par. 6)
4. on fait la queue dans les ambassades (par. 7)
5. Les rappeurs ne stigmatisent même plus la colonisation (par. 7)

IV. Répondez aux questions suivantes.

1. Comment Didier Awadi gagne-t-il sa vie ?
2. Pourquoi son studio porte-il le nom de Thomas Sankara plutôt que celui de Léopold Senghor ?
3. Quels aspects de cette nouvelle musique africaine contrarient la tradition africaine ?
4. Sur quoi l'idéal républicain français est-il basé ?
5. Qu'est-ce que leur musique pourrait apporter à l'identité africaine ?

ÉLARGISSONS NOS HORIZONS

1. Faites des recherches sur le thème de l'immigration des jeunes Africains vers l'Europe au XXIe siècle.

2. Faites des recherches sur le concept du consensus dans les sociétés indigènes (chez les Inuit de Nunavut, par exemple).

LA FRANCOPHONIE

La Francophonie se veut unie et plurielle
Jacques Chirac, ancien président de la France

Francophonie, ce mot inventé par le géographe français Onésime Reclus en 1880, désigne les pays du monde partageant le français comme **langue officielle**, principale, **véhiculaire** ou gouvernementale, ou comme ancienne langue de colonisation ou de grande culture. Avec la création d'associations francophones à l'échelle internationale dans les années soixante et soixante-dix, et surtout avec la création des Sommets des chefs d'État d'une quarantaine de pays ayant le français en partage en 1986, la Francophonie s'est dotée d'[106] un statut officiel. Ce regroupement de pays couvre toute une gamme[107] de structures sociales, de situations géographiques et d'économies, le seul dénominateur commun entre eux étant, dans beaucoup de cas, la langue et l'influence coloniale française.

Cette communauté, qui s'est fixé comme but la collaboration, l'entraide et la formulation d'une politique internationale, n'est pas perçue de la même façon par tous en ce qui concerne son rôle et son utilité. Pour certains, la Francophonie est une façon de défendre la langue française dans le monde : « [la Francophonie] refuse toute assimilation [...] c'est une prise de conscience de notre solidarité naturelle... » (Georges Pompidou, ancien président de la France). D'autres, plus critiques, voient dans la Francophonie le prolongement de l'influence coloniale française, la protection du prestige national de la France et de son marché : « Francophonie rime d'ailleurs avec **hégémonie**[108]. » Pour d'autres encore, la coopération entre les pays francophones représente un mouvement humaniste qui englobe à la fois les intérêts particuliers des divers pays marginalisés par la globalisation et les intérêts de la France. Le grand poète et homme d'État sénégalais Léopold Senghor a défini la Francophonie comme une réciprocité avec un avenir de « métissage[109] culturel » .

---

[106]   s'est donné
[107]   comprend toute une variété
[108]   Ahamadou Kourouma, auteur de *Peuples noirs, peuples africains*
[109]   mélange

La Francophonie : une charte de la diversité et un pacte de solidarité

Dans l'entrevue qui suit (tirée du *Monde)* Catherine Clément, une écrivaine et philosophe qui a siégé au Haut Conseil de la Francophonie, souligne le rôle unificateur de la langue française et l'importance de la Francophonie dans le monde globalisé.

Le français, fait social, facteur d'unité

En France, la Francophonie est souvent sous-estimée. Pourquoi ?

1.   Il est vrai que dans notre pays les institutions francophones sont souvent regardées d'un œil condescendant ou moqueur. Ce seraient, dit-on, des usines à gaz dont l'utilité reste à démontrer.

2.   Cette vision réductrice est sans doute le résultat d'une histoire coloniale mal digérée, d'un passé qui passe mal. Sans doute la Francophonie est-elle largement issue de l'ancien empire colonial français. Mais cette histoire est un fait avec lequel il faut apprendre à penser. […]

3.   La Francophonie est d'abord une réalité géographique. Je m'en suis rendu compte presque physiquement en siégeant au Conseil de la Francophonie entre un Haïtien et un Vietnamien.

4.   Par ailleurs, j'ai vécu au Sénégal, où j'ai pu mesurer le rôle du français. Dans ce pays, comme dans presque tous ceux de l'Afrique de l'Ouest, le français est une langue véhiculaire, un lien entre des populations dotées de langues différentes.

5.   Bien sûr, un idiome commun pourrait être choisi pour servir de trait d'union. Au Sénégal, par exemple, le wolof, plutôt le *poular* parlé par les Peuls. Mais privilégier une langue ne manquerait pas d'entraîner des tensions. Pour nombre de pays africains confrontés à cette situation, le français a l'avantage d'être une langue « utilitaire ».

6.   On a l'impression que les autres grandes langues internationales n'ont pas besoin d'institutions comme les nôtres pour se développer. Est-ce parce que l'influence de la langue française est en perte de vitesse qu'elle a besoin de garde-fous pour se protéger ?

7.   Vous oubliez que la langue anglaise est notamment adossée à une institution solide, active, résistante, qui s'appelle le Commonwealth. La lusophonie[110] et l'hispanophonie ont été relancées avec des institutions proches de celles de la Francophonie.

Comment expliquer le recul du français parlé dans le monde ?

8.   S'il y a des pays, comme le Vietnam, où le français a indéniablement reculé, en Afrique, il est nettement plus parlé qu'à l'époque des indépendances.

9.   Il est vrai aussi que s'exprimer en français en Afrique reste un fait social, celui des classes les plus éduquées, donc d'habitude les plus aisées. Mais c'est aussi, on l'a vu, un facteur d'unité. Et on voit bien que, lorsque le lien social se délite[111], le français tend à disparaître.

---

[110]   ensemble des pays où on parle portugais

[111]   se défait

10.   Enfin, on sous-estime les « poches » de français qui existent dans le monde. Sait-on qu'en Ouzbékistan il y a 300 000 francophones, appuyés par 3 000 enseignants ? [...] Que le français, pour des raisons différentes, est toujours très parlé en Israël ? Ou que, dans le petit territoire de Pondichéry[112], les Franco-Tamouls maintiennent la langue française à un haut niveau de perfection ?

11.   Il est néanmoins certain que l'anglais, langue marchande, gagne partout. Sa structure souple lui permet de s'adapter à tous les usages. Quitte à subir des déformations qui la transforment parfois en un véritable « créole », assez éloigné de son origine : en Inde, par exemple, où il existe depuis 1903 un dictionnaire de l'anglais parlé en Inde, le Hobson-Jobson, régulièrement mis à jour et lisible sur le Net.

Qu'attend la Francophonie pour en faire autant ?

12.   La diffusion croissante de la langue anglaise tient surtout à la montée en puissance de l'influence américaine, dès 1944. Et cette influence gagne sur toutes les autres langues, le français compris. La Francophonie, qui outrepasse largement la France, est un des moyens de lutter contre le formatage culturel de l'hyperpuissance américaine.

Propos recueillis par Emmanuel de Roux,
Le Monde (10-11 septembre 2006)

La Francophonie et la voie de l'avenir

La Francophonie d'aujourd'hui fait face à plusieurs défis. Il est vrai qu'au fil des années, elle s'est dotée de divers mécanismes et organismes de concertation et de gestion. Avec la venue des Sommets, les institutions de la Francophonie ont été consolidées graduellement. Cependant, il reste encore beaucoup à faire, et il n'est pas toujours évident[113] de concilier les objectifs variés et parfois contradictoires des pays et institutions membres de la Francophonie.

Les défis de la Francophonie

13.   Trois grands défis attirent l'attention en ce début de nouveau millénaire : le développement, la modernité et le rayonnement international.

Le développement

14.   Le défi le plus urgent à relever en Francophonie demeure toujours celui du développement au sens large du terme. Ce développement s'appuie sur trois points : i) l'instauration de l'État de droit (en opposition à dictature, anarchie) et de la démocratie ; ii) l'amélioration des conditions économiques ; iii) l'accès à l'éducation pour tous. Depuis

---

[112]   en Inde, ancienne colonie française
[113]   simple, facile (sens argotique)

plus de 30 ans, la coopération en Francophonie a mis en place de nombreux programmes pour faire progresser un développement qui permet à chacun de s'épanouir librement dans les meilleures conditions possibles. L'accent a d'abord été mis sur le développement social et culturel, ensuite sur le développement économique. Enfin, le Sommet de Hanoi (1997) a stimulé le développement « politique », c'est-à-dire qu'il a permis aux États et gouvernements d'intensifier leur action pour une paix durable dans les différentes régions du monde touchées par des conflits, notamment la région des Grands Lacs africains (Rwanda, Burundi, Congo). C'est une priorité.

15.   Cependant plusieurs États membres perçoivent encore la Francophonie comme un simple instrument de la politique étrangère de la France ou encore comme un outil de rayonnement de la langue française dans le monde. Les notions de démocratie, de droits, de coopération économique et sociale ont une certaine difficulté à se manifester. Cette perception s'appuie en bonne partie sur l'histoire de la Francophonie où la notion de coopération bilatérale, prônée par la France, s'est souvent heurtée à la notion de coopération multilatérale, prônée par le Canada et plusieurs pays africains. Les nouvelles structures de la Francophonie devraient aider à rendre la Francophonie vraiment multilatérale.

La modernité

16.   Depuis le 1er Sommet de la Francophonie (1986), les chefs d'État et de gouvernement ont fortement insisté sur la nécessité pour la communauté francophone d'entrer dans la modernité. Il importe donc que la langue française soit apte à exprimer les concepts et les réalités des nouvelles technologies de l'information qui doivent être mises en place dans chaque pays. Le Sommet de Cotonou (1995) a fait une priorité de la présence de contenus en français sur Internet. La place prédominante de la langue anglaise est un fait, mais la langue française doit néanmoins prendre la place qui lui revient. Les résolutions prises à Montréal lors de la 1ère Conférence des ministres francophones responsables de l'inforoute (printemps 1997) ont été réaffirmées au Sommet de Hanoi, engageant ainsi la Francophonie sur la voie de l'avenir.

Le rayonnement international

17.   Un troisième défi concerne la présence et l'**affirmation** de la Francophonie sur la scène mondiale. La communauté francophone est un ensemble géopolitique de près de 600 millions de personnes regroupées en 55 pays et gouvernements et réparties sur les cinq continents. Elle comprend des pays riches et d'autres moins nantis, des pays aux régimes politiques différents et aux cultures fort variées. C'est donc un ensemble unique, original dont la langue commune véhicule des valeurs de liberté, de paix et de solidarité. La Francophonie doit faire entendre son message sur la scène internationale. C'est pour cette raison que le Sommet de Cotonou a institué le poste de secrétaire général de la Francophonie qui est le porte-parole politique et le représentant officiel de la Francophonie.

Canada,Affaires étrangèreshttp://www.dfait_maeci.gc.ca/ciw_cdm/teachers/franc_defis_fr.asp (janvier 2007)

EXPLOITATION DES TEXTES : *LE FRANÇAIS, FAIT SOCIAL, FACTEUR D'UNITÉ*
LES DÉFIS DE LA FRANCOPHONIE

TECHNIQUES DE LECTURE

Saisir la cohérence du texte : les connecteurs

Une lecture active, stratégique, doit s'appuyer sur les connecteurs, car ils permettent de catégoriser l'information à venir. Par exemple, quand on lit **en effet**, on sait que ce qui suit est une explication ou une confirmation ; l'expression **en outre** signale un lien d'addition. Les connecteurs constituent donc un outil fondamental d'anticipation. La cohérence d'un texte est en partie construite par les **connecteurs** qui, en exprimant le lien logique entre les idées, établissent des relations entre les phrases et les paragraphes.

Fonctions des connecteurs : quelques exemples

signaler la cause	marquer le but	marquer l'hypothèse	conclure, évaluer
parce que, car, étant donné que, en raison de, à cause de, grâce à...	afin de / que, pour, pour que, de sorte que, de façon à / à ce que, dans le but de...	au cas où, à supposer que, à condition que, peut-être, si...	en somme, ainsi, donc, tout compte fait, enfin, sans doute
signaler la conséquence	**marquer la concession**	**introduire l'opposition**	**indiquer l'addition**
dès lors, c'est pourquoi, aussi (*en tête de proposition + inversion*), par conséquent, en conséquence...	certes ... mais, même si, bien que / quoique, en dépit de, malgré, quelque / si / tout...	pourtant, mais, cependant, en revanche, au contraire, tandis que, alors que... néanmoins	en outre, et, non seulement ... mais, encore, qui plus est, par ailleurs...

I. Voici quelques connecteurs qui se trouvent dans les textes à l'étude. En tenant compte du contexte, indiquez quelle est la fonction de chaque connecteur.

1. Cette vision réductrice est **sans doute** le résultat d'une histoire coloniale mal digérée [...]. (par. 2)
2. **Par ailleurs**, j'ai vécu au Sénégal, où j'ai pu mesurer le rôle du français. (par. 4)
3. **Enfin**, on sous-estime les « poches » de français qui existent dans le monde. (par 10)
4. **Cependant**, plusieurs États membres perçoivent encore la Francophonie comme un simple instrument de la politique étrangère de la France [...]. (par. 15)
5. [...] Le français doit **néanmoins** prendre la place qui lui revient. (par. 16)

MAÎTRISONS LE VOCABULAIRE

La polysémie : les mots en contexte

Parfois le sens d'un mot change selon le contexte. Il est donc très important de tenir compte du contexte lorsque vous cherchez un mot dans le dictionnaire.

II. a) Expliquez, dans le contexte de l'article, le sens des termes en caractères gras.
   b) Indiquez le sens que le mot prendrait dans un contexte différent.

1. Bien sûr, un idiome **commun** pourrait être choisi pour servir de trait d'union. (par. 5)
2. Mais privilégier une langue ne manquerait pas d'**entraîner** des tensions. (par. 5)
3. La diffusion croissante de la langue anglaise tient surtout à **la montée** en puissance de l'influence américaine, dès 1944. (par. 12)
4. Elle **comprend** des pays riches et d'autres moins nantis, des pays aux régimes politiques différents et aux cultures fort variées. (par. 17)
5. C'est pour cette raison que le **Sommet** de Cotonou a institué le poste de secrétaire général de la Francophonie qui est le porte-parole politique et le représentant officiel de la Francophonie. (par. 17)

III. Dans les phrases suivantes tirées du texte, la traduction vers l'anglais des mots en gras pose souvent des problèmes pour les étudiants.

Traduisez les phrases du texte en utilisant le dictionnaire pour vous assurer de bien traduire les mots en gras. Ensuite, traduisez les phrases anglaises en français.

1. Ce seraient, dit-on, des usines à gaz dont l'utilité **reste** à démontrer. (par. 1)
The delegates at the summit should **rest**, they have worked hard.

2. Sans doute la Francophonie est-elle largement **issue** de l'empire colonial français. (par. 2)
I am not interested in the **issue** you raised at the meeting.

3. Sait-on qu'en Ouzbékistan, il y a 300 000 francophoness, **appuyés** par 3 000 enseignants ? (par. 10)

The new President of the Francophonie is **supported** by all the countries ; he **will not tolerate** conflict.

4. La communauté francophone est un ensemble **unique**, original. (par. 17)

Anne is an **only** child.

5. Les nouvelles structures de la Francophonie devraient aider à **rendre** la Francophonie vraiment multilatérale. (par. 15)

The committee's decision made **makes me** happy.

Les expressions impersonnelles

Le sujet des verbes impersonnels est toujours le pronom impersonnel **il**. Certains verbes et expressions ont un sens spécial à la forme impersonnelle. Voici quelques expressions courantes :

- **il y a :** présente une chose comme existant
  Il y a des pays, comme le Vietnam, où le français a reculé.

- **il est + nom** : est généralement employé dans un sens temporel
  *Il **est temps** d'agir.*

- **il est + adjectif** : est suivi de **de + infinitif** ou d'**une proposition**.
  *Il **est permis d'être** inquiet devant l'insuffisante implication des États membres de la Francophonie.*
  *Il **est certain que l'anglais gagne partout.***

- **il faut** : exprime la nécessité, l'obligation, le besoin
  *Il **faut** que tous les pays s'engagent à respecter les droits de l'homme.*

- **il s'agit de :** introduit ce dont il est question
  Il s'agit maintenant de mettre en pratique les résolutions prises lors du Sommet de la Francophonie.

Attention ! Il impersonnel est toujours le sujet du verbe **s'agir de**.
  De quoi s'agit-il dans cet article ? — Dans cet article, il s'agit de l'importance de la Francophonie dans le monde.

IV. Traduisez les expressions entre parenthèses par la forme convenable d'un verbe impersonnel qui se trouve dans le texte.

1. (*It is certain*) ... tous les pays ayant le français en partage doivent contribuer à la création d'une alliance des langues et des cultures.
2. (*It is important*) ... les pays francophones adoptent une politique linguistique radicale.
3. Pour que la Francophonie se développe, (*it is necessary*) ... certaines conditions soient respectées.
4. (*There are)* ... des pays en Afrique où le français est la langue dominante. (Donnez 2 expressions.)
5. (*It is true*) ... la Francophonie reste fragile.

COMPRÉHENSION DU TEXTE

V. Répondez aux questions suivantes.

1. Quel rôle utilitaire la langue française pourrait-elle jouer en Afrique, selon Catherine Clément ?
2. Pourquoi dit-elle que l'anglais est une langue souple ?
3. Comment explique-t-elle l'influence croissante de l'anglais ?
4. Selon l'article, « Les défis de la Francophonie », quel type de développement la Francophonie prône-t-elle d'abord ?
5. Expliquez la différence entre la notion de coopération bilatérale (prônée par la France) et la notion de coopération multilatérale (prônée par le Canada et plusieurs pays africains).

RAPPEL GRAMMATICAL

Le conditionnel

Le mode conditionnel comporte deux temps : **le conditionnel présent et le conditionnel passé.**
> *Certains pays **voudraient** faire partie de la Francophonie.*
> *Il y a dix ans, on ne les **aurait** pas **acceptés,** mais aujourd'hui les critères d'admission sont plus flexibles.*

Emplois

Le conditionnel s'emploie :

* **pour exprimer une possibilité ou une éventualité**
  > *On **pourrait** discuter de cette question lors du prochain Sommet des pays ayant le français en partage.*

* **pour exprimer une éventualité après l'expression au cas où (ou pour le cas où)**
  > ***Au cas où** vous **voudriez** participer à la rencontre, prévenez-moi.*

* **pour présenter un fait qui semble douteux ou un événement dont on n'est pas certain**
  > *Selon le journal, on **aurait rejeté** quelques pays qui voulaient faire partie de la Francophonie.*

* **pour exprimer une action future par rapport à un fait passé**
  > *Le conférencier préparait soigneusement son discours. Le lendemain il **parlerait** devant un groupe important de spécialistes.*

* **pour formuler des hypothèses et noter des possibilités**
  > *Si je pouvais, **j'assisterais** au prochain Sommet de la Francophonie.*

* **pour atténuer la force d'une demande ou pour exprimer un ordre de façon plus polie (surtout avec les verbes *devoir, pouvoir, vouloir*)**
  > *Je **voudrais** assister au colloque. **Pourriez**-vous m'envoyer les renseignements nécessaires ?*

Attention ! Normalement les verbes au conditionnel se traduisent en anglais par *would.*
> *J'**aimerais** partir. I **would like** to leave.*

Cependant, les verbes **devoir** et **pouvoir** se traduisent respectivement par *should, ought to, could.*
> *Tu **devrais** travailler davantage. Tu **pourrais** passer plus de temps à la bibliothèque.*
> *You **should** work harder. You **could** spend more time in the library.*

La formulation des phrases hypothétiques

Dans une phrase hypothétique, **le présent du conditionnel** exprime une action éventuelle dont l'accomplissement dépend d'une condition qui ne s'est pas réalisée au moment où l'on parle. **Le passé du conditionnel** exprime une action qui ne s'est pas accomplie dans le passé parce qu'elle dépendait d'une condition qui ne s'est pas réalisée.

Une phrase hypothétique se compose de deux parties :

> a) **une proposition subordonnée** introduite par la conjonction **si** qui signale l'hypothèse. Le verbe dans cette partie de la phrase est toujours à l'**indicatif**.
> b) **une proposition principale** qui indique la conséquence, le résultat possible. Le verbe est au **conditionnel**.

> *S'il n'y **avait** pas de Sommets régulièrement / la Francophonie **serait** moins forte.*
> **proposition subordonnée**　　　　　**proposition principale**

La concordance des temps dans les phrases hypothétiques
conditionnel présent ⇔ imparfait

Si le verbe de la proposition subordonnée introduite par **si** est à **l'imparfait**, le verbe de la proposition principale est au **conditionnel présent**.
> *Si les grandes entreprises **fournissaient** de l'aide financière, elles **contribueraient** grandement au développement de la Francophonie.*

conditionnel passé ⇔ plus-que-parfait

Si le verbe de la proposition subordonnée introduite par **si** est au **plus-que-parfait**, le verbe de la proposition principale est au **conditionnel passé**.
> *Si les pays ayant le français en partage ne **s'étaient pas réunis** au Sommet, ils **n'auraient pas établi** de rapports de coopération.*

Attention ! On n'utilise jamais ni le futur ni le conditionnel après **si** quand ce mot introduit une hypothèse. Le futur et le conditionnel peuvent s'employer après le **si** d'interrogation indirecte dans le sens de *whether*.
> *Je ne savais pas s'ils **viendraient**, mais je les ai invités.*

VI. Mettez les verbes entre parenthèses à la forme qui convient pour faire des phrases conditionnelles.

1. Si les pays francophones (ne pas apprendre) ... à travailler ensemble, ils (ne pas aborder) ... les problèmes de relations internationales.
2. Les pays membres (être) ... de véritables porte-parole de la justice et de la démocratie, s'ils (se consacrer) ... à l'humanisme universel.
3. Si les pays de langue française (ne pas adopter) ... des mesures radicales pour protéger le français, on (voir) ... son influence disparaître au niveau mondial.
4. Si, lors du premier Sommet de la Francophonie, les participants (ne pas identifier) ... des champs d'intervention prioritaires, ils (ne pas faire) ... d'efforts par la suite pour résoudre ces problèmes.
5. Si vous (assister) ... au Sommet de Hanoi en 1997, vous (être) ... témoins d'un événement historique.

VII.   a) Transformez les phrases en remplaçant le présent par l'imparfait dans la proposition subordonnée. Faites tous les changements nécessaires.
**   b) Faites le même exercice en utilisant le plus-que-parfait dans la proposition subordonnée.**

1. Si les États membres ne s'impliquent pas davantage, la Francophonie restera fragile.
2. Si les critères d'admission de nouveaux membres manquent de rigueur, il y aura des conséquences funestes.
3. La Francophonie devra respecter quelques conditions essentielles si elle veut vraiment avoir une portée universelle.
4. Si le secteur privé ne s'associe pas à la Francophonie, elle ne pourra pas se consolider.
5. Même si différents pays adoptent des lois linguistiques, ils ne réussiront pas toujours à protéger la langue française.

VIII. Complétez chaque phrase de trois façons différentes.

1. Si nous n'avions pas acheté à crédit...
2. Si tu pratiquais les sports...
3. Elle n'aurait jamais fait cette erreur si...
4. Si la censure n'existait pas...
5. L'environnement serait moins menacé si...

IX. Traduisez les phrases suivantes.

1. If she had not received a raise, she would have resigned.
2. I would like to pay you a visit; could you send me your address by E-mail?
3. I will not go to the office this afternoon in case my guests arrive early.
4. According to the newspaper, there is a strike; the two sides could not reach an agreement.
5. The tour guide told me that I would be able to buy souvenirs on the island. Should I bring my credit card?

X. À vous la parole !

Faites des phrases hypothétiques en utilisant les éléments ci-dessous.

1. Si j' (avoir) ... la possibilité de changer un aspect de ma personnalité ...
2. Si pour une journée on me (donner) ... l'occasion de changer de place avec une personne célèbre ...
3. Si je (savoir) ... que tu n'aimes pas la musique rock ...
4. Si on me (permettre) ... de voyager dans le temps ...
5. Si le général Montcalm (ne pas perdre) ... la bataille des Plaines d'Abraham ...
6. Si mes rêves les plus secrets (se réaliser) ...
7. Si les Français (coloniser) ... le Mexique ...
8. Si je (pouvoir) ... faire un voyage n'importe où dans le monde ...
9. Si mes parents (ne pas se rencontrer) ...
10. Si seulement tu me (prévenir) plus tôt ...

TECHNIQUES D'ÉCRITURE

Écrire de façon cohérente à l'aide des connecteurs

XI. Que savez-vous maintenant sur la langue française ? Complétez les phrases suivantes.

1. La Francophonie pourrait jouer un rôle important au XXIᵉ siècle, ainsi
2. Les ex-colonies françaises veulent restaurer leurs langues indigènes, mais elles continuent à donner un statut au français car
3. Les pays francophones se réunissent régulièrement afin de
4. Avec la mondialisation, beaucoup de langues disparaissent parce que
5. Le français commence à avoir une présence sur Internet malgré
6. Les Franco-Canadiens ont pris des mesures concrètes pour protéger leur langue, par conséquent
7. En France, on a certes vécu dans une sécurité linguistique totale, mais
8. À Madagascar, les poètes ont adapté le français dans le but de
9. Certains pays ont été admis comme membres de la Francophonie en dépit de
10. Après mille ans d'existence, le français demeure pourtant

ÉCRIVONS

XII. Rédigez une composition sur l'un des sujets suivants.

1. Si vous aviez la possibilité de recommencer votre apprentissage du français, que feriez-vous différemment ?

2. Si vous pouviez changer le lieu et l'époque de votre naissance, quel pays et quelle époque choisiriez-vous ?

ÉLARGISSONS NOS HORIZONS

Trouvez des articles de presse sur la mondialisation et résumez les différents points de vue sur ce phénomène.

Le rôle de la France dans l'avenir de la francophonie

Bernard Cerquiglini est professeur de linguistique à l'Université Paris VII, directeur de l'Institut de la langue française et vice-président du Conseil supérieur de la langue française. Dans l'article suivant, il décrit le rôle historique de la langue française dans l'État de France et il présente ses perspectives sur l'avenir du français et de la France dans la francophonie mondiale.

Le commerce des langues et l'avenir de la francophonie

L'histoire du français : « Le sentiment que la langue est chose de l'État »

1.   L'histoire du français est celle de la construction [...] d'une langue conçue comme unique, homogène, unitaire. Nous parlerons, par contraste avec les situations « diglossiques » (bilinguisme, etc.) que décrivent les linguistes, de « monoglossie » [114] française. Les raisons en [115] sont nombreuses.

2.   [Raisons] politiques, tout d'abord. [...] On en sait les grandes étapes. Dès avant le XVIe siècle, la royauté impose le français dans l'administration, contre le latin, langue de l'Église ; au XVIIe siècle, la langue nationale prend un tour réellement institutionnel (Académie française, organisme d'État) ; au XVIIIe siècle, la Révolution, dans sa lutte contre les dialectes et sa volonté de joindre nation et langue, hérite de cette tradition, qu'elle renforce. On peut penser que l'État en France s'est constitué au travers de sa langue. On rappellera l'amendement constitutionnel de 1992 [...] « *La République a pour langue le français.* »

---

[114]   l'usage d'une seule langue
[115]   de cette monoglossie

3.   Raisons institutionnelles, ensuite, qui découlent[116] des précédentes. De par[117] cet héritage historique, la France est des mieux fournies en organismes d'aide, de protection, voire[118] de contrôle de son idiome. [...] Chaque période de l'histoire a laissé la trace de l'intérêt étatique, par des institutions diverses que l'on a pris soin de conserver en les additionnant. [...]

4.   Les dernières sont idéologiques[119] [...] Le thème, des plus mythiques, de la « clarté » inhérente à la langue française est bien connu ; il se lie à une normalisation[120] stricte qui refuse la variabilité, et ignore les multiples variantes dont la langue est faite ; il dépend d'une conception fort resserrée de langue, [...] d'une idéologie étatique centralisatrice, le sentiment que la langue est la chose de l'État, le parisianisme[121], la volonté que la langue, homogène, provienne d'une source unique et pure.

Le sort des langues régionales

5.   Qu'on le regrette ou s'en réjouisse, l'histoire pluriséculaire[122] de la construction monoglossique paraît achevée. Dans les faits, tout d'abord. L'exemple des langues « minoritaires » ou régionales est éclairant. Certaines possèdent une réelle vigueur : on peut citer l'alsacien, le catalan, le corse ; à un moindre degré, le basque et le breton. Toutefois, ces idiomes sont réellement minoritaires (l'alsacien est parlé de 0,6 % de la population nationale) et leur transmission est fragile. Les enquêtes de l'Institut national d'études démographiques montrent, année après année, un déclin : il y a toujours moins de locuteurs[123] qui parlent à leurs enfants la langue que leurs parents leur parlaient. [...]

L'insécurité linguistique : « toute nouveauté issue[124] de l'extérieur est vécue comme une perte »

6.   L'insécurité linguistique que ressentent tant de Français (ce qu'ils viennent de prononcer « est-il français ? ») tient un peu aux pratiques d'insécurisation[125] de la monarchie absolue (« comment se conformer, comment plaire ? »). La norme aujourd'hui, que l'on réfère à la bourgeoisie parisienne cultivée, n'est pas moins sociale et géographique.[126] On lit dans les dictionnaires que le déjeuner est le repas du midi, le dîner celui du soir ; c'est oublier que, dans de larges couches sociales de la province française, ainsi qu'en Belgique, en Suisse et au Québec (ce qui n'est pas peu), on dîne à midi, on soupe le soir. « Dîner » en fin de journée, ne serait-ce

---

[116]   résultent
[117]   grâce à
[118]   et même
[119]   reliées à des idées ou à des croyances propres à une société ou à une époque
[120]   standardisation
[121]   la conviction que le français parlé à Paris est le seul français acceptable
[122]   très ancienne, qui dure depuis des siècles
[123]   personnes qui parlent une langue
[124]   qui provient
[125]   modes, coutumes ou usages qui provoquent un sentiment d'insécurité chez les gens
[126]   Encore aujourd'hui, la norme, le français de la bourgeoisie parisienne cultivée, continue à être basée sur la langue parlée par un groupe social dans un lieu géographique spécifique.

pas, en fait, un régionalisme... parisien ? <u>Le resserrement sur</u>[127] la norme explique l'abondante et très ancienne littérature sur la décadence du français ; à en croire les innombrables cris d'alarme poussés, génération après génération, par de farouches défenseurs de la pureté de l'idiome, la langue française devrait avoir disparu, ou être réduite à quelques grognements informes. Cela éclaire également le thème de l'invasion linguistique par excès d'emprunts (actuellement d'origine anglo-saxonne). Tout changement, toute nouveauté issue de l'extérieur est vécue comme une perte, ou une agression.

Le conservatisme : un obstacle à l'évolution de la langue

7.   Une telle monoglossie a des effets que l'on peut regretter. Elle entrave, par conservatisme, une évolution saine de la langue. On sait le risque couru à vouloir toucher, même très modérément et pour les meilleures raisons du monde, à l'orthographe du français : la dernière tentative, pourtant élaborée de concert[128] avec les partenaires francophones et admise, dans un premier temps, par l'Académie française, publiée en décembre 1990, déclencha une véritable guerre civile, qui remplit la presse écrite, les radios et télévisions [...]. Le désir du gouvernement actuel de féminiser les titres et noms de métier, en nommant (ce qui est linguistiquement fondé et ce dont il a parfaitement le droit) des ambassadrices, des directrices et des inspectrices générales, a déclenché, de la part de puristes, des articles de presse violents.
8.   Plus regrettable encore, <u>le développement néologique</u>[129] ne reçoit pas l'accueil et les encouragements qu'il mérite. Créer du vocabulaire indigène dans les domaines scientifique et technique, au lieu de les emprunter, ce qui est légitime et non xénophobe, est accueilli avec un sourire qui ne facilite pas l'appropriation des termes. Sait-on que le mot logiciel (anglais *software*), créé par des experts en informatique, et que tout le monde utilise aujourd'hui, fut d'abord condamné par l'Académie française ?

La France au sein[130] de la francophonie ; le français, langue de contact, de dialogue

9.   Cette monoglossie, ensuite, isole la France au sein de l'espace francophone. Cette dernière[131], tout d'abord, est le seul pays francophone unilingue. Dans tous les autres, le français est en présence d'une autre langue (Québec, Belgique, Tunisie, etc.) voire de plusieurs autres, (Suisse, pays africains) ; le français est donc une langue de contact, de dialogue. La politique linguistique de la francophonie doit s'appuyer[132] sur ce fait ; la France, où le français est langue nationale, officielle et unique, doit s'accorder à cette politique.

Le français, langue de variations légitimes et fécondes[133]

10.   Le français, ensuite, qui est maintenant davantage parlé à l'extérieur de la France, fait preuve au-delà des frontières d'une étonnante vitalité, en particulier lexicale : que l'on songe à

---

[127]   l'insistance sur
[128]   en collaboration
[129]   l'adoption de nouveaux termes
[130]   dans le cadre
[131]   la France
[132]   être fondée
[133]   enrichissantes

la chaleur, à la variété, à la saveur des expressions canadiennes, belges, africaines ! Il ne s'agit pas de régionalismes, même planétaires, mais de variations légitimes et fécondes au sein d'une norme très étendue.

La France, berceau de la norme, doit s'ouvrir au pluralisme de la francophonie

11.   La France joue un rôle majeur au sein de la francophonie. Elle est le berceau de la langue, la source de la norme, et par son action la sœur aînée des pays francophones ; elle a donc tout intérêt à devenir... réellement francophone. Prendre conscience d'une telle appartenance implique[134] l'abandon de la norme monoglossique et de l'idéologie de cette norme, l'ouverture aux diverses variétés du français, une faveur donnée aux autres langues présentes sur le territoire (langues régionales, d'immigration, langues européennes voisines). Le dialogue, le commerce des langues, le pluralisme sont l'avenir de la francophonie.

Bernard Cerguiglini, *Le Monde* (22 février 2000)

---

[134] entraîne

C'est une langue belle à qui sait la défendre...

Aujourd'hui, le statut officiel du français varie d'un continent à l'autre, mais cette langue est encore présente comme langue maternelle ou langue seconde sur les cinq continents. Bien qu'au-delà de soixante pays du monde diffusent des émissions en langue française sur les ondes internationales, le monde des médias est désormais dominé par la langue anglaise et par la musique populaire américaine.

Yves Duteuil, chanteur français, a travaillé inlassablement pour protéger la chanson française, menacée par la domination de la culture américaine. Terminons notre étude du rayonnement et de la progression du français dans le village global par cette belle chanson dans laquelle Duteuil fait l'éloge de sa langue et décrit sa diffusion dans le monde. *La langue de chez nous* s'est mérité la médaille d'argent de l'Académie française.

La langue de chez nous

C'est une langue belle avec des mots superbes
Qui porte son histoire à travers ses accents
Où l'on sent la musique et le parfum des herbes
Le fromage de chèvre et le pain <u>de froment</u>[135]

Et du Mont Saint-Michel[136] jusqu'à la Contrescarpe[137]
En écoutant parler les gens de ce pays
On dirait que le vent s'est pris dans une harpe
Et qu'il en a gardé toutes les harmonies

Dans cette langue belle aux couleurs de Provence[138]
Où la saveur des choses est déjà dans les mots
C'est d'abord en parlant que la fête commence
Et l'on boit des paroles aussi bien que de l'eau

Les voix ressemblent aux cours des fleuves et des rivières
Elles répondent aux méandres, au vent dans les roseaux
Parfois même aux torrents qui charrient du tonnerre
En polissant les pierres sur le bord des ruisseaux

---

[135] de blé
[136] abbaye bénédictine (1709) en Normandie, France
[137] le mur bordant le fossé qui entoure un fort — dans ce contexte, l'autre extrémité de la France
[138] région dans le Sud de la France

C'est une langue belle à l'autre bout du monde
Une bulle de France au nord d'un continent
Sertie[139] dans un étau mais pourtant si féconde
Enfermée dans les glaces au sommet d'un volcan

Elle a jeté des ponts par-dessus l'Atlantique
Elle a quitté son nid pour un autre terroir
Et comme une hirondelle au printemps des musiques
Elle revient nous chanter ses peines et ses espoirs

Nous dire que là-bas dans ce pays de neige
Elle a fait face aux vents qui soufflent de partout
Pour imposer ses mots jusque dans les collèges
Et qu'on y parle encore la langue de chez nous

C'est une langue belle à qui sait la défendre
Elle offre les trésors de richesses infinies
Les mots qui nous manquaient pour pouvoir nous comprendre
Et la force qu'il faut pour vivre en harmonie

Et de l'Île d'Orléans[140] jusqu'à la Contrescarpe
En écoutant chanter les gens de ce pays
On dirait que le vent s'est pris dans une harpe
Et qu'il a composé toute une symphonie.

Yves Duteuil, *La langue de chez nous* (1987)

[139] insérée, ce terme est utilisé en bijouterie quand on monte une pierre dans de l'or ou de l'argent
[140] île dans le fleuve Saint-Laurent, en face de la ville de Québec, au Canada

GLOSSAIRE

affirmation (f.) : action de **s'affirmer**, de déclarer ou manifester de façon indiscutable son jugement, sa culture, etc. *L'affirmation de la culture québécoise s'est faite dans les mouvements politiques et artistiques de la Révolution tranquille.*

aménagement linguistique (m.) : action de planifier, de réglementer l'usage de la langue dans un territoire ou dans un pays. *Au Québec, les lois portant sur l'aménagement linguistique protègent le français en limitant l'usage de l'anglais dans l'affichage.*

arabisation (f.) : action d'**arabiser**, de donner un caractère linguistique, culturel, social arabe dans des pays anciennement colonisés. (De même, on peut dire : **franciser, hispaniser, angliciser, américaniser,** etc.) *L'arabisation des pays du Maghreb a eu l'effet de réduire le nombre de francophones dans ces pays.*

assimilation (f.) : action de **s'assimiler** à, de devenir semblable à, ou de s'approprier un élément étranger. *Étant donné l'emplacement géographique du Canada, certains croient que l'assimilation des Canadiens à la culture américaine est inévitable.*

assimilation linguistique (f.) : le fait de se laisser influencer par une langue qui n'est pas la sienne ou même de perdre sa propre langue. *Les Québécois, entourés de populations anglophones, craignent l'assimilation linguistique.*

colon (m.) : habitant de la métropole qui vit dans une colonie. *Les colons de la Nouvelle-France furent abandonnés par la mère patrie après la guerre de Sept Ans.*

dialecte (m.) : forme particulière d'une langue dans une région donnée. *Le dialecte de l'Île de France est devenu la langue française.*

franciser : action de revêtir d'une forme française ou d'un caractère français. *L'acteur italien, Roberto Peralta, a francisé son nom et est devenu Robert Perault.*

francophone : qui parle habituellement le français, soit comme langue maternelle, soit comme langue d'usage. *La population francophone de Toronto a augmenté dans la dernière décennie.* (De même, **anglophone** renvoie à toute personne qui parle habituellement l'anglais.)

Francophonie (f.) : regroupement des divers pays et communautés de langue française du monde. *La Francophonie crée des liens de solidarité non seulement sur le plan linguistique mais aussi sur le plan économique et politique.*

hégémonie (f.) : pouvoir, domination. *Selon certains pays-membres de la Francophonie, l'hégémonie de la France est un obstacle à l'efficacité de l'organisation.*

interlocuteur (m.) : personne qui parle, converse avec une autre. *À défaut d'interlocuteur, elle se parlait à elle-même.*

jargon (m.) : langue incompréhensible utilisée par un groupe qui veut se distinguer des autres ou qui ne veut pas être compris des non-initiés. *Le gouverneur méprisait la langue des indigènes qu'il considérait comme un jargon.*

langue autochtone (f.) : **langue indigène**, qui est née et s'est développée dans le pays. *L'inu, comme beaucoup des langues autochtones du Canada, est en voie de disparition.*

langue maternelle (f.) : première langue apprise par un enfant. *Bien qu'il parle couramment le français, l'italien est sa langue maternelle.*

langue minoritaire (f.) : langue parlée par un groupe qui est inférieur en nombre. *En Saskatchewan, le français est une langue minoritaire alors qu'au Québec il est majoritaire.*

langue nationale (f.) : **langue officielle** d'un pays, langue dont l'usage est juridiquement reconnu par l'État. *L'anglais demeure la seule langue nationale des États-Unis.*

langue véhiculaire (f.) : langue qui sert de communication entre peuples de langue maternelle différente. *En Inde, où il y a de nombreuses langues, l'anglais sert de langue véhiculaire.*

métropole (f.) : se dit d'un pays par rapport à ses colonies ou aux pays qui dépendent de lui. *Les Français qui traversaient l'Atlantique pour s'installer en Nouvelle-France ne pouvaient pas rentrer fréquemment dans la métropole.*

normaliser : standardiser, soumettre une langue à des règles d'usage **normatif**. *Dans les manuels de grammaire, on enseigne la langue **normalisée**.*

parler (m.) : manière de s'exprimer ; langue particulière à une région. *Elle étudie les parlers du nord de la France.*

patois (m.) : dialecte local, souvent rural, considéré comme incorrect par le milieu environnant. *Je ne comprends pas le patois du village de mes grands-parents.*

pluriculturalisme (m.) : existence d'une multiplicité, d'une variété ou d'un **pluralisme** de cultures. *La Francophonie est caractérisée par son pluriculturalisme.*

purisme linguistique (m.) : souci excessif de la pureté du langage, de la correction grammaticale par rapport à un modèle idéal. *Quand je lui ai reproché de ne pas employer le subjonctif, il m'a accusé de purisme linguistique.*

BIBLIOGRAPHIE SÉLECTIVE

Chapitre 1

BOUCHET, Jean. « Temple de bonne renommée », dans Michel SIMONIN, *Premiers combats pour la langue française*, Paris, Librairie générale française, Livre de poche, 1989, p. 38.

COHEN, Marcel. *Histoire d'une langue, le français : des lointaines origines à nos jours*, Paris, Messidor, Éditions sociales, 1987, p. 9.

DENIPIERRE, Jean. « À propos des langues régionales », *Écrits de Paris, revue de questions actuelles*, juillet-août 1996, p. 30-33.

FLAUBERT, Gustave. *Madame Bovary*, Paris, Flammarion, 1966, p. 83-96.

HALPERN, Sylvie. « L'occitan, une langue morte ? », *L'actualité*, décembre 1984, p. 22-25.

HÉLIAS, Pierre-Jakez. « Le cheval d'orgueil », dans Charles LE QUINTREC, *Littératures de Bretagne*, Rennes, Éd. Ouest-France, 1992, p. 295-299.

MOLIÈRE. « Le Bourgeois Gentilhomme », *Œuvres complètes*, Paris, Gallimard, coll. Bibliothèque de la Pléiade nos 8-9, 1971, p. 531-533.

RONSARD, Pierre de. « Ode à Cassandre », *Œuvres complètes*, Paris, Gallimard, coll. Bibliothèque de la Pléiade, 1993, p. 667.

VOLTAIRE. *Candide*, London, University of London Press, 1968, p. 70.

Chapitre 2

BROCHEUX, Pierre, et HÉMERY, Daniel. *Indochine, la colonisation ambiguë 1858-1954*, Paris, Éd. La Découverte, 1995, p. 234-236.

CHAMOISEAU, Patrick. *Texaco*, Paris, Gallimard, 1992, p. 43, 59, 60, 61.

DIABATÉ, Massa Makan. *Le Coiffeur de Kouta*, Paris, Hatier, coll. Monde noir poche, 1980, p. 427-428.

HÉBERT, Anne. *Le Premier Jardin*, Montréal, Éditions du Seuil, 1988, p. 95-98.

NGUYEN, Tien Lang. « Indochine la douce », dans J. A. YEAGER, *The Vietnamese Novel in French*, University of New Hampshire, 1987, p. 39.

PORTES, Jacques. « Les Français d'Amérique », *L'Histoire*, n° 99, avril 1987, p. 26-29.

RABEARIVELO, Jean-Joseph. « Lire », dans *Presque-songes*, Tananarive, Imprimerie de l'Imerina, 1934.

SAMMY, Pierre. *L'Odyssée de Mongou*, Paris, Hatier, coll. Monde noir poche, 1997, p. 87-88.

TIROLIEN, Guy. « Prière d'un petit enfant nègre », dans Léopold SENGHOR, *Anthologie de la nouvelle poésie nègre et malgache de langue française*, Paris, Presses universitaires de France, 1948, p. 86-87.

Chapitre 3

CAMARA, Laye. *L'Enfant noir*, Paris, Librairie Plon, 1953, p. 18-22.

CÉSAIRE, Aimé. « Nègre, je resterai », *Le Nouvel Observateur*, 17-23 novembre 2005, p. 19-20.

CNOCKAERT, A. « La Négritude selon Senghor », *Littérature négro africaine francophone : panorama historique et choix de textes*, coll. Boboto, C.R.P., 1986, p. 75-77.

_____ . « Un témoignage de Césaire », *Littérature négro africaine francophone : panorama historique et choix de textes*, coll. Boboto, C.R.P., 1986, p. 79-81.

DADIÉ, Bernard. « La légende baoulé », *Légendes africaines*, Paris, Seghers, 1954, p. 125.

DAMAS, Léon Gontran. « Solde », extrait de *Pigments* dans Léopold Senghor, *Anthologie de la nouvelle poésie nègre et malgache de langue française*, Paris, Presses universitaires de France, 1948, p. 11-12.

FANON, Frantz. « Lettre à la jeunesse africaine », *Pour la révolution africaine*, Paris, François Maspero, 1964, p. 135-140.

ROUMAIN, Jacques. *Gouverneurs de la rosée*, Paris, Éditeurs français réunis, 1946, p. 83-85.

SENGHOR, Léopold. « Femme noire », dans *Poèmes*, Paris, Éditions du Seuil, 1984, p. 16-17.

Chapitre 4

ARCENEAUX, Jean. « Schizophrénie linguistique », *Cris sur le Bayou*, Montréal, Éd. Intermède, 1980, p. 16-17.

CARRIER, Roch. « C'est pas comme à Paris, mais… », *Langue et Société*, printemps 1983, p. 126-129.

CASGRAIN, Raymond. « Un pèlerinage au pays d'Évangéline » dans Raymond F. Comeau, Normand, J. Lamoureux, Brigitte Lane, *Ensemble histoire*, Holt Reinhart & Winston, Fort Worth, Texas, 1992, p. 148-149.

LÉGER, Jean-Marc. « Seule la langue justifie le combat pour la souveraineté », *Le Devoir*, 3 mars 1997.

LÉTOURNEAU, Jocelyn. *Passer à l'avenir, histoire, mémoire, identité dans le Québec d'aujourd'hui*, Montréal, Boréal, 2000, p. 15-41.

MAILLET, Antonine. *Pélagie-la-Charrette*, Montréal, Leméac, 1979, p. 15, 16, 17, 339, 340, 343.

PERREAULT, Robert. « Réflexions personnelles d'un Québécois d'en bas », dans Maurice Poteet, *Textes de l'exode*, Montréal, Guérin littéraire, coll. francophonie, 1987, p. 453-465.

POLIQUIN, Daniel. « Pourquoi les écureuils d'Ottawa sont noirs », *Le Canon des Gobelins*, Ottawa, Le Nordir, 1995, p. 58-65.

TREMBLAY, Michel. *Les Belles-Sœurs*, Montréal, Leméac, 1972, p. 86-87.

Chapitre 5

ADDI, Lahouari. « Du conflit armé à la violence sociale », *Le Monde diplomatique*, avril 2006, p. 6-8.

BRUNE, Jean. « Cette haine qui ressemble à l'amour », extrait dans Albert Memmi, *Écrivains francophones du Maghreb*, Paris, Seghers, 1985, p. 82-85.

DJEBAR, Assia. « Mon père écrit à ma mère », *L'Amour, la fantaisia*, Casablanca, Éditions EDDIF, 1992, p. 50-53.

DUCHESNE, Yanick. « Témoignage de deux expatriés à Toronto. "C'est la terreur absolue en Algérie". », *L'Express* (Toronto), 8-14 avril 1997.

GAUVIN, Lise. « L'écrivain francophone à la croisée des langues », *Entretiens*, Paris, Éditions Karthala, 1997, p. 28-29.

NOUSCHI, André. « Culture et décolonisation au Maghreb », *The Maghreb Review*, vol. 19, nos 1-2, 1994, p. 34-42.

TINCQ, Henri. « Les racines du contentieux entre l'Islam et l'Occident », *Le Monde (Documents et dossiers)*, février 1997.